本书编委会

主　　任：练知轩　徐启源

副主任：陈伙金　林　山

编　　委：陈水娣　黄文山　林秀玉　刘小敏

　　　　　郭志杰　单　南　王　坚　何　玲

　　　　　李铁生　曾建梅　王春燕

本卷主编：黄文山

选　　编：王春燕

福州闽都文化研究会
闽都文化丛书

三山凤鸣

《闽都文化》精选本·家族卷

福州闽都文化研究会 编

海峡出版发行集团 | 海峡文艺出版社
THE STRAITS PUBLISHING & DISTRIBUTING GROUP | Haixia Literature & Art Publishing House

图书在版编目(CIP)数据

三山凤鸣:《闽都文化》精选本.家族卷/福州闽都文化研究会编.－福州:海峡文艺出版社,2022.12
(闽都文化丛书)
ISBN 978-7-5550-3189-5

Ⅰ.①三… Ⅱ.①福… Ⅲ.①家族－史料－福州
Ⅳ.①K820.9

中国版本图书馆 CIP 数据核字(2022)第 204222 号

三山凤鸣
——《闽都文化》精选本·家族卷

福州闽都文化研究会	编	
责任编辑	林可莘	
出版发行	海峡文艺出版社	
经　销	福建新华发行(集团)有限责任公司	
社　址	福州市东水路 76 号 14 层	
发行部	0591－87536797	
印　刷	福州凯达印务有限公司	
地　址	福州市金山红江路 2 号浦上工业园 B 区 47 号楼	
开　本	787 毫米×1092 毫米　1/16	
字　数	220 千字	
印　张	14.75	
版　次	2022 年 12 月第 1 版	
印　次	2022 年 12 月第 1 次印刷	
书　号	ISBN 978-7-5550-3189-5	
定　价	56.00 元	

如发现印装质量问题,请寄承印厂调换

前　言

　　福州，史称闽都，枕山襟海，钟灵毓秀。秀美的山川、悠远的历史、温润的气候、丰饶的物产以及多姿多彩的民俗民风，让这片东南福地光彩夺目，令人向往。

　　闽都文化是中华文化不可分割的一部分。历史上，中原汉族曾几次大规模进入闽地并到达福州。一次是西晋末年的八姓入闽，其多系中原簪缨世胄，为躲避战火，举族南迁。一次是唐末王审知与其兄王潮率军入闽，被封为闽王，定都福州，并采取"保境安民"之策。之后，中原人士纷纷前来闽地定居。而宋室南渡时，暖风酥雨、花香满城的福州更是北方移民的青睐之地。作为福建政治经济文化的中心，福州也成为诸多大家望族聚居的主要城市。中原文化和闽越文化交流融合，由是，中华文化在福州这片沃土发扬光大，且大放异彩。白墙黑瓦的建筑风格和里坊巷弄的居住模式，加之人烟绣错、舟楫云排、书院遍布、商业繁盛，及家族文化的浓郁气息和鲜丽色彩，也让一座有福之州翘然而立，享誉寰内。

　　由福州闽都文化研究会主办的《闽都文化》期刊自2012年改版以来，坚持忠于历史、贴近社会、面向大众，努力打造一本具有文化广度、历史厚度、学术深度和文学色彩的新型文化刊物，做到栏目多样、内容丰富、版面活泼、图文并茂、雅俗共赏，受到读者的普遍欢迎。春种秋收，绵绵瓜瓞。编辑出版一套《闽都文化》精选本，以便查阅和珍藏，是许多读者的需求，也纳入编委会的出版计划。自2019年开始，由编辑部按专题分卷陆续选编出版。第一本为《左海风流——〈闽都文化〉精选本·人物卷》，第二本为《闽都记忆——〈闽都文化〉精选本·纪事卷》，第三本为《榕荫花雨——〈闽都文化〉精选本·风物卷》，第四本即本书《三山凤鸣——〈闽都文化〉精选本·家族卷》。

目　　录

葛家大院纪事

葛兆光

一

从籍贯上说，我是福州人，虽然我出生在上海。很长一段时间，中国作兴填籍贯，所以我填表也好，办护照也好，各种证件上都写的是"福建福州"。我父亲葛耀昌（1922—2004），从小在福州长大，虽然大半生在上海、北京、天津和贵州打转，但终究叶落归根，近退休的年龄从贵州回到福州，一直到去世。他一辈子操着浓重福州风味的普通话，算是真的福州人。

葛家在福州著名的"三坊七巷"之一的黄巷里，有一处老宅。在现在福州的各种坊巷志或者旅游书里，都把它叫作"葛家大院"，也算是一处名胜，这里就是我的老家。我父亲一直很得意地对我们说，葛家大院原来的大门口，有一副对联，写的是"丹井传家远，黄楼卜宅长"，用了东晋道教中人葛洪的典故，说明这是葛家祖上传下来的。但说老实话，我也不知道这座老宅最早是不是葛家的，也许，是我的爷爷或者爷爷的爷爷时买来的。我父亲曾说，早年葛家大院的大门上方还悬挂了"中宪第"，二门还挂有匾额，上书"会魁"二字，可我一直没有查出葛家哪一代有这么好的科举功名。所以，我怀疑这个院子原本是别姓的，只是葛家后来买了下来。但不管怎么说，现在的各种书里，它都叫"葛家大院"。传说中，它还是唐代一个叫黄璞的文人的旧居，传说晚唐黄巢闹事，大军越过仙霞岭，打到福州的时候，因为尊敬黄璞是读书人，下令不得焚烧这里的民宅，它才得以保存下来。但这个故事有几分真实，几分想象，几分编造，谁也说不清。葛家大院毗邻另一个清代名人梁章钜的故居，两个宅子中间有一个"黄楼"，但长期以

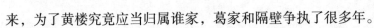

来，为了黄楼究竟应当归属谁家，葛家和隔壁争执了很多年。

老宅过去确实是阔气过的。据说，左右两边好几大片宅子原来都是葛家，院子里有七口井，一处池子，俗称"七星八斗"，花厅也有山石叠成的假山和雕梁画栋的亭阁，还有一处不小的水池。不过，1979年我第一次回到福州老家的时候，那个大院已经破败不堪。穿过原来很不错、现已经瘦身再瘦身的天井，七八家人已经把这个有些历史的老宅，分割得七零八落，原本有假山亭围小池的花厅，也早已经堆满杂物，上面瓦间漏水望得见星星，下面则晴天满是晾晒的衣物、雨天满是接水的锅盆。一直要到政府想发展旅游，重建三坊七巷作为旅游的景点，这才重修了大门。今年（2013）夏天我回去看的时候，原来很破败的大门，突然变得古雅堂皇，连我自己也吓了一跳。

二

更有趣的是，在福州一些旅游书上，有一个很吸引人的传说，就是葛家来自古麻剌朗国。古麻剌朗国倒是真的，《明史》卷三百二十三《外国四》说，"古麻剌朗，东南海中小国也"，据说，大概位于现在菲律宾棉兰老岛。明代永乐十五年（1417），中国派了中官张谦去传达天朝诏令，海道遥远，张谦大概在那里待了三年。永乐十八年（1420），麻剌朗国国王斡剌义亦敦奔"率妻子、陪臣随（张）谦来朝，贡方物"，永乐皇帝就给了他们如同苏禄国王一样的待遇，为他们颁赐了印诰、冠带、仪仗、鞍马等。可惜的是，这个国王回国路上生了病，永乐十九年（1421）死在福建。于是，随同诸臣便留在福州为其守丧，因此寓居在福州，成了这一方人氏，传说中的葛家祖先就是陪臣中的一个。这原来是个故事，真的还是假的？不太清楚，也许，是因为黄巷这里所谓三大姓"毛、萨、葛"都算是外来人口？萨家过去就是蒙元时代的色目人，传说祖上是雁门萨都剌，元末迁到福建。毛、萨、葛都是以前地方志里应当归入"流寓"的那一类人。

葛家究竟来自哪里？过去，连我父亲也说得不太清楚，但没有疑问的是，葛家原来应该住在福州城外的洪塘国屿一带，我父亲晚年给我写信，说他小时候曾经去国屿的葛家祠堂参加过祭祖。1990年那里大兴土木，要把过去的坟茔拆掉，曾通知葛家去迁祖坟，我二伯匆匆赶去，一块大碑已经毁坏，另一块小碑很幸运地保存下来，这是一块清代康熙年间的石碑，高约80厘米，宽约50厘米，篆文题额为《皇清敕授儒林郎蔚庵葛先生墓志铭》。有了这块碑，我才把祖上的历史渐渐解开。

三

《皇清敕授儒林郎蔚庵葛先生墓志铭》碑文，是一个叫翁煌的人在康熙四十一年（1702）撰写的，篆额的则是另一个叫林文英的，而书丹的则是自称晚生的蒋晟。据这位翁先生写的碑文说，蔚庵先生也就是我这个祖上，叫作葛焕（1647—1702），字子章，蔚庵是他的别号。给他撰文书丹篆额的三位，我没有专门去考察过，不过，看来都有些功名，但我的这位祖上蔚庵公，却好像没有什么太高的地位。根据碑文记载，虽然他的祖先也曾在明永乐年间中进士并督学山左，但后来的子孙却很难跨过科举那道"荆棘之门"，蔚庵公也只是"少攻儒业，卒入成均"，并没有中过进士，据《福州侯官县志·耆旧录》的记载，只是一个监生而已。他可以被写出来夸耀的事情，主要是在当地做了一个有力量的乡绅和有道德的典范。据说，他"素好行善，闻人有义举，必心羡之，曰彼何幸，乃得好事行之？常出镪，为人完聚骨肉，匪直匍匐救丧而已。遇后生寒酸，出赆礼，劝之卒业，往往因而成名"。按照翁煌碑文的说法，"闽中盐政，不至大坏，实先生力也"。但是，我怎么也想不通，一个乡间儒生的善行，与福建的盐政坏不坏有什么干系？不过，他可能是一个很能干的乡绅，经营了洪江江山，也就是国屿那一个葛家的基业。据说，他为了家族，先购买了"烝尝田"以防万一，也建造了七世坟地，把两百年来的家族坟地整饬一新。他又害怕老人寂寞，特别在城里买了夏屋，"迎奉入城色养"，不知道这个"夏屋"是不是就是黄巷的这一片老宅，如果是，那么这个宅子姓葛，至少也有三百多年了。

碑文里面说到，蔚庵公的先人讳回公，"由永乐进士，督学山左"，既然中过进士，似乎不像是从古麻刺朗国刚刚来的外国人，看来我们追溯上去，还是中国的读书人。一直到蔚庵公葛焕，仍然是"雅喜读书，款延师傅，训诲子侄"，后来，我父亲那一代葛家人，也曾延请了一个本家叔叔做私塾

老师，从小就读四书。看来，"丹井传家远"，不是因为信了葛洪炼丹，而"黄楼卜宅长"倒是因为奉了孔老夫子，能读书的缘故。

四

按照碑文的记载，蔚庵公葛焕，先娶陈氏，续弦王氏，共生有子六女三，陈氏孺人生了三个儿子。长子大梁，蔚庵公去世的时候是"郡廪生"，次子大埏，那时是"国学生"，三子经邦，那时是"郡庠生"，都算是读书人。王氏生了三个，叫大培、大疆、大超，大概蔚庵公去世的时候还小，碑文中没有记载他们的身份。二伯曾经问我，为什么他们的名字中间都用了个"大"字？为什么老三名字又不用"大"字？我也讲不清楚。不过这以后，大梁一系的葛家，则按"元运开泰，保世滋昌，渊源孝友，欲振家声"这十六个字排辈分，我爷爷是"滋"字辈，我父亲是"昌"字辈，我本应是"渊"字辈，只是到了我这一代，天翻地覆，革除旧习，就再也不按照这个辈分起名字了，只有台湾大伯家的儿子还用这个"渊"字起名儿。

"葛生蒙楚，蔹蔓于野"（《诗经·唐风·葛生》），说的并不是葛姓的"葛"，而是植物的"葛"，不过，葛藤覆盖荆棘，杂草蔓延遍野，倒也可以用来形容葛姓一族在福州逐渐生根。据我父亲说，蔚庵公之后支脉繁盛，我们就是长房大梁的后人。"君子之泽，五世而斩"似乎是中国的规律，没有不散的宴席，也没有长盛的家族，除了官方护佑的至圣先师孔家之外。以前，潘光旦先生写《明清两代嘉兴的望族》一书，说嘉兴有长达十几代一直兴盛的家族，代代出人物，这也许是比较少的，潮起潮落，兴兴衰衰，在中国传统时代的乡里很常见。葛家也不例外，蔚庵公之后，虽然家族还算是绵绵瓜瓞，但在仕途上葛家并不太兴旺发达，所以地方志、乡绅录里面也不见记载。

直到我爷爷投笔从戎，当了军人，福州黄巷葛家才好像真的要"重振家声"了。

五

我的爷爷葛滋承（1890？—1952），大概生在19世纪90年代初。在那个中国社会重新洗牌的时代，人的命运很诡异。生逢世道巨变的人，或者从绿营而辗转泥途之中，沦落下僚，或者鲤鱼翻身跃过龙门，一下子成为人上人，全看运气如何。晚清那个时候，福州马尾办过船厂，办过船政学堂，办过最早的大清海军，黄巷的"毛萨黄巷葛"三家中的萨家，就因为办海军而出了很杰出的人物，就是既当过大清总理南北洋水师兼广东水师提督，又当过民国初年海军大臣的萨镇冰（1859—1952）。我的爷爷不知道和萨家有什么关系，反正是远亲不如近邻罢，也做了这个大潮里的一个弄潮儿。1922年，当时的海军总长李鼎新派了杨砥中，在马尾成立海军陆战队的统带部，曾经发展很快，在福清、长乐、连江、厦门都有驻军，到1928年编为两个旅，成为福建最重要的军事力量。据说，在我父亲很小的时候，大概20世纪20年代末，爷爷就从营长一直当到了海军陆战队混成旅的副旅长。

这里又有一件有趣的事儿。民国那会儿，也许当官需要资历或学历。我爷爷有学历，号称是"保定军校第六期学员"，算起来，和著名的叶挺、顾祝同、邓演达、薛岳都是同一级的同学。保定军校原来是清朝北洋速成武备学堂，在民国初年，名声仅次于黄埔军校，也是赫赫有名，1912年到1923年间共有九期学生毕业，里面出了很多战将。很多年以后，我弟弟在美国教书时，特意去华盛顿的美国国会图书馆查阅保定军校的资料，发现确实有"葛滋承"这个名字。可是，听我父亲晚年病榻上的叙说，才发现这是一个颇搞笑的故事。原来，我的爷爷压根儿就没去军校读过书，用他的名字去军校的，是他最小的堂弟，也就是我的四叔公。换句话说，我爷爷用了四叔公的毕业文凭，而四叔公却用了我爷爷的考试成绩。

更有趣的是，四叔公学成文武艺回来，却并没有货与帝王家。他毕业的时候是20世纪20年代初，他却压根儿不愿意进入军界做事，原因据说是他发痴一样地爱上了一个女子，就是我后来的四婶婆，为了这个据说很漂亮的女子，他天天待在家中。这也许可以理解，一方面四婶婆当年可能真的很漂亮，1990年我在福州还见过她，从她老年时的相貌，也可以想见她年轻时确实很秀气；另一方面，我猜想是保定军校文凭写的是"葛滋承"，我爷爷凭了这个文凭可以当官，四叔公没有这个文凭，在海军就得从下层

干起，从小受宠的他也许不愿意吃苦。所以，他就在我爷爷手下当了一个副官，据说是在庇护下吃干饷，根本不去当差，整天宅在葛家大院里面。不过，或许是因为我爷爷当了官，出钱把黄巷葛家大院又重新整顿一番，弄了好多葛家堂兄堂弟来一起住，就由我奶奶主管家务。顺便说一下，我奶奶叫何红蓉，中医世家出身，在福州也算名门。在我奶奶的主持下，这个时候的葛家大院，似乎又兴旺起来。

我父亲葛耀昌（1922—2004），就出生在这个大院里。

六

父亲是爷爷的第二个孩子，上面有一个哥哥，就是我的大伯，他比我父亲大不少，大学时代在上海学化学。据我父亲说，他上大学时常常出入舞厅，花钱如流水，差一点儿就娶了上海舞女，被我爷爷严厉制止，甚至威胁要断钱断粮才作罢。抗战后期，听说曾经到遵义火柴厂工作过，后来台湾光复，1946年就去了"台糖"就职。父亲下面有两个妹妹，就是我的五姑、七姑，也都随大哥去了台湾。我奶奶曾经短暂去过台湾，帮着照料大伯一家和两个姑姑，但1948年为了照顾我爷爷，又回到福州黄巷，此后天各一方，一直到死，再没见过她的这几个子女。他们一直留在台湾，直到20世纪90年代，他们和我父母亲才在香港再次聚首，那时都已是白发苍苍的老人，据说，后来我的五姑和七姑到福州郊外去祭拜爷爷奶奶，哭得像泪人一样。

说起来，爷爷的四个子女中，父亲排行是老二，但葛家却用大排行。祖父一辈兄弟的孩子统统混算，我的大伯是老大，老二即我的二伯，却是我祖父弟弟的孩子，所以，后来我的堂兄弟们总是把我父亲叫三叔或三伯。父亲出生后葛家家境大概是最富庶的，所以，父亲的童年记忆都是欢天喜地，什么过年大吃大喝，什么福州做大水的时候在天井划船等。2003年夏天，他胃癌手术住院，我去医院陪护，他还和我兴致勃勃地说起他小时候的读书经历。他先是读私塾，由同宗一个当过云霄县知县的长辈坐馆，教他读"四书"，这位私塾先生也姓葛，就是祖爷爷之叔伯兄弟，据说很严厉，但父亲是爷爷奶奶宠爱的孩子，我猜想他当时一定学得不好，常常被打手板心，所以后来改弦更张，去读新式的英华学校。据说，在洋学堂里面，他旧学古文算好的，但是新学，即数学和英文却不好，不过，英华学校很有名，他总算后来也考取了当时设在上海的暨南大学。

可是，父亲上暨南大学的时候，日本人已经打过来了，暨南大学撤到福建，先在三明，接着在武夷山继续办学。我父亲回忆这一段时光，最喜欢讲那时暨南大学的三件事。一个是何炳松是校长，不过，尽管何炳松是中国有名的史学家，可我父亲并不学历史，其实也没有什么好夸耀的；一个是他的同学里面，后来有一个当过副总理的吴学谦，但吴学谦后来当大官，同学从来也没有联系过，也没有沾过半点光；再有一个，就是他在福州家里带了不少洋钱出来，出来的时候，怕日本鬼子搜查，大洋都绑在腰上，所以，尽管当时山里的暨南大学伙食极差，但他可以时不时拿出大洋在茶馆里吃鸭子，这倒是真的，也符合我父亲那种老饕性格。我曾经开玩笑地问他，是不是那时根本没有好好上课？他也毫不忸怩地爽快承认，他原来上的是法文系，但考试总不及格，于是，二年级转上外贸系，改学英文，好不容易才毕了业，于是一辈子就干了对外贸易这一行。

七

海军陆战队的差事并不好做，抗战时期，海军陆战队很快就丢了船，海军变成陆军，我爷爷随着部队，辗转到了江西、湖北和湖南。1945年，中国抗战胜利的时候，我爷爷正在湖南芷江警备司令部任职，曾经亲历了日军投降仪式。不过，那时他已经厌倦了军旅生涯，就在湖南倒腾了两车药材，辞去了军职回到福州。也因为这个缘故，国共战争的时候他没有参与，1949年后这段戎马历史侥幸没有被追究，直到1952年患病去世，还算平安一生。

可是，大学毕业后在上海海关做事的父亲，却被卷入巨变之中。海关原本是常言说的"金饭碗"，可1949年前后他却失业了，生活陷入困境。那时，他已经与我母亲结婚，金圆券大贬值，人心惶惶。据说，那时他为了尽快花掉手里的钱，曾经急急忙忙拿一麻袋纸钞，匆匆地抢购了一件英国呢子大衣。尽管有我外公和爷爷两家作后盾，生活不至于无法维持，但是，他心里却很苦闷烦恼。我父亲原本性格就很不安分，福建人的性格也很勇于冒险，于是，在著名的共产党人冀朝鼎的鼓动下，在我出生之前的1949年，他就悄悄跑到已经解放的南京，进入共产党的军政大学学习。按照规定，在1949年10月1日之前参加革命的人，可以享受"离休"，即老干部的特殊政策，他也算赶上了这个尾巴。尽管他一直很想跟随潮流，但潮流却总是在嘲弄他，他一辈子都不得意。

我出生后，父母去了福州，后来又辗转到了北京，又到了天津，我却一直在上海外公外婆家住，福州黄巷葛家，好像与我没有太多关系。但1957年要上小学了，外公外婆下了狠心，让我回到父母身边。于是，我沿着京浦线"哐当哐当"坐了一天一夜的火车，来到了当时在天津的父母身边。从此，福州黄巷葛家的历史，就开始和我的人生交集，我也从此一点一点地，融入了这个黄巷葛家大院的烟尘往事之中。

烟火刘家

董山静

当年那一盏盏明晃晃的电灯，照亮了三坊七巷的街巷和院落，也照亮了福州城。历史清晰地记录着刘家大院的曾经。"电光刘"也成为福州一张不曾褪色的城市名片，岁月静好中，述说着美丽而又略带伤感的往事。刘家客厅前假山的小池、池里悠游的锦鲤、客厅两旁透着灵秀的窗棂，还有那曲线优美的风火墙，仍旧神闲气定。当年郁达夫就曾在刘家大院的锦屏轩，品味过这里的诗情画意，且留下难忘的记忆。

一

故事从1983年那场全国烹饪大赛说起。闽菜大师强木根做鸡汤氽海蚌，菜品端上评委桌时，服务员将灌在开水壶中的鸡汤氽入碗中海蚌。挟箸入口时，绝大部分评委都被这道美味所征服，一时愣怔无语。只有溥杰当场站起来说："这道菜我60年前吃过，当时刘家厨子郑大水是皇帝的御厨，我陪同吃到，今天又尝到了，真是太好了。"美味也会让时间停留。

2019年夏天，中央电视台拍摄《家乡至味》时，曾专门介绍过刘家大院的"电光刘"私房菜，系由聚春园佛跳墙第八代传承人杨伟华主勺，再现当年让人津津乐道的"电光刘"家族菜肴。道道美食记录里，显现当时的生活风貌与人情世故。熟悉的味道在舌尖舒展，"电光刘"家宴里的闽菜，既有浓郁的家国情怀，还有挥之不去的乡愁。乡愁包含对家乡至味的思念，无论游子在外闯荡多少年，即使口音变了，但故乡的美味，依然沉埋心间，一旦唤醒，便是一幕幕对于故乡的美好记忆。

"电光刘"的家宴中有一道名菜叫茉莉石鳞腿。从这道菜的由来，就可以看到刘家长辈对子女的爱。当年刘家有位大小姐经常生病，身体虚弱。刘家的厨子就提议把石鳞（石蛙）煮汤给大小姐吃。没想到大小姐听说桌上这道菜是石蛙煮的，怎么劝说都不吃。因为在大院里面，时常会见到青蛙在假山一带捕捉昆虫，所以小孩子觉得这么可爱的动物，不能把它吃了。厨子左思右想，想出了一个办法，用饮食雕花工艺把这个石鳞的后腿雕刻成茉莉花，然后再下锅烹煮。当这道汤再次上桌时，大小姐很是欢喜地说："茉莉花做成的汤真好吃呀！"中医里讲到肺主皮毛，不妨适当吃一点属性偏凉、滋阴的食物。石鳞称得上上等食材，可除肺火，增强免疫力。其肉质鲜美柔嫩，富含矿物质钙、铁、磷、锌等元素，还有丰富的蛋白质以及各类维生素，因此具有保健功效。

二

郁达夫在《饮食男女在福州》一书中写道："福州的食品，向来就很为外省人所赏识，前十余年在北平，说起私家的厨子，我们总同声一致地赞成刘崧生先生和林宗孟先生家里的蔬菜的可口。当时宣武门外的忠信堂正在流行，而这忠信堂的主人，就系旧日刘家的厨子，曾经做过清室的御厨房的。"刘崧生和林宗孟就是刘崇佑和林长民。

早在晚清，闽菜就是京城的主流菜系，八旗子弟带着八大胡同的名妓，总要去吃闽菜才算显示贵族的荣耀。闽菜煎、炒、烹、炸、氽、烩、炖、熘、蒸样样齐全，对食材的挑选与烹饪技法极为讲究，被京城人称为官府菜。当年的"忠信堂"则是京城西长安街最著名、最气派的闽菜馆，有几进的院落，院子中间还有个大戏台。"忠信堂"掌厨郑大水过去是末代皇帝溥仪的御厨，他也是御膳房里薪俸最高的大师傅。当年北洋军阀混战，奉系军队在喜峰口一带打了胜仗，名噪一时的大律师刘崇佑先生和林徽因的父亲林长民先生商量要犒赏三军，于是派人在京城找个饭馆预订酒席1500桌。整个北京城没有饭庄敢承接，只有忠信堂把这笔生意给接下来，最终将这1500桌酒席办得妥妥当当的。将士们欢欣鼓舞，饱餐豪饮，赞不绝口。1925年3月，亚洲第一位诺贝尔文学奖得主泰戈尔来到京城，时任北洋政府教育总长的林长民在北京前门车站台迎接，让林徽因安排在忠信堂设家宴款待，晚宴陪席的都是世家名人，有梁启超、蔡元培、胡适、梁漱溟、蒋梦麟、辜鸿铭、熊希龄、梅兰芳、梁思成、徐志摩等。郑大水为晚宴安排的头汤是珍珠豆腐汤，然后是五荤五素，分别是醋熘黄鱼、红烧鱼翅、炒小牛肉、火腿鸡丝方饺、清蒸鸡，炒油菜花、炒花芥蓝、焖豌豆、炒小白菜、香菇烧笋。餐后按照西式的习惯，奉有甜点，是枣泥馅饼、杏仁酪，还有咖啡。中西合璧，名气煊赫，这场家宴颇显出福建家宴菜肴的特色。

说起刘家的家宴不能不提到团圆宴。在今天的刘家大院内陈列了仿真菜肴及蜡像，展示出一家人团圆的画面。餐桌上既有闽菜状元佛跳墙，还有荔枝肉等。其实真正的家宴不是一般人想象的那样奢华。如正宗的芥菜粥，保留了入口青涩的味道，忆苦思甜。刘家教育子弟们要励志创业与勤俭持家并重，粗饭淡菜皆宜，只有吃过苦中苦，方为人上人。因此在大年三十团圆饭之时，第一道上来的就是一碗芥菜粥，包含着言传身教的劝诫。当然，地方习俗上还有"该去债"的谐音寓意。

三

刘家大院的牌匾，是林则徐题写的"掰均屃"三个字。现代译为"掰韵居"，意思是"弘扬韵学的居所"。这是林则徐写给儿女亲家刘家镇的。林则徐将长女林尘谭许配给刘家公子刘齐衔，足见刘家当年文风之盛。

从刘家大院步行百步就到了光禄吟台。这里一向是文人墨客聚会的场所。但光禄吟台仅是一块大石头，周围空间有限，而来吟诗作赋的文人墨客每一场都有几十人，宛如今天的文化沙龙。故而，真正的聚会场所是在刘家大院。

刘家人喜好茉莉花茶。这时，家镇公总会以茉莉花茶招待宾客。茶香、花香中飘溢着诗情与友爱。刘家有个厨师班，厨房有200多平方米，5个灶一字排开。好客的刘家人常常请客人吃卤面，面条寓意长寿。先是把面条煮熟捞出放在冰柜。客人来了，取面入锅氽热，摆放碗中，泼上特制的卤汁，鲜香扑鼻，引得客人赞不绝口。

福州冷冻厂是刘家的企业，每日里，厂里都会运几大块冰，敲成块状放在柜子中，海鲜买来就放在这个冰柜里。想知道这个冰柜是什么样子吗？

外壳是木头做的，约1.5米高，内裹着一层保温材料。冰柜分3层，最上层是个铁皮的抽屉，里面放上敲碎的冰块，并拌上粗盐，使冰不容易融化。另外有根小管可连接到下一层，这样融化的冰水就会沿着小管流到下层。食品放在中间层，可以放置准备冷藏的食品。最底层有个盆子，盆子边上有水洞，水会不断流走。冰箱最上层的那个盆子给冷气留了条缝，冷气会向下走，热气则向上飘。结构这么简单，配件还是国外进口货。这样，很好地把冰箱内部包得很严实，达到冰寒冻鲜。

刘家大院是三坊七巷的富足之家，虽然是钟鸣鼎食之家，但毫无奢靡之风。家风是一个家庭的风尚，是一个家族长期形成、世代相传的精神风貌。书香世守的刘家，很好地传承了中国儒家教化中的餐桌礼仪，要求刘家子弟饭前洗手、衣冠整齐方可入座；用餐时尽量不能说话；尊长者未入座不能动筷；夹菜不许用筷子去搅；菜离位置远，不许站起越位，可以请离菜近的人帮忙夹菜；夹入碗中的饭菜要吃完，不能剩下；用餐时筷子不能直插碗上；用餐结束饭汤匙放碗中，筷子放碗上，与大人讲声"吃好了"方可先离桌。

而修身读书更是家族兴旺的重要因素。刘家文风鼎盛，人才辈出。1841年，刘齐衔与他的哥哥刘齐衢同榜考中进士，"一胞双进士"轰动一时，成为久久的美谈。当年来家中贺喜的场面可想而知，刘家厨子早早就备足好酒好菜招待亲朋好友，当然，少不了温情的刘家卤面。

饮食文化，也对家族文化文脉的涵养和传承，起了重要作用。

东牙巷萨家往事

萨本敦

出身闻雨山房

萨氏作为色目人由明初入闽后，居住在通贤坊，即如今的安泰中心一带。现在入闽萨氏的共同祖先、第8世萨希亮后来迁居北门兜绍因寺废墟上兴建的半野轩。萨希亮之后分为5支，随着人口繁衍，居住地也就分散了，常为人提起的朱紫坊萨家就是第一支中的一户。居住在黄巷尾部的萨家，房子最初也是第一支购置，唯不数载而鬻归陈姓。未几，复由第二支第12世萨知麟购回。萨知麟还购得毗邻葛氏宅院之前后花厅，辟为著名书斋闻雨山房。

黄巷尾部萨家是紧邻南后街坐北朝南的一家。萨知麟有三子：长子觐光，次子彬文，三子春光。老大觐光后来又购置了巷子中部一座房子搬了过去，只剩老二彬文和老三春光留在老宅里居住。

萨镇冰幼年时投奔的就是居住在黄巷中部的萨觐光的孙子萨觉民，萨觉民不但抚育他，还带他拜见挚友沈葆桢，使萨镇冰进入船政学堂读书，成长为一代海军名将。遗憾的是黄巷中部的房子在民国时期失火，旧址在已拆的南华剧场隔壁。而黄巷尾部的房子至今尚在，它已列入三坊七巷社区保护范围。

曾祖父萨承钰，字又恒，就出生于黄巷尾部的祖居。他幼年丧父，是他的祖父萨春光一手培养了他。经在闻雨山房励志苦读，曾祖父终于中了举人。他一生做了两件大事：一是任天津水师学堂教习，于光绪十五年（1889）11月，奉海军大臣张勤果之命，历时一年多测绘中国沿海炮台，留

下弥足珍贵的中国海防图。二是任知府衔山东武城知县等地方官员，为民做了许多好事。

曾祖父娶梁章钜的曾孙女梁茂漪为妻。梁章钜曾任江苏布政使、甘肃布政使、广西巡抚、江苏巡抚等职。梁章钜也住在黄巷中段，与黄巷中段的萨家遥遥相对。他家原是唐朝名儒黄璞故居，黄巷便因黄璞而得名。

曾祖父从山东武城卸任回福州后，住在新购置的东牙巷宅院。

东牙巷宅院购建于1900年前后，在曾祖父从山东告老回福州前若干年，曾祖父吩咐长子嘉曦买房时要符合三个条件：一、房屋不可靠河。二、房屋需他以前在福州时曾见过的。三、房子要有亭台楼阁，与他在山东的知县衙门相似。嘉曦遵照这些意愿，买下东牙巷房子，并照父亲的意思翻建一新。

东牙巷宅主建筑是坐南朝北的两进两花厅。加之又买了隔壁的"三乐厅"，及与"三乐厅"背靠背的坐北朝南、门对妙巷的两进院落，连成一片，使房子显得很深很大。我还记得东牙巷萨家大厅红底黑字的木制柱联："光阴迅速，便勤紧读书写字能得几何，恐至老无闻，趁早年埋头用力；世事艰难，即寻常吃饭穿衣究非容易，望持躬以俭，免后日仰面求人。"这是曾祖父在教导我们这些子孙。

曾祖父59岁告老回榕，可惜的是他回到福州居住不及一年就病逝了。

曾祖父与梁氏育有二男一女，即大伯公嘉曦，我的爷爷嘉桀，还有一个嫁到邓家的姑婆。在山东任上，曾祖父又娶妾岱氏，名慧，亦育有二男一女，三叔公嘉征，四叔公嘉燮，还有一个嫁到沈家的姑婆。对岱氏，大人们称之为姨太，我的兄弟姐妹们称之为太婆。

曾祖父的12个孙子、9个孙女是统一排行的，我父亲兆寅，在孙中居长。

曾祖父在世时，在福州中轴线南街置有十几家店面分租给商家，其中有同春药房、亨得利钟表店等。曾祖父去世后，除了留下一家妙巷口叫"天元斋"的店面作为共有，将房租用于祭祖开销之外，四兄弟各分得三四间店面，房租供各房生活支出。

好酒的四叔公

我的四叔公嘉燮，字理臣，是曾祖父最小的儿子。后来因为工作的关系，住在北京。1980年前后，我作为记者常到北京采访，每次都要到灵境胡同看望他，有时也下榻在他家，当年他是我们萨家唯一健在的辈分最高的人。他住的小平房后面有一座四合院，曾是清朝逊帝溥仪的老师陈宝琛的宅院，而四叔公住的小平房则是陈宝琛家的马厩。我曾到帝师故居看过，那里已是破烂凌乱的大杂院，凡是可以搭盖的地方都搭盖成厨房、厕所、房间，倒是四叔公住的由马厩改建的小平房，虽然矮小，却还保留着窄窄的前后院，两个房间也很宽敞明亮，住在那里挺舒适的。

四叔公好酒，沈祖同的女儿有时也会来陪他喝。四叔公的胞姐嘉玛嫁给福州宫巷沈葆桢的嫡曾孙沈觐笋，"觐"字辈之下是"祖"字辈，沈祖同算是四叔公的胞姐、我姑婆的侄儿。因为这层关系，四叔公和住在北京的沈祖同一家便有了走动。

沈祖同曾任中央银行驻台北代表，中华人民共和国成立前夕，节节败退的蒋介石一直秘密在做迁台的准备，而其中重要的一项工作就是转移黄金。当时中央银行在台湾没有分行，运往台湾的黄金就是由驻台北代表沈祖同点存于台湾银行金库的。沈祖同原是张学良的秘书，1933年曾陪张学良去意大利考察。

四叔公对我说，他的大哥，也就是我的大伯公，曾对他说，一个家族是否破落只要看他们家的墙头是不是长了茅草。阔别家乡40多年的四叔公回忆起他的大哥时问我，我们老家的墙头长草了吗？未等我回答，他伤感地自言自语道，现在难道还有一家旧宅墙头不长草吗？

四婶婆的家世

四叔公的婚事是我的父亲撮合的，四婶婆是龚家小姐，大名龚令庄。在福州，无人不知西湖宾馆。西湖宾馆是在环碧轩基础上扩建的，环碧轩又叫龚家花园，园主就是四婶婆的祖父龚易图。龚易图是清咸丰九年（1859）进士，曾任江苏按察使、广东按察使、湖南布政使等。龚礼逸是龚

易图孙辈中多才多艺的一个，由于我的父亲和他是挚友，便牵线把朋友的妹妹嫁给了自己的叔叔。

四叔公和四婶婆成婚于1930年，据说龚家的陪嫁非常丰厚。后来，四叔公到北京谋生，把四婶婆也接去。再后来，四婶婆发现陪嫁的几千块光洋被自己的婆婆侵吞了，从此把气全撒在四叔公身上，与四叔公成为生死冤家。四叔公和四婶婆育有二男二女，虽然子女事业有成，有我党的高级干部，有火箭专家，但夫妇俩的争吵伴随一生，而且每次吵架都会牵扯出那"几千块光洋"。

由于家庭不够和谐，酒成为四叔公一生的最爱。我第一次见到四叔公的时候，四婶婆已谢世两年了，他的外孙曾问他到底有没有那几千块光洋，四叔公是这样说的："什么东西是你的呢？只有在你手中才算是你的。"

四婶婆的哥哥龚礼逸，中华人民共和国成立后任福建省文史馆馆员。有一次他来我家，特带了一叠龚易图的行书送我，说是给我当字帖，我很高兴地收藏至今。记得那天父亲对我说，日本人认为福州书法最好的只有两人，一个是沈觐寿，另一个就是龚礼逸。

1965年，龚礼逸身染重病，请来中医吴味雪到家诊病。吴味雪住在安泰河畔桂枝里，他既是名医也是书法家，即儒医是也。吴味雪和许多书香之家均为世交，他号了号老朋友的脉搏，退出房间对龚礼逸的夫人王孝莹说："还有七天时间，准备一下吧！"不多不少，七天整，龚礼逸走了。

龚老太太王孝莹是王仁堪的后代，王仁堪是福州的最后一个状元。20世纪80年代，她和大女儿龚世润都被聘为福建省文史馆馆员，连已故的丈夫龚礼逸算上，一家出了三个文史馆馆员，在福建也许是仅有的。

姑婆：沈家的遗孀

我那位嫁给沈葆桢嫡曾孙沈觐笏的姑婆、四叔公的胞姐叫嘉玛，是远近闻名的美人。据说她结婚时，福州南街一带几户原定同日结婚的人家都改了日期，怕看热闹的人私下比较哪家新娘漂亮，把她们比了下去。

这位被称为"南街一"的姑婆，曾有一件令她懊恼的事。初嫁不久，一日游湖遇雨，连忙乘轿回家，恰遇闺蜜，好心的姑婆请她挤进自己的轿中，不料到家门前落轿时，碰见巷中一书生，对走出轿子的两个丽人笑吟道："哈，铜雀春深锁二乔。"大户闺秀本该一人一轿，两人挤在一轿，且被人取笑，使姑婆许久难以释怀。几年前我对一位作家说起这个故事，他手一拍道："我明白了，这就是三坊七巷。"

自古红颜多薄命，姑婆公原是海军军官，20多岁就撒手人寰。幸好中华人民共和国成立时姑婆子女早已成年，参加了革命工作，姑婆被请出来当上街道妇女主任，整天穿梭在宫巷各家各户之间。

姑婆对我说，一个人幸福与否要看晚年，晚年一定要过得好。她的晚景就很不错。当后辈来看她时，她常煮一小碗点心端上，不过几口的量，但味道极好。

沈家姑婆公沈觐笏的胞兄叫沈觐平，沈觐平之子沈祖牟是我父亲的挚友。

沈祖牟勤于搜集古书。他曾任颐中英美烟草公司中方经理、沈阳面粉厂厂长、中央信托局专员等职，由于财力雄厚，福州林氏"平冶楼"书散出后多为他所得，他收藏有珍稀书籍2万余卷。抗日战争时期，郁达夫应福建省主席陈仪之邀，任福建省政府参议，便经常到沈家切磋交流读书心得与藏书经验；柳亚子也曾写信请他代为搜集南明郑成功史料。1947年，沈祖牟38岁时因医疗事故逝世于上海。

1955年，沈祖牟遗孀张瑞美果断地将丈夫的藏书捐献给福建省图书馆。20世纪50年代，许多图书馆都希望收购她家藏书，她认为将家藏古籍移送福建省图书馆最妥，因为福建省图书馆馆长是我的父亲，是她丈夫的朋友，是靠得住的人。

三婶婆床头的照片

我的三叔公叫嘉征，在北洋军阀时期曾任国务院主事，后在福建省代理连江县知事。虽然我们都住在同一大院，但20世纪50年代初他就病逝了，那时我的年龄尚小，对他几无印象，记住的只是给他办丧事时那些纸糊的房子、人力车、箱子。听长辈说，他与两位穿长衫的兄长不同，多是西装革履。他有一部黄包车，有丰富的夜生活，回家总是很晚，佣人常常要等

候他回来再关闭三重大门。至于1963年方才谢世的三婶婆的一颦一笑，我却还能记得。

三婶婆叫陈世贞，娘家祖居在文儒坊，即林则徐母亲的家。

东牙巷萨家第二进的花厅是一座小园林，虽然在我懂事时鱼池早已填为庭院，但花木亭台依然如故。太婆和三婶婆各住楼阁的左右厢房。三婶婆房额"一研斋"三字为沈剑知所书；引人注目的是三婶婆的床头挂着一个镜框，里面镶着一张陈季良身着戎装的照片。

陈季良本名陈世英，是三婶婆陈世贞的兄长。俄国十月革命取得胜利后，苏维埃政府决定将沙俄侵占的黑龙江航权归还中国。1919年"江亨"舰舰长陈世英指挥4艘军舰组成北上舰队，经停黑龙江入海口附近的庙街，拟往哈尔滨扩建"吉黑江防舰队"。庙街又称尼古拉耶夫斯克，驻扎着日军和日军支持下的白俄军队。10月，苏联红军攻打庙街，白俄军队溃退，负隅顽抗的日军被包围在日本领事馆内。因为缺少重武器，红军难以攻克，于是求助陈世英，希望从中国舰队的炮艇上拆借几门大炮。陈世英爽快地答应了，把"江亨"舰的1门边炮、"利川"舰的1门格林炮及一批炮弹，"借"给了苏联红军。在中国大炮的帮助下，红军迅速攻占了日本领事馆，击毙日军数十人，俘获130多人。此即轰动世界的"庙街事件"。

次年日军卷土重来，通过炮弹弹壳发现了中国军队支持了苏联红军，立刻派出军舰包围了中国舰队，并通过外交渠道提出抗议。最后以中国军事法庭判处陈世英革职"永不叙用"告终，日军无奈地解除了对中国舰队的包围。

"永不叙用"的陈世英后来悄悄更名为陈季良，依然在海军中供职。到抗日战争全面爆发后，他已经高居海军部政务次长兼第一舰队中将指挥官，亲自指挥了抗击日本海军的江阴海空保卫战，率中国海军第一舰队的4艘战舰与日本300多架战机、70多艘军舰，浴血战斗了两个月零一天，击落敌机20多架。1945年，陈季良因旧伤复发逝世，被追赠海军上将军衔。

三婶婆将兄长照片在床头一挂就是几十年。

抗日战争时福州曾经两度沦陷，日寇踏进三山，冲进了东牙巷萨家，在三婶婆房中发现了这张照片。倘若日寇知道照片中人乃是"庙街事件"的陈世英或江阴海空保卫战的陈季良，那后果不堪设想。

2014年11月5日，陈季良将军纪念园建成，我再次看到那张被放大了的陈季良照片。

我的爷爷奶奶

晚清和北洋时爷爷在北京任"京官"，做的都是"闲差"，每一个"闲差"俸禄都有限，他每天的工作就是坐着黄包车，到各供职的地方"签到"。北伐战争后，爷爷回到福州，从此赋闲在家。1953年爷爷被聘为福建省文史馆馆员，每月领50元的津贴。

首批被聘为福建省文史馆馆员的，都是学者名人，由福建省省主席亲自聘任。馆长陈培锟，清光绪二十四年（1898）进士，授翰林院编修、国史馆协修，其父陈海梅，与之同榜钦点为翰林，有"父子两翰林"的佳话。

从许多长辈那里了解到，爷爷这一辈子生活虽不富有，却很潇洒，这一点和他的哥哥大不一样。他对金钱不大在意，出手大方，乐于助人。

爷爷的毛笔小楷十分漂亮，平日喜欢抄书，所抄的书多为福建地方文献，他还将几百册的抄本命名为"积积室抄本"。他所辑的《林则徐联句类编》收联147副，是研究林则徐的重要史料。我看到中华书局出版的《文献家通考》，此书网罗了清初以来文献家1500多人，该书"卷二十九"收录的文献家就包括爷爷在内。

奶奶是小脚女人，她和爷爷相敬如宾。奶奶为人本分善良，在封建大家庭里，她是一个柔弱的形象。由于爷爷奶奶恩爱且多子多孙，在亲友子女婚庆时，奶奶总被推为"好命人"，替新人铺床。

大姑的亲事

爷爷娶的是罗家女罗秀棫。罗家有些新派。罗家联姻的何家，何公敢家也；王家，王世静、王世襄家也。这些家庭的子女都留学，所以我爷爷也叫我父亲到日本读书。兆珂、兆瑜是我的大姑、二姑，爷爷也把她们送到陈宝琛夫人王眉寿办的福州女子师范学校读书，她们是最早进入女学的萨家女子，是作家冰心的同学。

大姑的婚事颇为奇特，这也和新派的爷爷有关。那时我家住在北京，一天我的爷爷在厕所看到一个小男孩蹲在那里用树枝在泥地上演算几何题，对这男孩大有好感，便决定将自己的大女儿嫁给他。经打听，这孩子的伯祖父就是大名鼎鼎的罗丰禄。

罗丰禄（1850—1903），字稷臣，他与萨镇冰一样，出身于马尾船政学堂。罗丰禄1896年"任出使英、比、意大臣"，由于他尽力维护国家权益，广受国人的敬重，是一个著名的外交家。罗丰禄任使臣时，一等秘书就是他的侄儿罗忠彤。罗忠彤，字筱荷。在异乡，年轻的筱荷爱上了一位英国姑娘。英国姑娘为筱荷生下一个儿子，但未能母以子贵，罗家留下还在襁褓中的孙子，将肝肠寸断的洋媳妇遣送回国。这名混血婴儿就是我的姑夫，大名罗孝斌。

不出我的祖父所料，罗孝斌成了著名建筑专家，他不但参与建设上海国际饭店，还协助茅以升修建了闻名中外的钱塘江大桥。但大姑和他的婚姻很不和谐，两人的生活方式一中一西，天差地别。大姑早餐喜欢稀粥肉松，姑夫吃的是面包牛奶；大姑只喝茉莉花茶，姑夫却要咖啡可可；大姑日落而息日出即起，姑夫夜间精力格外充沛。我曾看到姑夫的一本相册，每张照片都空无一人。大姑说，姑夫爱好摄影，常要求大姑摆出各种姿态充当模特，对此大姑极不乐意，于是姑夫拍的照片全成了空镜头。他们最终分手，20世纪50年代初，罗孝斌移居马来西亚槟城。

大伯公和卢厝亲家

最后说说不能让祖屋墙头长草的大伯公萨嘉曦吧。

大伯公算是清朝的官二代，在清末当过河南候补知县、乡试点名官等，对民国之后新派的东西十分抵制，他的房门贴着"西医不得入内"的字条，曾禁止全家使用电灯。清亡后他不问世事，勤于研读，肆力于文章，著有《寄庐文稿》等。

大伯公娶的是杨家女儿，谁知此女过门不久就病逝了，便续娶了她的妹妹。也许正因为大伯公初娶丧偶，所以我的爷爷已经生了我的父亲，而他还没有儿子。我原以为家族内兄弟排行是一一对应的，第一个儿子为大哥的、第二个儿子为二哥的，如此排列，其实不然。比如，朱紫坊萨子安一妻一妾，妻还未生育而妾先诞下一婴，结果此婴排行是二而不是一，他的十个儿子从二哥叫到十一哥，根本没有大哥此人。是否爷爷出于对大伯公的尊重而留出两个虚位？这一点至今还是个谜。杨家姐妹是杨维屏的曾孙女。杨维屏别号湘秋居士，道光十五年（1835）举人，有诗文集《云悦山房偶存稿》（6卷）传世。

萨嘉曦是个藏书家，尤其可贵的是他好刻书。《云悦山房偶存稿》（6卷）便经他校对刊刻。

中华人民共和国成立前，连江县的丹阳乡有一个山村，叫萨家村。之所以叫萨家村，是因为这里大片田地是属于一个叫萨幼雅的地主。

萨幼雅抽大烟，渐渐地家道中落，想到了卖地。大伯公是家族荣誉感极强的人，他想，若地卖给外姓，那么萨家村的名字将难以保留，于是决定把这些土地买下来。我爷爷的店铺早都转手到他那儿，他有购地的财力。

大伯公便请连江的卢姓地主为他打理。为了和卢姓地主拉近关系，决定迎娶卢姓地主的女儿为儿媳，于是卢姓地主变成了卢厝亲家，我也有了叫卢振凤的八婶。从此每年秋后，卢厝亲家就把收来的田租谷物，折合成光洋给大伯公送来。

在如此富贵家庭里，八叔成了玩家，全身上下都穿着绸缎锦衣，是东牙巷萨家唯一的"一身软"少爷。他好古玩字画，他的书法、篆刻闻名遐迩，隶书不亚于其父，有人向大伯公求字，大伯公常叫他代笔。风流倜傥的他只可惜多才短命，20世纪30年代因病去世，留下一女。

大伯公和卢厝亲家知晓当进则进、当退则退。中华人民共和国成立前夕，卢厝亲家卖掉了全部田地，搬到福州城里买下衣锦坊一大座院落，进城住下；大伯公也把土地捐献给人民政府。于是他们都成了开明绅士。八婶嫁过来的时候，卢厝亲家为她买个陪嫁的丫鬟，叫秋菊。秋菊对八婶很亲，也称八婶为妈妈；八婶亲生的女儿对八婶却毫无孝心，与秋菊有天壤之别。大伯公与卢厝亲家相继谢世后，八婶生活非常艰难，秋菊远嫁外县，难得回来，但是每次回来，都给孤独的八婶带来少有的温暖。

大伯公善用罗盘，会看风水，选择的墓地均为上上佳域，无奈山地开发，加之遇到盗墓，群坟荒芜破败。2008年萨承钰诸孙决定，将曾祖父著作《南北洋炮台图说》付梓，同时把他和他的四个儿子遗骨合葬于三山陵园，建成一座祖坟；而东牙巷祖居已于1994年在城市改造中拆迁，后代间物化的联系从此由祖居变为祖坟，上辈的故事留给生者的只能是回想。

尚干林氏的刚与柔

林丽钦

一

　　蜿蜒盘踞的方山（五虎山）在山风岚气中起伏跌宕。其东南向支脉的塔林山上屹立着一座始建于南北朝的千年石佛塔。塔边珠山亭上有一副古意苍苍的对联："历千年风雨顶天立地，看万户家园卧虎藏龙。"临崖垂望，水光荡漾的淘江萦绕奔流。明代周玄《淘江》诗有"渔浪细吹银绮合，鸥波才动翠绡横。盈盈杨柳牵丝断，泛泛芙蓉夹镜生"的美句，可以想见当年河风扑面、风姿摇曳的淘江春景。随水而生的独脚蛏全国独一，附草而长的流蜞柔腻稀见。这水陆通达、祥和丰饶的一方沃土就是闽县七里之首——汉晋之"上虞"，今日之"尚干"。

　　《榕城考古略》记载了"尚干"地名的由来："宋林津龙官尚书干（办），居此，故以名乡。今其族姓最强盛。"宋末元初，一个叫林津龙的人将林氏家族迁至淘江边定居。林津龙曾官拜"尚书干办"，后林氏成为当地第一大姓，明初乡贤遂以其官名命名此地为"尚干"。尚干山清水秀、人杰地灵，聚居着林姓一族，具有重文尚武、勤劳勇敢的优良传统，历代有18位进士、百余名举人，其中不乏状元、探花等翘楚，成为人才辈出、声闻遐迩的大族。

　　天下林氏之共祖皆可上溯至比干。商末纣王暴虐无道，王族后裔比干因犯颜直谏的耿直遭受剖腹剜心之酷刑。身怀六甲的比干夫人避难至长林山诞下遗腹子。武王伐纣，安定天下，赐林姓于比干后裔。唐光启元年（885），一支世居山东济南，后迁居河南光州固始的林氏后裔为躲避战乱，

随王潮、王审知军队远途跋涉辗转入闽，先定居枕峰，后迁至尚干。比干身上赴死不屈的刚烈也便穿行秦汉，跨越唐宋，被林氏后裔带到了方山下淘水边。

而明代嘉靖年间的淘江书院、清代光绪年间的陶南书院以及百六峰诗社等文人士子进修互勉之所，又将诗书教化融入了人们的血脉。尚干林氏祠堂落成有人题曰："唐宋元朝十八状元三拜相，高曾祖考四千举子五封侯。"记载了林氏一脉的千年荣光，祠堂里18位进士（包括状元、探花）以及百余位举人的功名科甲牌匾光亮醒目。细细阅览，你会看到宋绍定御射状元林壮行、明浙江道监察御史林铖、"两平盐政""三握郡符"的进士林应雷、清光绪丁丑科武探花林培基……读每一个名字，辉耀家族的点点荣光尽在眼前一一闪过。

二

如果没有一个女人掏心掏肺的付出，上天也许已经放弃了对这个家族的暗中庇护。

北宋景定二年（1261），户部尚书干官林津龙的女儿出生，名唤林五娘。她自幼随父居官在外，知书史、明大义。19岁时，父母相继逝世。兄长林维本（官授广东盐运司）弃官归乡，她随之定居尚干。后林维本率家人乘船往长乐筹岐山祭墓，谁知竟遭灭顶之灾。返家途中在乌龙江遭大风覆舟，舟中9人全部遇难。家中仅剩祖母黄氏、9岁侄女、嫂嫂郑氏和林五娘4人。郑氏产下遗腹子林元士后不久也撒手人寰。

几遭灭门之灾的林家只剩下林五娘一人独对苍老凄惶的祖母、单薄纤弱的侄女和一个嗷嗷待哺的婴儿。"举家仓皇坠深渊，千钧一发难能延；重闱皤皤人已老，孤雏呱呱母长眠。"萨镇冰的诗句，形象描述了林五娘所处的艰难境地。还没来得及恸哭哀泣，就要直面生活的沉重悲怆，只能在泫然欲泣时收了声、忍了泪。她熄灭顾盼的神采，合上妆镜，卸下红装，把纤弱敏感连同自己的青春一起打包收藏，决定赴一场吃苦犯难的人生。

祖母病榻前，有人用烛火晕染出一屋暖意；侄儿襁褓旁，密密护持的关爱暖如春阳。寒风蚀窗，她烧好沸腾的热水；暮日西斜，她收拾桌上的残肴。她的目光、举止和清明的心境熏陶着哥哥留下的年幼儿女。待侄辈成人，五娘为侄女备妆送嫁，为侄儿择聘完婚，将财产交予侄儿掌管。系全家安危于己身30年，温不增华，寒不改叶，换来不改初心的释然："吾今可卸责矣。"此后在吃斋念佛的平静中走完余生。元至大二年（1309）正月十二日，平静坚毅的林五娘离开了这个世界，享年49岁。

相较比干的刚烈赴死，五娘的坚忍克制仿佛是对联的另一句。

70年时间匆匆而过，转眼到了明朝。一位尚干进士通过吏部尚书将《五娘传略》转呈明宪宗。明宪宗感叹道："虽古之程婴，无过其右。"褒封林五娘为"孝、义、贞、淑"俱全的贤女，肯定她30年自我牺牲，以悲悯淑世之情完成了传统女性的最高道德。

尚干林氏一族现已繁衍数十万人，遍布海内外。后人感念林五娘恩义，尊称其为"义姑"，在林氏祠堂西侧建造了一座义姑报功祠。这是目前福建省内唯一为女性所建的祠堂。

林五娘的黯淡长夜，换来后世的延绵、希望和荣光。数百年来，人们在这片美丽的土地上安居乐业。清代尚干林氏祠堂建成，十多位进士、百余位举人的功名科甲牌匾被请进祠堂。

三

尚干林氏注重延绵后嗣，却又不惜在关键时刻付出性命。

光绪年间，数百位尚干林氏后裔带着灼热而强烈的冲动，加入一场实力悬殊的海战中。把这些勇士召集起来的是丁丑科会试第二名进士、殿试一甲第三名探花及第林培基。他是光绪亲点的御前侍卫，赐封二品衔，赏戴花翎，官拜颐和园昆明湖住宿，并乾清门坤宁宫行走。

1884年，渐入晚境的大清王朝在崛起的西方列强面前战战兢兢。这一年，孤拔率领法国军舰进犯台湾基隆，被刘铭传击退后转攻福州。清政府在战与和的惶恐惊惧中隐忍不发，生怕轻启战端。法国军舰由闽江长驱直入，列舰马江。

此时的林培基正因母亲去世丁忧在家。他顺应沸腾的民意，与同乡林姓武举人林锦亨、林锦泰兄弟联名向政府递交"万民折"，愿意配合清兵水

师参与作战。政府对于来自民间的力量颇为忌惮，生怕草民莽夫变生事端，难以控制。林培基等人屡经请战，才获准"选募水师弁勇人夫三百四十一名"，但仍被诫以"必让敌炮先开，方可还击，不得轻启战端"。然而"子弟踊跃争先，不旬日间应募者三百名"。这些身份卑微、志在报国的尚干青年聚在一起，自发筹备了干粮、刀枪棍棒和棺材。他们由林培基率领着驻扎在马江海潮寺、岠头一带，准备配合福建水师作战。此时的他们神情踊跃，热血沸腾，想象着血风扑面、斩杀强仇的快意，并不知道将要来临的战争只持续了不到半个小时。

8月23日上午，闽浙总督何璟接到孤拔致驻福州领事战书后，对驻守在马江的福建水师官兵封锁消息，不准官兵"轻举妄动"。并转电钦差福建海疆事宜大臣张佩纶、福建船政大臣何如璋。两人接电后以准备未竟为由要求改日开战。下午1点刚过，法舰率先向福建水师发炮进攻。福建水师毫无准备仓促还击。来不及起锚的舰船、未装上弹药的土炮纷纷被炮火点燃、炸穿。仅1分钟，旗舰被鱼雷击沉。仅7分钟，胜负大局已定。不到半小时，海战结束，福建水师全军覆没，796人牺牲，29艘舰船全毁。

马江海潮寺旁的340名义勇静待"必让敌炮先开，方可还击"的机会，然而，他们没有想到敌炮先开的同时，战争也以迅雷不及掩耳之势结束了。义愤难平的众人筹划了另一个赴死的行动。

晚上战火消弭，江边漂着几艘巡哨的盐船，上面的清兵早已经不见踪影。十几位勇士交代完后事，自告奋勇要乘法军不备偷袭主舰。他们由一位叫林狮狮的勇士带领着悄悄上了一艘自带土炮的小盐船，偷袭了还在睡梦中的法国主舰。法国舰队立即还击，小盐船连同十几位年轻的生命瞬间被炮火撕成碎片。除了林狮狮，其他人连名字都没能留下。这些出身农家的尚干人并不了解法国舰炮的实力。然而，目睹马江海战惨况之后仍有人慷慨赴死，哪怕每一具被炮火撕裂的身体都无法安静地归于一阵清风、一抔黄土。

海战发生时，距离福州门户马江仅19公里的仓山教会学校鹤林英华书院，一个从尚干凤港（今祥谦镇凤港）走出去的林氏后裔正在思考着政府拱手以待外人之制的屈辱以及族人的浩然正气与激烈壮怀。一年以后，他以突出的组织领导能力和热诚服务的精神，被推选为书院学生自治会会长，他的名字叫林森。

四

此后的几十年，中国仍处于王纲解纽、风云动荡之中。中华大地上依然遍地烽烟。同时，有一个组织正在酝酿着山呼海啸的力量。林祥谦就是这个组织中的一员。林祥谦是出生于尚干亭上村的林氏后裔。1922年，尚德重义、深受工友拥戴的林祥谦成为众望所归的京汉铁路总工会江岸分会委员长，并于同年秋加入中国共产党。

1923年，京汉铁路工人在中国共产党的领导下，为争取组织工会的自由而举行了著名的"二七大罢工"。总工会的成立大会遭到直系军阀吴佩孚武力阻遏，总工会遂发动全线铁路工人于2月4日实施总停工。上午9点，武汉江岸车厂首先停工。正午12点，京汉铁路2万多工人悉数停工，1200多千米的铁路登时瘫痪。7日，吴佩孚决定武力强逼工人复工。林祥谦和60多名工人被军阀爪牙张厚生抓捕，被五花大绑着押至江岸车站。

那一天是农历腊月二十二，夜里的武汉天降大雪，天寒地冻，朔风刺骨。林祥谦被捆绑在站台前的电线杆上。旁边是持枪的军警、带刀的刽子手和围观的群众。军阀逼迫林祥谦当众下达复工令，林祥谦认为"此事乃全路3万工人生死存亡所系"，"头可断，血可流，工不可复！"他措辞强硬地拒绝了。"要不要复工"的叱问伴随着刽子手挥舞的砍刀，让林祥谦血流如注。围观群众不忍直视，纷纷低头。人群中的一个女人却流着眼泪拼命往前挤。她是林祥谦的夫人陈桂贞。她拼命挤到丈夫面前，抱住他的大腿哭问后事。林祥谦被连砍7刀壮烈牺牲的那一年才31岁。还差几天，就是中国传统的农历新年，林祥谦一家没有等来这普天同庆的团圆日。

半夜，工人们暗暗将林祥谦的尸体抬回家中，发现他的颈骨已被砍断，只剩颈皮一块还连着头部。一位来自闽侯县禄家蔡姓的女工帮忙扶着林祥谦的头部，陈桂贞含泪将丈夫的尸体摆放端正，一针一线把身体与头部缝合在一起。惨案发生以后，陈桂贞在中共党组织帮助下，租寄了林祥谦及公公林瑞和、二叔林元成的棺木后搬往孝感当操作女工，抚养儿女。5年之

后，这三具棺木在党组织的帮助下由陈桂贞经水路运返闽侯，安静地归葬在枕峰山上。

<h2 style="text-align:center">五</h2>

"二七惨案"发生的那一年，福建政坛正在发生着复杂的斗争，那个来自凤港的学生自治会会长林森已经成为福建省省长，他刚刚经历了"拥萨倒林"的政治风潮，从省长任上辞职暂隐连江青芝山。

这位尚干林氏后裔有着冲锋陷阵、开疆拓土的革命经历以及超脱克制、清廉自守的清誉。他经历过台湾对日抗战、反清救亡。22岁时娶妻郑氏，妻子病逝后终身不娶，也没有子嗣，只顾长年在外奔走，尽瘁国事。加入同盟会后参与领导九江起义、策动清海军举义、增援武昌等稳定辛亥革命大局的斗争，是辛亥革命元勋之一。中华民国诞生后，当选临时参议长，主持修订《临时约法》。随后，历任孙中山领导的革命政权外交部部长、参议院议长、宪法会议议长、国会非常会议议长、福建省省长、国民党中央首任海外部部长、国民政府常务委员、侨务委员会委员长、立法院副院长等职。

1931年底，饱经顺逆枯荣的林森已经63岁，他长髯飘飘、黑衣鹤氅，以公认的"年高德劭"超过热门人选蔡元培和于右任，被推上国民政府主席的位置。剑拔弩张、各怀鬼胎的民国党派势力在林森深厚的资历、道德的光芒以及恬淡退隐的气质面前暂时舒缓紧绷神经，取得表面的平静与平衡。之后林森连选连任，担任此职长达12年，其间坚持抗日、克制清廉，虚实有度地在这个位子上以最适合的姿态经世济民，直至终身。

这位操守严明、趣味冲淡的平民元首，此前曾数度回乡。

1927年，隐居于连江青芝山的林森应乡亲要求，时常回尚干并主持修订了《陶江林氏族谱》，且亲自写序。也是在这个时候，他把"淘江林氏族谱"写成了"陶江林氏族谱"。有人说是笔误，也有人认为意有所指："淘"字含有"淘汰"之意，而"陶"字则寓有"熏陶"的祈愿。

1930年，正专心致志为孙中山修建中山陵的林森在建设之余回到尚干，重修林氏祠堂并主持编纂了《纪念义姑特辑》等纪念义姑的系列活动。今天刻在义姑报功祠大门两旁的对联"百世馨香义姑光祖德，千秋功业抚侄振家声"即为林森当年撰写。

1933年，时任国民政府主席林森手书"尚干林氏祠堂"金字题匾，并亲撰对联曰："受氏始周家，历秦汉晋唐以迄明清，看累代称帝称王，庙祀几如林县远；发祥由陶水，从鲁齐河洛迤迁闽越，溯上世自南自北，族居传至干官兴。"对联梳理了尚干林氏的起源与兴盛。

如今，尚干13个村20房林氏裔孙2万多人，分布省内外20多万人，旅居海外则不计其数，乃闽中旺族。"十八状元三拜相，四千举子五封侯。"探花林培基、中华民国国民政府主席林森、"二七"烈士林祥谦、新加坡首任民选总统夫人林秀梅……尚干林氏宛如一棵根系深厚、枝叶繁茂的大树，沿着刚与柔的支脉延绵滋长，在众声喧哗的历史之岸结出了不同的果子。

而对义姑的感恩与祭奠仍是尚干林氏返归故里的乡愁。农历正月十二是义姑忌辰，从那天一直到正月二十七，尚干13个村20房林氏族人，轮流举行祭奠义姑的盛大民间仪典，俗称"排暝"。轮到"排暝"的林姓后裔白日里煮锅边赠邻里；夜幕降临，燃鞭炮放烟火。古镇鞭炮长鸣，烟焰蔽天，灯火辉映。尚干林氏祠堂穗花悬挂，张灯百盏，台上闽剧大戏高唱不歇，台下人头攒动、香火萦绕。烧香祈福的林氏后人带着红烛到祠堂点燃后带回家供上，俗称"请烛"。人们小心翼翼地手捧跳燃的烛火，一路护持烛火不熄的谨慎，仿佛重温当年五娘克己存宗的担忧小心。一盏盏烛火前后相续，从长街大道蜿蜒连蜷于穷檐曲巷，如星河倒注，汇成巨大的暖流，将感恩、祝福与传承亮在每一个族人的心上。

千年梁厝千秋业

景　艳

　　燕山脚下，闽江之滨。凭借着自隋唐以降的古迹遗存与厚重的人文积淀，梁厝村似一道显著的文化地标，伫立于白龙江与乌龙江交汇的冲积平原之上，安静且醒目。"史馆祠曹光州千古，茶洋石壁永里一祠"，一副宗祠柱联勾勒出永盛梁氏宗族千年的迁徙足迹，也道出梁氏一脉在闽地独特的历史分量。姑不论理学大师朱熹亲题之"贻燕堂"，也不说龙瑞寺的唐代基刻，单就《福州文庙历朝进士碑题抄录》中所记载的有名有姓的永盛梁氏先贤就足以让人心生敬佩：进士43人（其中梁厝村27人）、举人35人、仕宦22人，清、民国早期留学生4人……一脉外来宗族如何在福州扎下这样深厚的根基，拥有如此光耀门楣的世业？怀揣着崇敬，在一个冬日的晌午，我走进了它，透过那一幢幢褚墙黑瓦、亭台庙宇，从一条条耕读传家、诗书继世的祖训中去探寻一个家族成就的密钥。

一

　　2019年底，当梁厝文化站站长梁振榕携九旬老母作为梁氏留村最后一家搬离仓山梁厝村时，这座村庄已不再是永盛梁氏生活聚居地了，它成为政府授权开发打造的特色历史文化街区。村口的简介叙述了这个村子的前世今生，也勾画了这个街区未来发展的蓝图，正在修葺改造的梁厝村经历着又一次脱胎换骨，在半壁青葱、半壁灰扬中迎来崭新篇章。

　　"诗书砥行励志常守"，浴德润身方能立名载道，重视家族世业的传承与荣誉是每位梁氏子弟的必修课。"追五世迁居隆兴纪岁，历四朝构宇永盛宗祠"，弘扬的正是"慎终追远，不忘所自"的精神。修建宗祠、家庙、文昌宫，重视族谱的编修增补，是永盛梁氏薪火相传的重要方式。在梁氏宗祠及族谱中有许多关于永盛梁氏来龙去脉的楹联。梁氏手抄族谱在序言中有录："梁氏自固始入闽始茶洋继永福石壁迁永盛南之凤山。"清楚记载了自始祖梁宗于宋天禧三年（1019）入闽以来的家族足迹："任闽县主簿，秩满不归，遂隐居福州鼓岭茶洋"；宋神宗熙宁五年（1072），三世梁伯重公自茶洋迁徙永福石壁（今永泰赤壁）；宋孝宗隆兴元年（1163），五世梁汝嘉和胞弟梁汝熹从石壁分迁仓山城门。当年即设立了梅涧书院，朱熹题赠"贻燕堂"，后来成为梁厝宗祠堂号。元英宗至治二年（1322），梁厝十四世祖、翰林学士梁恩观奉旨返乡祭祖，续修家谱，把梅涧书院扩建为梁氏宗祠，增加了戏台、回廊、天井等；乾隆十三年（1748），龙南知县梁其光在家候选期间，主持了第7次重修，撰写谱序，拟定修谱事例10则，还编撰了梁氏历代仕宦题名名录，附录在族谱之中，以示后人铭记之意。至今，永盛梁氏族谱业已进行了9次增修。

永盛梁氏家族不断分枝散叶，后裔几经迁移聚散，分居闽侯、长乐、永泰、连江、琅岐镇龙台、闽安、罗源、福清和福州城内多地，并向外扩散。福州仓山城门梁厝是永盛梁氏单姓村规模最大、出名人最多之处，在相当长时间里承担着组织、统筹福州梁氏家族重大活动的事务。各分支相约，凡宗亲在外建村群居，对外一律统称"梁厝"，但凡见到在厅堂挂有"贻燕堂"三字，必是从梁厝村迁出的梁氏宗亲。永盛梁氏的教育基金面向所有分支，每个分支都会在族谱中找到自己的位置。梁氏宗亲和睦相处的文化凝聚力由此可见一斑。

宗族的年岁流长并未如外界想象的伴随着世俗的积重难返，相反，在梁厝发展历史中，不乏先进的思维引领，比如对女性的尊重、对良善的坚持、对公平正义的追求等。在宗祠外的左墙角处，立有一块高近1米的石碑，上刻"违禁溺女光绪十五年五月上洲村"，下半部依稀可见"邹某罚"的字样。可见此为惩戒碑，立同公示。流传至今的楹联中还有鼓励训导女性的文字"荆布裙衩大家风范，瑟琴钟鼓盛世元音""妯娌之间动乎礼法，宫壸以内肃若朝廷"，也有梁鸣谦自己为亡妻写的挽联"百年总有散场时就现在较量自合君亡留我在，万事即今挥手罢痛半生辛苦不知泪尽但神伤"，其学

生为师母写的"此日衮师失母寒花瘦蝶尽归郎署悼亡诗"。南宋梁义姑终身不嫁，矢志抚孤，因而塑像入宗祠，位列祖先之前祭拜。清代梁学圭因为资友助学等义举，被乾隆皇帝赐"雍进士"。

梁氏宗祠正门两侧的墙上，各塑一只大象，象身由数百只陶瓷小酒杯镶嵌而成，这些杯体出自梁氏族人一家一户的贡献，据说取的是瓷杯立象（慈悲立乡）的谐音。梁厝村137号的"借钱楼"始建于清朝乾隆年间，原屋主开办钱庄，常在乡人困难时提供低息或无息贷款，有时债务到期，见当事人实在无力偿还，便会将借条债券当面销毁。钱庄内所备量具秤、斗，被乡人称作"公平秤""公平斗"，乡中及附近各村若有经济纠纷，往往到此处借用称量校正。

正是在这些良好道德风尚的引领下，梁厝形成了崇尚"瞻天文自当稽所信，观时事犹可大有为"的经世致用"实学"风气，产生了一大批奉献乡里、报效国家的栋梁之材，比如主张重治鸦片囤贩之地、以"收香港为首务"的两江总督梁章钜，"敦崇孝悌、平易近人、乐于助人"的海门直隶厅同知梁孝熊，马江海战二十三英烈，黄花岗义士梁祖榆，"二七"烈士梁甘甘，《地下航线》主人公原型梁宝通，闽东工农游击队员、红军烈士梁仁钦，矢志"航空救国"导弹制造的福州市机械工业带头人梁振中……

二

"从1019年先祖入闽到2019年迁离梁厝已经整整1000年了，这1000年中更朝迭代、沧桑巨变。很多古迹要么拆掉了，要么经历了整修、重建，但是，真正流传于梁厝村始终不改的是'书香世业'的文化底蕴，我们崇尚耕读传家，也叫诗书继世，这也是自古以来，梁厝文教发达、科第繁荣、地灵人杰、英才辈出的重要原因。"说起梁氏一族对文教事业的重视与投入，已退休的中学高级教师梁振榕如数家珍。

据载，永盛梁氏入闽始祖梁宗公原本就是北宋太祖赵匡胤朝翰林修撰词部侍郎梁周翰的小儿子，书香门第让梁氏家族形成了尊师重教的家传。五世祖梁汝昌与朱熹乃科考同窗，同登王佐榜，相交甚好，并将梁汝嘉引见给朱熹，相为讲学。仓山永盛南里凤山（即后来的燕山）就是当年朱熹帮梁汝嘉与胞弟梁汝熹选择迁居的"风水宝地"。梁汝嘉在梁厝村开办梅涧书院，一边垦田造屋，一边因陋就简办书院，也曾邀朱熹前来讲学。此后，历世梁公遍请名士名师前来讲学之风延续了数百年。宋代梁厝村科举隆兴，每科开榜都有多位梁氏族人上榜，以至于当时竟有"无梁不开榜"之说，可见文风鼎盛。为培养子孙崇文向学的风气，提倡惜字如金，清光绪年间，永盛梁厝村私塾学堂先生还自发组织"惜字会"，劝导乡人重视文化教育成果，不仅自己以身作则，率先垂范，还派人到乡间捡拾收集字纸，抚平审阅，有用者存留，无用者入"惜字炉"焚化。

永盛梁厝崇尚教育，除了走出去请进来之外，也自己办学，私塾、公学未曾间断。不论是"梅涧书院""燕山书斋""燕山学堂"，还是"梁厝公学""梁厝公立小学""梁厝中心小学""梁厝小学"，历朝历代以梁厝为中心开办的学堂始终接续着教书育人的传统。也正因为如此，催生了一批名臣要员、学者专家，如清内阁侍读学士、太常寺卿梁上国，清代翰林院编修梁运昌，以及两江总督梁章钜、江苏海门直隶厅同知梁孝熊、科技翻译家梁鸣谦、植物病理学专家梁训义、药物化学专家梁敬钰、蜜源与昆虫授粉专家梁诗魁等。书法家梁敬泗、语言学家梁玉璋等人就出自梁厝小学。中国导弹与航天技术重要开拓者之一、导弹总体和发动机技术专家梁守槃和物理化学家、中科院福建物质结构研究所所长梁敬魁两位中科院院士则让梁厝村获得"院士摇篮""一村两院士"的美誉。除了专门开设展厅传扬功勋之外，梁厝村还设立了永盛梁氏教育基金，专门鼓励考上大学的梁氏优秀学生。千年书香氤氲，凝练了一个家族独特的文化气质，铸就了世代相承的家教家风。

"中间中规千古留名，勤读诗书万世师表""家法本豫章三笑楹书长食德，祠基依沙合千春社酒共扬芬""醴泉无源芝草无根人贵自勉，流水不腐户枢不蠹民生在勤""尊于古训乃有获，乐乎天命复奚疑""德义既高不慕禄爵，文章斯美故有师承""毕万在斯知其将大，随会至是可与有为"……走进永盛梁厝的宗祠文庙、古寺旧宅，人们随处可见许多有名无名的楹联诗作。那些刻在石柱上的、拓在木板上的、印在书籍抄本上的俳句楹联、格言书帖，对仗工整、用词考究，不乏华美隽永、立意高远的佳作。据说

梁厝村中无论大家小户、平民显贵，都喜欢书写、张贴楹联，甚至连标语横幅都讲究对仗、押韵，朗朗上口。通过梁氏家族流传至今的族谱古籍不难发现，这些文字无异于家教家训，也正是永盛梁氏家族教育子孙的一种方式。梁章钜的祖父梁剑华曾撰联述志："甘守清贫，力行克己；厌观流俗，奋勉修身。"其父梁上治更是以格言联为训子之道，《楹联丛话》记载："章钜少承庭训，先父每为人书楹帖，必用格言，书一联云：'非关因果方为善，不计科名始读书。'呼章钜语之云：'汝知此联意义之深厚乎？我所书，乃自修要旨也。'终身用之不尽矣。"

三

穿过始建于南宋的永盛梁氏宗祠、梅涧书屋旧址，走过明代遗风的文昌宫天井石阶，抚看着那些被岁月打磨成圆弧的石棱、被虫噬得百孔千疮的木板，感受着那古韵沉静、不动声色，所有的联想仿佛都聚焦于这座村庄。也就在这个时候，我的目光被大王庙中的一段不起眼的石碑文所吸引——"时逢谦成台凯归"。"这指的是戍守台湾吗？""对啊，说的正是梁鸣谦随沈葆桢戍守台湾，与日本人打仗，凯旋时，刚好大王宫翻修完成。"梁振榕先生的回答顷刻激起了我对另一个话题的关注，那便是永盛梁氏与台湾的关系。没有想到，探究下来，渊源自古即有。清朝乾隆年间，太常寺卿梁上国就曾上疏建议清廷加强对台湾的管理，把噶玛兰地区收入版图，加强管理与开发，并建议鼓励当地民众开垦荒地，归民所有，未垦之地则实行屯田。

梁鸣谦，科技翻译家，曾担任过船政局文书翻译，为清末引进西方先进技术立过大功。据说当时船政局的机器都来自国外，零件名称、性能、操作说明都需要翻译，他在这个过程中发挥了重要作用，因此官授三品。同治十三年（1874），日本以琉球船民漂流到台湾被山地少数民族误杀为借口，入侵台湾。清廷派沈葆桢为钦差大臣，赴台办理海防，与日本进行撤兵交涉，梁鸣谦作为重要幕僚受邀同行，不仅负责计划、奏章、文告的撰写，还提出了"民族焉重、国土为要、民心为安、处事为稳"的主张，并着手选将练兵，严防警备，扩张声势，积极应对日本的军事威胁。日军退出台湾之后，他建议将台湾道所辖一府三县二厅改为两府十县，福建巡抚移驻台湾，开发台北煤矿，减轻煤税，筑碉堡，增炮台等，绝大部分被沈葆桢采纳。他还倡议为明延平郡王郑成功建祠，表彰他收复台湾的历史功勋。光绪元年（1875），他随沈葆桢返闽，以抚台功勋加二品衔，以候补道任用。石碑上"时逢谦戎台凯归"指的便是这一段。

梁氏在台湾也建有梁厝，梁氏宗亲也还有几千人，有的现在还保持联系。梁振榕参与了2005年梁氏海外宗亲返乡祭祖的接待工作，在这个过程中，他认识了族谱里一些以前不常被提起的名字，更深刻地感受到了永盛梁氏与台湾不可分割的骨肉亲情。据了解，1949年随蒋介石赴台的梁家人就包含了台湾党政军要人梁序昭、梁敬、梁训勤等，而其中让他印象深刻的是曾任台湾干部训练团中将教育长、国民党中央评议委员会议主席团主席的梁孝煌。"我曾经与他通过信，当年他的曾祖父梁章钜墓前的神道碑要从洪山桥迁回梁厝村，我们想给他盖个亭子，为亭名征求他的意见，原本以为他会选'御碑亭'，没有想到，他最后选了'思乡亭'。"梁孝煌先生是福州一中的学生，曾参加过抗日战争，1949年自青岛赴台。他曾捐给母校10万元新台币，还出资修建了"孝煌图书馆"，设立了"梁孝煌伉俪助学金"。他生前再三呼吁两岸和平统一，并为之奔走努力。2014年，他在睡梦中辞世，家人按照他的遗愿将骨灰撒在台湾海峡。

那条并不太宽的海峡见过了太多的悲欢离合，西岸的风、东岸的雨在上空飘移、杂糅，分不清哪与哪、谁和谁。梁振榕先生给我讲述一个悲伤的故事，他说，20世纪五六十年代，台湾空军少将梁敬准被台湾方面秘密处决了，起因是台湾方面听到了他的大哥通过电波对他的喊话。国家的悲剧、家族的心酸，一代梁厝人心头无法结痂的伤痛，讳莫如深。那个时代，人为的藩篱可以阻隔亲人的相聚，却阻不断族人之间万有引力般的心心相印。2015年，明朝官派移居琉球协助当地操舟航海的闽人三十六姓之一的梁嵩后裔，经过数百年不断的入闽寻根，终于从福州永盛《梁氏族谱》（古谱）中，对接上了梁氏根源。内在坚强的凝聚力可以成为走出去的自信，也可以成为再回归的集结号。

因为分期改建修葺，古厝按工程进度被分成了几部分，隔着密闭严

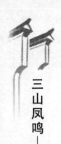

实的防尘墙，穿过堆积着各种建材的工地，一时无法在日光渐弱的午后辨别来去的方向。我曾试图按照当年永盛梁氏迁徙的路线来一次回溯性的走访，却被现实分解得支离破碎。据梁氏教育基金会常务理事梁珪东先生介绍，目前住在鼓岭梁厝里的多是已回迁六七百年的乡民，定居于此的不过百七十人，绝大多数因有了其他居所，大都下了山；随着原先永泰赤壁旅游景区开发者的易手，永福梁厝终究成为遗迹，半山旧梯田处或有野兽出没，只余蔓草掩映的残垣砖石依稀装点着昔日繁盛；琅岐梁厝是少数还建有宗祠的分支，但也不过几百人；洪山桥梁厝是一个蛮有名的地点，但是，经过当地改造，梁章钜墓迁移之后，也只保留原来的"梁厝路"……随着海上丝绸之路的延展、居所的迁移、人员的流动和世风的开放，永盛梁氏的脚步早已延伸到世界各地。真正只有梁家人居住的梁厝村几乎不复存在。没有梁家人居住的历史文化街区还能被称作"梁厝"吗？也许，问题的关键并不在于它叫什么名字，属于哪一分支。所有的人与事物都会消亡，只有精神与文化的内核永续长存，历久弥新，那才是一个家族接续传承的意义。永盛梁厝千年立世的密钥，其实就藏在中华文脉绵绵不绝的历史进程中。

剩有苔痕似旧青

赵麟斌

在近千年的发展历程中，三坊七巷人文蔚起，士族科甲连绵，使这古老的坊巷成为中国名人密度最高的历史文化街区。据统计，自唐至清，三坊七巷内共涌现出150名进士（其中状元2人、榜眼2人），360名举人，410多位历史文化名人。既有诸多文臣武将（宰相2名，尚书10名，总督8名，巡抚14名，提督3名，司令6名），也不乏名士硕儒。唐代崇文阁校书郎黄璞，琅琊郡王、闽王王审知，宋理宗朝参知政事郑性之，明万历朝首辅叶向高，清代经学家、文学家、藏书家陈寿祺，清代文学家、金石书画家、藏书家梁章钜，近代中国"睁眼看世界第一人"林则徐，中国"船政之父"沈葆桢，"末代帝师"陈宝琛，中国近代文学家、翻译家林纾，启蒙思想家、翻译家、教育家严复，"商务四老"之一李拔可，黄花岗七十二烈士之一林觉民，被胡适先生誉为"中国一代才女"的林徽因，都曾在三坊七巷间定居。

在如今的三坊七巷中，依然可以听到许多关于这些名人的韵事。

位于黄巷的小黄楼，连缀着时隔近千年的两位名人。黄楼的原主人为崇文馆校书郎黄璞。唐乾符六年（879），黄巢军围攻福州，当时的福建观察使韦岫弃城逃走，黄巢军在福州城内焚烧抢掠。然而，军队到黄楼之下时，这位"冲天大将军"竟下达了"此儒也，灭炬弗焚"的命令，黄巷成为福州城中罕见的没有遭遇焚毁命运的坊巷，黄楼因此声名显著。

约1000年之后的清道光十二年（1832），辞官归隐的梁章钜回到福州，重新修葺了清初毁于大火的黄楼。对于新建的黄楼，梁氏颇为得意，落成之日，他特意赋诗以纪，其序云：

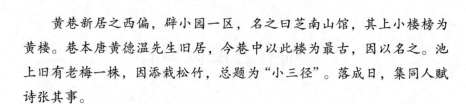
　　黄巷新居之西偏，辟小园一区，名之曰芝南山馆，其上小楼榜为黄楼。巷本唐黄德温先生旧居，今巷中以此楼为最古，因以名之。池上旧有老梅一株，因添栽松竹，总题为"小三径"。落成日，集同人赋诗张其事。

　　梁章钜修缮黄楼，在其间重添修竹苍松，落成之日，请友人观赏赋诗。因他辞官归闽的年纪与白居易归洛时相同，所以诗中有"黄校郎宅漫相拟，白太傅年聊可赊"一句。而其邻居陈寿祺的和诗则取白居易《欲与元八卜邻先有是赠》，诗中表达愿与梁氏结邻的愿望。这一段唱和，为黄楼增添了一段佳话。

　　同样广为流传的，还有章炳麟认为堪比东汉名臣陈寔和初唐诗人陈子昂的陈衍及其故居的韵事。

　　陈衍晚年住文儒坊大光里三官堂，其宅院的整体布局相传由陈衍本人设计。住宅后面有一方形的小花园，四面有墙，仅东南留有一门通往前屋，恰似"匹"字，故名"匹园"。园成，陈衍曾作《匹园记》和《皆山楼记》，并请友人林纾为画《匹园图》。林纾画毕意犹未尽，更题一诗，首句用陆游"卷帘是处是青山"句，描述匹园风光。陈衍甚喜，作《畏庐寄诗题匹园新楼次韵》以和，盛赞林纾。其中"谁知五柳孤松客，却住三坊七巷间"一句，广为传诵。

　　匹园西北隅建有一两层小楼，初名皆山楼，后因陈衍之妻"挹彼花光，熏我暮色"诗句，改楼名为"花光阁"。陈衍曾为此阁撰联："移花种竹刚三径，听雨看山又一楼。"由"末代帝师"陈宝琛手书。这些文人韵事，为陈衍故居增添了许多诗情画意。

　　三坊七巷的人文之盛，不仅仅在于出过许多名人，更在于出了许多诗文传家的名门望族和科甲世家，如侯官许氏，五代书家诗人；林浦林氏，七科八进士，三代五尚书；螺江陈氏，六子科甲，世代显宦；汾阳郭氏，四代七进士九举人；洗银营郑氏，四世五进士三翰林九举人；武林沈氏，世代官宦，海军世家。"人被诗书之泽，家传弦诵之声"，描述的正是三坊七巷中浓郁的读书之风。郁达夫曾这样描述他所见到的景象："走过宫巷，见毗连的大宅，均是钟鸣鼎食之家，像林文忠公的林氏、郑氏、沈葆桢家的沈氏都在这里，两旁进士之匾额，多如市上招牌。"这些世家望族，以读书为世业，以宦达为目标，绵延数百年，对福州的文教产生了很大的影响。

名士世族互相聚居交游，志趣相投，自然也少不了联姻结亲之事。如文峰林氏，与刘家、沈家、郑家、陈家皆有联姻：林则徐长女尘谭，嫁光禄坊刘齐衔，三女普晴，嫁宫巷沈葆桢；林则徐三子林聪彝，其长女、次女均嫁刘齐衔长子刘忱，五女步荀嫁沈葆桢七子沈瑜庆；林则徐曾孙林翔娶沈葆桢侄孙女沈元应，林炳章娶陈宝琛次女陈婉贞；曾孙女洛仙嫁刘齐衔孙刘崇伟。又如武林沈氏，与林家、廖家、台湾林、陈家、郭家、叶家等都有联姻。类似的高门联姻，在三坊七巷中不胜枚举。林佶所作的《送许雪邨太史入都》诗"里巷过从五十春，论交三世缔重姻。羡君门第施行马，策足骎骎跨要津"，描述的就是这种世代联姻的情景。从时间上看，这些联姻有着持续性，即世代联姻的特点；从横向上看，则有多元化的特点，即官宦之家、文学世家、商业家族之间互相缔结婚姻。这不仅加强了家族之间的交往及其文化优势的互补和传递，有利于家族繁荣，也促进了政治、文学世家集团的产生，对福州的政治文化发展产生了深远的影响。

更难能可贵的是，三坊七巷人所追求的门当户对，并非男女双方的社会地位和经济情况相当。陈寿祺就曾提出"嫁娶当择门户，非为财也"，"娶妇只求淑女，宁可论财择婿？宜访人才，岂容较产？且子弟诚贤，何藉乞怜裙带"的观点。曾任河南知县的郑大谟，与在其宅门口避雨的林则徐交谈，慧眼相中，将长女郑淑卿托付于林则徐。后来，林则徐也将爱女许配给了家境贫寒的外甥沈葆桢。选婿不重门第而重才气，这又是当地人家的优良传统。

伴随着文教而兴盛的，还有南后街的书肆。地处三坊七巷的中轴、文人学者藏书家们的居住之地这一地理优势，使得南后街书肆在清初形成后便日益繁荣，并发展成为专营古籍、字画、碑拓及"文房四宝"等用品的文化街。当然，这也和清代福州私家藏书极其兴盛有关。居住于三坊七巷的著名藏书家有郑杰、陈寿祺、梁章钜、杨庆琛、林则徐、陈宝琛、郭柏苍、

杨浚等，他们建造了许多藏书楼馆，交流、品评、捐赠，不仅促进了文化活动，也保存了许多典籍文献。

此外，福州坊刻的发展也对书肆的繁荣有不可磨灭之功劳。北宋时，福州以宗教典籍的刊刻闻名于世。《崇宁万寿大藏》《毗卢大藏》《万寿道藏》三部大藏的雕造规模之浩大，令人惊叹。有明一代，官刻是福州刻书的重要支柱。清代尤其是清中叶以后，福建的刻书中心渐渐转回到福州，家刻也相应发展起来，四大书院成为福州书院刻书的主力。晚清，福州的坊刻主要集中在南后街，许多书肆兼营刻书，前店后坊，为文教的昌盛提供了书籍保证。

除了悠久的历史积淀和浓郁的人文气息外，三坊七巷的建筑风格也极具特色。迄今仍保存有159处200多座保存较为完好的明、清、民国古建筑，其中全国重点文物保护单位9处，省级文物保护单位8处，被誉为"明清建筑博物馆""城市里坊制度的活化石"。

三坊七巷沿用唐宋遗留的棋盘状坊巷格局，以南后街为中轴，坊巷间有明巷和暗弄两种交通系统，形成了街—巷—弄的三级路网结构。明巷多出现在三坊，如闽山巷、大光里等，用于联结坊间及河道；巷与巷之间则通过院落的内部空间（即暗弄）进行联系。这种纵横交错的网状结构，为三坊七巷人的交游往来提供了极大的便利。

三坊七巷的建筑，因福州气候、地理等影响，有许多独特的特点。福州地处东南沿海，四面环山，属亚热带海洋性季风气候，夏季炎热潮湿，因此民居十分重视遮阳和通风。三坊七巷中的建筑，不论大门朝向何方，宅的主建筑总是南北朝向，以适应福州的东南风向。坊巷内的住宅一般为多进式合院，将大门、院落安排在一个轴线上，前后有石铺天井，天井尺度较小，两侧多建敞廊披舍，便于遮阳通风；在左右山墙上开凿小门，各厢房、披榭设置雕花门户，利于通风采光；选用上好木材及花岗岩等具有极强防潮隔热功效的构屋的材料，冬暖夏凉。此外，就地挖土，夯筑起高高的马鞍墙，既防火防盗，掘地后形成的地穴还可作为花厅中的鱼池和厢房地板下的防潮沟。这些都是适应福州潮湿温热气候特点的优良举措。

三坊七巷的建筑十分注意节约空间。在中轴线上的主厅堂，一般是开敞式的，与天井融为一体，承檐的檩木特意采用粗、长的优质硬木，并用减柱造的办法，使得厅堂前无任何障碍，因而显得高大、宽敞。这在北方建筑及其他南方建筑中，都极少见到。在花厅、园林的设计上，一般将园中的楼、阁、亭、台建成半边亭、半边阁，既不占面积，又增添了建筑形式的多样性；假山多采用海蚀石，有漏、瘦、透的效果，可直通园中的小楼，巧妙而便捷。这种异于苏州等他处园林的方寸山水，玲珑小巧，匠心独具。"小黄楼"及王麒故居的花厅，便是这玲珑园林中的杰作。

曾巩《道山亭记》云："麓多桀木，而匠多良能，人以屋室钜丽相矜，虽下贫必丰其居。"由于盛产木材，能工巧匠极多，福州百姓也对居所的装饰十分重视，三坊七巷的建筑则集中体现了福州传统民居雕梁画栋、精工细作的特点。大户人家通常三开间（称三间排）或五开间（俗称五间排）木版门，上覆门廊，朱红漆大门上配有铜铺首、门环，整体气派非凡；有的宅门在一片粉墙中仅设双开版门（乾隆、嘉庆间则在石门框上安装上一副宁波门，纯粹为了装点门面）。门上方，贴墙建门罩（单坡雨披），考究的门罩还采用弓梁、悬钟（垂柱）。大门两侧护以高耸的马头墙，马鞍形墙脊和鹊尾翘角，曲线鲜明而流畅，既有防火功用又显气魄壮观。墙面上多有"墙头花"，色彩斑斓，造型优美，内容丰富。有的结合房主人的姓氏使用历史人物故事（如刘姓用"刘邦斩蛇起义"或是"刘、关、张桃园三结义"，杨姓用"杨震拒金四知堂"等），有的则是象征吉祥如意的花卉、飞禽、走兽等（如"富贵牡丹""石榴百子""梅雀争春"），有极深刻的文化内涵。这种"墙头花"仅见于福州古建筑，可与江浙流行墙头砖雕相媲美。宅院内的门窗多用楠木、檀香等珍贵木材，镂刻精细，或浮雕或阴刻或拼组，内容从人物故事到花卉动物，恰似一组组精美的雕刻艺术品。

当然，除了具有传统福建民居的特点外，居住三坊七巷的文人名士，还将他们的气息，留在了坊巷的建筑中。他们大多追求安宁静谧的环境、诗书琴棋的雅趣、孝悌忠信的操守，在种花植树、开凿池沼、建造亭台楼阁时，他们会根据自己的追求和财力，布置建造。仕宦之家深宅大院，崇宇高堂，琐窗绣户，富丽堂皇，精粹秀美，显示世家气派；儒雅之士则凿池引水，种树莳花，朴茂清纯，突显高雅情趣。清代博物学家郭柏苍曾住光禄坊玉尺山，其《闽山沁园记》云："以穿池之土叠小阜，取顽石扼径，使行者因折。而复间以杂树，漾月池三桥之水绕其左，光禄吟台、玉尺山仆地，数石贴其右。以本屋附近之岑楼古树为映带，百步之阜，下睨其巅，阴翳若重冈复岭。陟其巅，乌、于及遥山皆与小阜作为宾主。"记述了他建造园林的过程，并巧妙地利用空间位置，将自己园林近景与远处山岭结合起来，获得了"七城烟树，他家景物，可猎而有"的效果，并认为这种乐趣，便是陶渊明所说"园日涉以成趣"。此外，安民巷的麒麟弄假山、塔巷的王麟故居、宫巷的林聪彝故居、郎官巷的二梅书屋、后街的董执谊故居、文儒坊的陈承裘故居、光禄坊的光禄吟台、衣锦坊的水榭戏台等都风格各异，隽永雅致，将居住者的地位、身份、情趣、好尚乃至理想追求，都寄寓于庭院园林之间，使后人见其园而想见其人。

千年以来，三坊七巷的白墙青瓦、深巷石阶中，凝固着福州城千年的沧桑与变迁；其亭台林园中，留下了名士文人的闲情与画意；其窗棂户牖间，流淌着历代能工巧匠的精巧与雅致。

三坊七巷，保存了福州太多的城市记忆，展现了福州的城市精神和历史文化底蕴，是福州社会历史文化的缩影。当年黄曾樾先生重访陈衍先生故居时，曾作诗两首，描写了花光阁海棠凋零、皆山楼缣缃零乱的景象。本文的最后，笔者谨将这两首诗摘录于下：

舌底潮音不可听，海棠两树亦凋零。重来花下谈经地，剩有苔痕似旧青。

缣缃零乱蠹鱼肥，盛业千秋事可疑。剩有一楼山四面，峥嵘无语对孤婺。

从绿筠书屋到双榕书室

文　净

一

福州法海路北侧东端的那片明代民居，当地人亦称叶厝。

这里大部分老厝已拆旧建新，临街的叶厝却被保留下来。由于内部整修，院门关闭，我只能从稍远地方看到它耸立的马头墙与高低起伏的瓦盖。不过，附近的老人都知道，这座坐西北朝东南的老厝，两进主体，四面围墙，建有门头房与花厅。两进大厅地面及天井全用长条大理石铺就，里面的书屋、花圃、假山与凉亭，透出一派书香门第的斯文气象。

叶厝，也称叶翰林府，是清代乾隆朝翰林叶观国的故居。清乾隆三十年（1765），因父亲病逝，时年46岁的叶观国返乡丁父忧3年。次年，他把原在通津衢的家迁往这里。《三山叶氏族谱》载，福建叶氏一脉，唐时随王审知入闽，同安佛岭叶氏为其始祖。后几经辗转，叶观国之曾祖辈于顺治年间从福清迁居省城。其后，叶观国祖、父两辈虽奋力读书，但科考皆不顺，至叶观国一举成名，叶家的居住环境始得改善，叶厝亦令邑人瞩目。

当地传说，初来省城的叶家，默默生存于民间底层。叶观国之父叶茂盛，仅凭一条扁担给人搬运货物谋生养家，人称扁担公。日子难以为继之时，扁担公一度产生轻生念头。临水欲投之际，他先将扁担投水，心中默念："若异日可望发迹者，则扁担立于水，当留命以待。"出人意料的是，扁担奇异地从水中立起。扁担公对未来有了盼头，后来娶妻生子，长子便是叶观国。

这样的坊间奇谈，显然是叶观国成名之后编出来的。立于水的扁担，

是否隐喻竖起来的笔杆？那是一场由苦力人家到书香门第的美丽蜕变。叶厝，不知是叶观国请人建造的，还是购买他人的房产，不管怎样，对这座房子的内部设计，叶观国显然是费过心思的。据叶观国后裔介绍，如今的叶厝并不是当年翰林府的全部。当年，花厅西侧墙外还有一进坐南朝北的房子，其东面、北面皆有一片竹园。只是这片地后来被叶氏后人出售了，如今很难确知叶厝的原貌。那时的叶厝居然有两片竹园，叶观国的爱竹之情，由此可见。

"我性爱苦竹，书斋署绿筠。"叶观国丁父忧服除还京之后，还在诗中深情抒发对旧居竹园的喜爱。"乞得东邻栽，种向北牖亲"，说的便是当年辟园植竹的情景。因为爱竹，他把自己的书斋命名为"绿筠书屋"。

叶厝的竹子以其蓬勃的生命力荡绿扬风。丁忧在家的叶观国，必定频频与竹子对语。即使读书于书屋，窗前的竹影也给他送来清凉与美妙。"坐我碧纱窗，岸此乌甲巾。都忘六月暑，况识六街尘。"以至于"自从辞故园，倏度四岁春"之后，旧居的那片竹园还"时时入我梦"。

无论在哪里，竹的气骨与精神，都与他密切相伴。

叶观国少时家贫，但他像刚出土的新竹一样，以顽强不屈的意志，以不断吸纳的虚心，向宽阔天空伸展。5岁诵经书，9岁能属文，20岁已有文名。22岁拔贡生，28岁中举人，32岁中进士，后授翰林院庶吉士，开始为宦生涯。翰林院向来被视为清水衙门，被派往各省典试，是一些人借机捞油水的绝好机会。叶观国曾多次外出典试，履职学政，却从不以权谋私。所取之士，"多寒峻宿学"，甚至朝中某权贵为其女婿说情的亲笔信，叶观国也置之不理。叶观国任云南学政时，相国刘统勋到那里视察，看他依然面容清瘦，与那些担任学差后便面丰体胖的馆阁之士相比，一派不随流俗的清虚之态，不由得大加赞叹。无论是利益的诱惑，还是权势的威压，叶观国始终像一枝不骄不媚的劲竹，坚守自己作为读书人的那份尊严与气节。

"家有六男子，训课事最急。敢希龙与凤，莫作猪及鸭。""仕官二十年，未敢蓄黄白。有子不读书，愧此头上帻。"叶观国是靠读书科考进入仕途的，他不敢期望儿孙们个个成龙成凤，但绝不能让他们因为不读书而混同于猪鸭之流。黄金白银他不贪,让儿孙们有书可读,认真读书,这才是事关家族未来的大事。基于这样的认识,叶观国把家从原来的出租屋搬到法海路叶厝后,就专门辟出书房,并起名绿筠书屋,以绿竹的蓬勃向上、劲节虚心自勉,也以此警策后世子孙。

几年后,叶观国的新家迁至文儒坊,那里虽没有叶厝的两片竹园,但书屋仍以"绿筠"称之。今天的游人也许只知道文儒坊的绿筠书屋,对叶厝的绿筠书屋则知之甚少。

叶厝是一座带花园与凉亭的庭院式建筑,在叶观国的心里,最重要的建筑当是绿筠书屋吧?三山叶氏后来成为福建有名的藏书世家,始自叶观国。他在叶厝为自己也为子孙开辟的绿筠书屋,是叶氏家族成为书香门第、藏书世家的一次庄重的文化奠基。

二

叶观国53岁那年,因母亲年事已高,乞假回乡奉母。次年,乾隆下诏开四库修书。应福建巡抚余文仪聘请叶观国任福建省局总校,其间又因母亲去世丁忧3年。叶观国在家乡住了7年。前几年他住在叶厝,后迁居三坊七巷的文儒坊。

文儒坊的叶观国故居,临巷门楣上挂着"翰林府"的牌匾。由于前几年三坊七巷实施保护性修复,他的后人已不再居住于此。不过,"文魁""进士""魁亚""六子科甲""七子科甲"的牌匾,依然高挂在正厅的墙壁上。从叶观国起,三山叶氏一门六世八翰林,十二进士。一面面牌匾,闪耀着家族的荣光。

在文儒坊的故居,我看到一片竹,不过几十棵,细细长长的,在三面是墙的小小空间里向上伸展。叶观国在这里居住时,这片竹荫应该就有了吧?显然,它无法与叶厝的那两片竹园相比,但有了这些竹子的点染,搬到这里的绿筠书屋就有了诗意的映衬。无论在哪里,他的心头都有一片竹,竹的气质与精神,也是他所秉持的家风。

那时候的三坊七巷,名流云集。叶观国择居文儒坊,自然是要让儿孙后代更多地熏染这里的儒雅斯文之气。从叶观国《新居示儿子》诗里,可以

读出他对这里的喜爱。"有楼敞可凭，有池清可掬。轩庭虽不大，颇亦莳花竹。同志三四人，谈啸慰幽独。喜余还窃叹，住稳转生恶。"正是在这样的环境里，叶观国一边主持《四库全书》福建部分的编订事务，一边集闽史闽事著《闽中杂记》。其间，叶观国虽不时赴泉州主讲清源书院，但仍热心参与福州著名文社"读书社"的活动，与文人墨客雅聚唱和。其《绿筠书屋诗钞》共11卷，也是在文儒坊居室编就付印的。

家居文儒坊的那几年，无疑是叶观国平生最惬意的时光。刚过50岁，阅历丰富且精力旺盛，官俸尚丰，衣食无忧，《四库全书》省局总校的位置，使他得以搜求更多以前未阅的书籍，并予以鉴别考订。一个酷爱读书的文官，从事的是他所喜爱的工作，躲开封建官场的诸多繁文缛节与钩心斗角，沉潜在浩瀚无边的书海之中。丰富学识，让他履职得心应手，显著名望，使他赢得众多文朋诗友的拥戴。这里东连乌山，西接西湖，湖山景色，可亲可近。这里又是省城的中心地带，水陆道路，四通八达。在这里，叶观国有书可读，有友可交，有文可写，有诗可诵，还可经常出门访古探幽，观风察俗。仅福州一地，叶观国就吟诗百余首，题材涉及湖泊亭台、庙宇寺观、历史遗迹、传闻轶事、民俗风情乃至地方物产，粮食如水稻、番薯，水果如荔枝、青梅，海产如水母、黄瓜鱼，动物如竹鸡、青蛙，花卉如茉莉、栀子花，皆为吟咏对象。百首杂咏，是乾隆年间风土杂咏诗的代表，几可为"榕城文化概览"与"榕城物产志"，为方志学、社会学、民俗学及文史研究增添了许多鲜活资料。尤为可贵的是，作为供职翰林院的文官，叶观国关于故乡风物的那些诗作，少有皓首穷经之辈的拘泥与酸腐。"雨歇残星初落后，风疏茅舍未炊前。"清新的乡野之风拂面而来。"两潮水到乌篷集，四序花开翠馆秾。"拥江环山的南国故乡，画一般展现眼前。"棕篮满贮楼前过，尽上奁台助晚妆。"福州女人喜爱头插茉莉的习俗，被描述得别有情趣。

"贵人总爱田坑好，幽洞曾愁斧凿寻。"对时人为追逐寿山名石盲目开山毁洞的现象，表达深沉的忧虑。这样的诗句，对今天的我们仍有警示意义。

"凡密咏恬吟，隐然皆适于道。历唐宋之精华，写天真之情性，足以抗迹前贤，津梁后学。""温柔敦厚，为诗学正宗。""本其生平所得，发为诗歌，故持论迥超流俗。"

叶观国的诗歌以其独特的神采，赢得名流雅士的点赞，他也因此在福州西湖宛在堂拥有一席之地。宛在堂，被视为八闽诗人纪念堂。叶氏一脉入祠宛在堂的，还有他的后裔叶大庄、叶在琦。始自叶观国的文学造诣，绵绵不绝地滋泽着他的儿孙，至叶在琦那一代，其后裔历经五代，代代皆有文名。翰林世家，亦成文学世家。

文儒坊原来只是乌山北面的一条小巷，旧名山阴巷。后因曾主持国家最高学府的国子监祭酒郑穆居此，改为文儒坊。文儒坊的叶观国故居原为三进，但二三进已被改建。同时，在三坊七巷的南后街有座叶氏民居，那是叶观国五世孙叶在琦所建。这座民居的展厅里，对三山叶氏家族及包括叶观国在内的历代名人都做了专门简介。作为一代翰林及闽派学人诗歌的代表性人物，叶观国在这里留下的印迹，无疑为"谈笑有鸿儒"的文儒坊增添了更多的风雅气象，使这条以斯文气质著称的历史名坊，闪烁出更迷人的光泽。

三

双榕书室是叶观国致仕归乡后购置的一座别墅。

叶观国再度入京后，依旧奉职翰林院，其间曾出典四川乡试，并任安徽学政之职3年。清乾隆五十三年（1788），叶观国欲回故里省视先茔。时朝中有内阁学士缺位，叶观国资俸班次皆居首列，同朝官员劝他暂缓乞假，他不为所动。一年假满后，年过七十的叶观国因患足疾，又告请病假，不复作出山之想。次年，乾隆帝八十大寿，叶观国扶病赴京祝寿，礼成后即归。此后，乌山东麓天皇岭下的双榕书室，陪伴他度过宁静的晚年时光。

与法海路与文儒坊的故居相比，这里与山贴得更近了。双榕书室，因别墅后面的两棵大榕树而得名。现在，依然可以看到那两棵老树伸展出宽厚的枝叶，连成一片带着无尽凉意的绿云，覆盖在别墅的屋顶之上。叶观国当初是不是因为爱上这两棵榕树，才决定在这里购置晚年的居所？"塔铃自语松风送，鸟梦初回竹月沉。惭愧翻浆人海里，清凉容我独披襟。"从叶

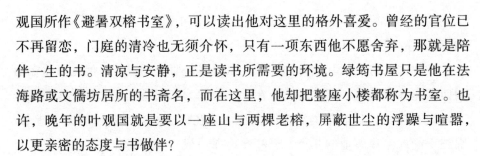

观国所作《避暑双榕书室》，可以读出他对这里的格外喜爱。曾经的官位已不再留恋，门庭的清冷也无须介怀，只有一项东西他不愿舍弃，那就是陪伴一生的书。清凉与安静，正是读书所需要的环境。绿筠书屋只是他在法海路或文儒坊居所的书斋名，而在这里，他却把整座小楼都称为书室。也许，晚年的叶观国就是要以一座山与两棵老榕，屏蔽世尘的浮躁与喧嚣，以更亲密的态度与书做伴？

那时候，叶观国的藏书已达6万多册。如果说年轻时的叶观国像一棵竹，把深根扎进书山，从中吸纳向上的力量，那么现在的他则更像一棵老榕，绿荫横铺，气根下垂，让书山荡出的阵阵清风，润泽晚年的心境。在这里，他独拥书城，以读书为乐，并整理旧作，著《老学庵随笔》4卷。

要探视叶观国晚年的心灵世界，《老学庵随笔》无疑是一部重要著述，可惜的是，它与此前在文儒坊所著的《闽中杂记》均已遗失。聊可宽慰的是，他的《绿筠书屋诗钞》继生前11卷付印之后，其子辈后又补入7卷，成为汇集1000多首诗歌的18卷本诗集。对叶观国来说，更让他欣慰的是，始自他所营造的浓郁读书家风，如榕树的绿荫一样延伸开来，也如榕树的气根一样扎地入土，蔚为大观。从清乾隆年代至今，三山叶氏家族在文学、史学、绘画、藏书、教育、翻译、法律、船舶设计诸多领域均有佼佼者，而不论是哪个方面的成就，也不论被世人称誉为什么世家，代代相传的书香，是这个家族人才辈出的根本。

叶观国逝后一两百年间，江山激荡，世事变迁，双榕书屋数易其主，后来成为邓拓的故居。一代文豪邓拓便是在这里呱呱坠地，后来成为著名的新闻记者、历史学家与诗人。叶观国与邓拓，都是一生爱书的人，都是曾经任职京都的文人官员，虽然他们之间没有任何交集，却以先后住过同一座房子，成为一段佳话。早在南宋时期，这里便是状元黄朴的出生地，被称为"第一山房"，此后，从叶观国到邓拓，萦绕在这里的书香绵延不散，牵引着一代代福州人瞻仰的目光。

闽江口董家

董山静

　　董氏宗祠当是闽江口琅岐岛上规模最大、装饰最精美的祠堂。这座宗祠始建于明嘉靖年间，重修于19世纪20年代初。1997年董氏宗亲又捐资百万重建，精雕细琢，耗时2年竣工。宗祠融古今建筑风貌于一体，金梁玉柱，流光溢彩，美轮美奂，气宇不凡。

　　宗祠占地面积约1380平方米，主体建筑共有五进，面积达600多平方米。祠门牌坊为楼阁式双檐歇山顶，雕梁画栋的横匾上写着"正谊堂"三个金色大字。《汉书·董仲舒传》云："夫仁者，正其谊不谋其利，明其道不计其功。"这也是琅岐董姓族裔堂号得名来历。

　　祠前的明埕，立有一对石狮，朱红大门上方刻着"董氏宗祠"，楷书端庄、苍劲有力。董氏后人饮水思源，不忘祖恩，祠边一直保留着两口古井，活水纯净甘醇，流淌至今仍未干涸。"梨园井"开渠于南宋绍兴年间，另一口为明嘉靖年间董伯章所开，并由宰相叶向高命名为"董公泉"。古时候井的作用不仅用来洗衣、做饭、洗澡，还可防火，毕竟宗祠大都是使用木质材料建造的。而在董家后人心目中，这两口古井则更有深意。它们寓示着董姓一族源洁流甘，世代长清。

　　步入宗祠的东大门，映入眼帘的抬梁穿斗木构架，工艺精美，造型生动，可谓巧夺天工。空气中弥漫着一股淡淡的木头香味。这种清香有别于祠堂的香火味，悠长绵延而又含蓄深沉，仿佛亲人和乡邻的气息在祠堂上空氤氲不散，温暖而又亲切。

　　祠内檀椽斗拱，悬钟流金溢彩，藻井人物、飞禽走兽、云龙翔凤栩栩如生。站在天井中央可看到屋面为金色琉璃瓦，飞檐翘角，彰显出庄严肃穆与古朴灵动的气质。

董氏宗祠的后面有一座花园叫"豢龙园"。传说董氏的始祖董父，是轩辕氏黄帝的裔孙，为舜帝驯养扬子鳄（古代称龙），以事有功，得赐"豢龙氏"，即董姓。

在琅岐，每一种传奇风物都浸染了江涛与海浪的气息，董氏宗祠亦是如此。琅岐董氏的族谱里记载，九世祖董纯永，原籍河北范阳，大致在今天北京大兴国际机场的位置。北宋靖康元年（1126），金兵铁骑南下，攻占开封，掳走徽宗、钦宗两位皇帝，史称"靖康之难"。随后宋室南迁。南宋高宗绍兴初年，董纯永举族避乱，"衣冠南渡"，成为琅岐董氏的开基先祖。

琅岐，古称琅琦、嘉登岛。琦，美玉之意。闽江好似一条龙，美丽的琅岐岛就像含在龙口里的一颗耀眼夺目的明珠。物阜民丰的琅岐岛，总面积92平方公里。这里风光绮丽，气候温和，海礁遍布，湿地葱茏，候鸟成群。

当我还是孩提时，爷爷给我讲过闽江口山海经的故事；古时候岛上只有几座山峰屹立在海上，岛礁遍布，千姿百态，其形似虎、龟、猴、鸡、犬、猪等，鬼斧神工，惟妙惟肖于云雾缥缈之间，四周海浪翻腾。从宋淳熙年间编写的《三山志》文字记载可知琅岐开辟于唐代。先民依水而居，以海为田，捕鱼蟹为生，勤劳勇敢，生生不息……斗转星移，沧海变桑田。浮海而来的董氏先人，看到如巨龙般翻滚的闽江之水，看到这座绿意葱茏、充满生气和活力的小岛，于是舍舟登岸，择居是地。由此开创了闽江口董氏基业。"豢龙氏"也因闽江之龙而兴盛发达。居住在闽江右岸琅岐岛和左岸琯头的董氏一族，900年来，人才辈出。

祠内中庭花岗岩盘龙石柱上所刻的27副楹联大多出自历代官宦、名人、书法家之手。其中"衣冠清节传三世，词赋声名著两都"是明朝兵部尚书黄道周手书，说的是董廷钦为官清廉，而且他的词、赋、诗、文名扬天下。

书香世守的琅岐董氏受董仲舒儒家文化的影响，历代科甲蝉联，簪缨鹊起，继继绳绳。明朝时董廷钦一门三代连科，祖孙五经博士，父子两广大夫，传为佳话。

宗祠的"怀贤楼"中，陈列着董氏历代先祖画像、传志、家谱、家训、诗词等族史资料，其中就有董应举、董养和等人的手迹。

董应举（1557—1639），字见龙，号崇相，连江县琯头人，曾拜宰相叶向高为师，苦练文笔，辟斋苦读3年，于明万历二十六年（1598）考中进士。历任广州府教授、南京吏部主事、太常少卿、户部侍郎、工部侍郎、两淮盐政等职。明万历四十三年（1615），董公辞官返乡，时年59岁。他热爱家乡的山山水水。闽江边的青芝山，石奇洞幽，被称为百洞山，却因缺少开发，满目荒凉。董公决心要为乡人谋福祉，举全力开发青芝山。在樵夫、牧童的引领下，董应举与众人披荆斩棘，开辟道路，探山寻景，命名题诗。经过几年的辛勤开发，青芝山水大放异彩，吸引了远近游客前来一睹芳容。站在青芝山的山顶俯瞰闽江口，但见浩浩闽江和大海激情相拥，天风海涛，蔚为壮观。青芝寺有副楹联："紫竹白衣丈室皈依观自在，千岩万壑名山开辟董尚书。"记载了董应举开辟青芝山之功。

董应举一生勤于著述，有《崇相集》四部传世。后人为纪念他，建造了三处祠堂奉祀，这在福建省历史上是不多见的。这三座祠堂分别是位于连江青芝山的"董公祠"、武夷山八曲涵翠洞的"见龙祠"、朱紫坊的"董见龙祠"。连江百姓建祠供奉他，是因为晚年董公居乡心系桑梓民生，兴修水利置义田，建寨筑堡防外患，救济贫穷建学舍，培养后秀办公益，以及开发青芝山给后人留下一处旅游胜地。武夷山人祭祀他，则是因为他在这里开课讲学，授业解惑，弘扬民族传统文化。福州人建祠纪念他，一是喜欢他的诗词，二是钦佩他的治水之道。

宗祠文化底蕴深厚，恰似一部族姓百科全书，浓缩着千年的家族史。人们守护它，不仅是因为一座古建筑，更是守望一种乡愁、传承一种精神。

琅岐董氏一世祖董宗本，其子为董遵海。董宗本当年是后汉的随州太守，是宋朝皇帝赵匡胤父亲赵弘殷的老朋友。赵弘殷出身将门，然而恰逢朝廷动荡，赵家逐渐衰落，生活举步维艰。赵匡胤为谋取前程，来到随州投靠董宗本。董宗本重义多情，见是老朋友儿子，且相貌堂堂、谈吐不凡，于是收留了他，并安排官职照应。赵匡胤在董府暂住期间，尽管受到董宗本器重，但察觉董遵海对他不屑一顾，自知此地不可久留，于是告别董府。后来，赵匡胤成了大宋朝的开国皇帝，便召见了董遵海。董遵海原以为难

逃一死，主动请罪求死，但赵匡胤不但免了他的罪，还重用他，授予通远军使一职，并想方设法帮他将失散多年的母亲从辽国接回团聚。宋太祖不杀之恩，成就了董家几百年名门望族，他们之间的恩怨故事也被董家人作为佳话代代相传。

关于宗祠神龛上高悬的那一块金灿灿的明崇祯帝钦赐董养河的"帝座纶音"巨匾来历，民间流传着一段故事。而董养河与兵部尚书黄道周、户部主事叶廷秀所著的《西曹秋思》更是千古绝唱，载入史册，流传至今。

董养河，字叔会，其父董廷钦，明万历七年（1579）举人，历官南京国子监博士、钦州知州、韶州司马、岳州通判、浔州知府等职，著有《剑首吟》诗集。董养河排行老四，他的三位兄长均为举人出身，也都在官府任职，全是文学家、诗人，均有诗集传世。

自幼爱好诗文，9岁便能吟诗作对的董养河，有神童之誉。他少负殊质，入鼓山闭户攻读经史，后又在家乡天竺山罗溪之畔筑室而居，与永福才子黄文焕、鄢正畿，闽县才子林先春为友，经常在一起研究诗文，吟诗作对，留下不少名篇佳句。

当年明工部侍郎董应举，认琅岐董家为本家宗亲，与董养河以叔侄相称。他时常到琅岐探幽览胜，住在董家，见董养河聪颖好学，才华出众，叹曰："吾家复见一江都郎也！"遂用心教导董养河，使其学业大进。

明崇祯年间，董养河赴京赶考，却因中途染病，贻误考期，流落京城。一日，董养河在饭庄吃饭，恰与微服私访的崇祯皇帝同桌。皇上见他眉清目秀，文质彬彬，却又愁眉苦脸、唉声叹气，似有苦衷。得知他误了考期后，崇祯皇帝十分同情，便试其文才，论及诗文，问之安邦定国之策。董养河满腹经纶，对答如流。爱惜人才的崇祯皇帝便向店家借了文房四宝，写了批信封好，让董养河把信交给主考官即吏部尚书。

董养河虽觉得奇怪，但还是将信将疑地揣着批信去试试运气。主考官见皇上批信，以为董养河是皇亲国戚，果然破例给予补考。考卷送到金銮殿，皇上展卷阅之，见字字珠玑，文采绝伦，叹曰："真是人才，何出晚矣。"大有相见恨晚之感。皇上于是挥毫批赐进士，并下旨宣董养河进殿见驾。董养河这时才知道同桌吃饭之人乃崇祯皇帝。皇上见董养河，龙颜大悦，御笔题赐"帝座纶音"四字。就这样，董养河以岁贡被崇祯皇帝特赐进士，授工部司务。

"西曹"是刑部的监狱。董养河因兵部尚书黄道周弹劾杨嗣昌受株连，与黄道周、叶廷秀同关在刑部天牢，三人唱和的诗集，取名《西曹秋思》，诗皆七律，共90首。该书初版推断刊刻于清顺治四年（1647）。

在孤本《西曹秋思》的卷首，可看到董养河小儿子、广东惠州府河源知县董师吉撰写的一篇刻书前记。董师吉在"前记"中说其父董养河病逝于明崇祯十六年（1643）秋，他刊刻此书"前记"时，"作令赴粤，怆然数载之中，岸谷升沈，而先大夫又弃予五年所矣"。董师吉"作令赴粤"的具体地点，据其"前记"所署，为广东惠州。

这部《西曹秋思》写作的大背景是晚明时期，社会种种矛盾日益尖锐，就像一座即将喷发的火山。此时的朱家帝国已是穷途末路，气息奄奄。特别是崇祯皇帝刚愎自用，满腹猜忌，直至葬送了大明江山，还把罪过都推给臣下，笃信自己不是亡国之君。面对颓败的政局，董养河、黄道周等东林党人，奔走呼号，试图重振朝纲，直接导致被捕入狱。

一部《西曹秋思》，让人们想见当年黄道周、董养河、叶廷秀铁骨铮铮的风采，虽身处狱中，仍彼此唱和，互相鼓励，意图通过诗歌，倾吐心声，抒发忧国忧民情怀。整本诗集具有很高的文学价值和历史价值。

光阴荏苒，无论世界怎么改变，不管有多么新奇的文化传播方式出现，但我依然相信，文字的功能，还是具有最强大、最深刻、最能丰富我们的思想、最能体现生命本质的力量。

董氏宗祠记录了琅岐董氏的家族历史，而那些从闽江口走出去的后人，即便在异域他乡，仍然坚守着、传承着那份乡愁与执念；每逢清明节、重阳节、春节，董氏后裔包括在台湾的不少宗亲都会来到琅岐寻根访祖。

日月之行，若出其中；星汉灿烂，若出其里。闽江口的董家续写着家族的历史与辉煌，董公祠庇护着子孙的现在与未来。魂萦梦绕的故乡，无论我们相隔多远，无论历经多少岁月的沧桑，只要家国情怀在，心就在，根就在。

乌山涛园与许世家族

郑珊珊

福州古称"三山"，以城内有乌山、屏山、于山而得名。其中以乌山最高，虽然海拔仅86米，但风景奇秀，人文气息浓厚。宋淳熙十年（1183），朱熹与郡守赵汝愚同登乌山并刻石以纪。后朱熹于山麓石室中讲学，并手书"石室清隐"镌于池畔（今不存）。自此以后，历代不少文人都偏爱在此结庐筑园，数百年来积淀了深厚的人文历史底蕴。乌山南麓的涛园承载了晚明邓氏、明清许氏、晚清沈氏三大文化世家的历史记忆，又几经沧桑世变，成为明清福州文化世家和园林文化的一个见证者。

石林与邓氏家族

涛园初名"石林"，大部分的文献记载都将其主人追溯到明末的许豸。细究史料，发现石林实为邓庆寀所初建。邓庆寀字道协，一作道叶，闽县竹屿人，明天启间国子生，曾任长芦都转运盐使（驻天津）。他还是"三山耆社"成员，著有《还山草》《荷薪集》《尘韵》《荔枝通谱》等。其《荷薪集》卷首有《石林》诗云："曰余秉微尚，夙昔在丘樊。买山当乌石，辟地邻祇园。编茅结垣宇，铲土成洞门。石多若林立，篆刻纪宋元。"由此可证，邓庆寀确是石林的创建者，"石多若林立"则当是石林得名之因。晚明诗人徐渤在明万历四十六年（1618）写有两首七律《题邓道协道山新园有清泠台霹雳岩古迹宋人题刻甚多》和《重过邓道协石林同观土中新开咸淳题刻》，可知山新园中有清泠台和霹雳岩（此两处景点至今犹存），那无疑就是石林。

邓氏家族自唐末起即世居福州城东竹屿村，历代名人辈出，簪缨不绝，有"书香传竹里，鼎族甲榕城"之誉。明洪武年间出现著名学者邓定，字子静，著有《耕隐集》。其七世孙邓迁（1504—1575）字世乔，号文岩，嘉靖七年（1528）举人，官嘉兴通判时筑城防倭，立有战功，工诗能文。四子邓原岳（1555—1604）字汝高，号翠屏，别号西楼居士，明万历二十年（1592）进士，官至湖广按察司副使，为晚明闽中诗派巨擘，诗歌成就很高，著有《西楼全集》《闽诗正声》等。至今在竹屿村仍有一座木牌坊"父子贤良"，建于明嘉靖七年（1528），是为表彰邓迁、邓原岳父子为官清廉而立。

邓原岳在仕途和文学上的得意，大大助益了邓氏家族的兴盛。其两个儿子"庆宣，郡廪生，娶杨国子生道华女。次庆宷，郡廪生，娶翰林院翁修撰正春女"。翁正春（1553—1626）字兆震，侯官人，明万历二十年（1592）状元，官至礼部尚书加太子太保，后因疏劾魏忠贤二十四条大罪被反劾，遂辞官归里，终老家中。崇祯初谥"文简"。邓氏与翁氏的联姻是传统意义上的门当户对。邓庆宷生平可考的不多，可推想修筑石林时，邓氏家族正值人文鼎盛之时。后来，邓庆宷侨居南京，而将石林出售给了许豸。

涛园与许氏家族

到了崇祯年间，石林的主人换成了许豸，此后约两百年，石林（涛园）都在许氏家族中代代相传。许豸，明崇祯四年（1631）进士，历任户部主事员外郎（权位于福州市郊竹屿村的邓氏家族木牌坊浒墅关）、宁绍道提学副使、浙江学政，颇有政绩。许豸有一定诗名，亦善书画。梁章钜《退庵金石书画跋》有"许玉斧草书轴绢本"条云："福州以许姓为文献世家，本朝瓯香、月溪、铁堂、雪村诸诗人皆衍其门风，累世擅三绝之誉，闺房亦工诗画，至于今未艾，风流文采，蔚于海滨，实以玉斧为开山手。"石林距许豸所居的光禄坊许厝里仅里许，许豸少时曾读书于此，喜爱其地幽胜，为官之后，以官俸买下，作为别墅。在清泠台、霹雳岩等旧名胜基础上，又新建了"半月池""奇逸庵"等。许豸曾书"松岭"二字行书刻石，并草书诗一首："荒畦随意构，爽垲顿开颜。缺径凭花补，回窗倩竹关。烟容凝石浅，山色到门闲。徙倚危阑畔，潮来浦几湾。"遗憾的是，许豸不久死于杭州任上，未及在园中居住。

许豸逝世后，其长子许友继承了石林。许友见松岭上长松崎立，清风吹过，松涛阵阵，遂将"石林"更名为"涛园"。他增建亭台，疏通泉水，雕琢奇石，又作《石林自记》以纪念。改入门处的"奇逸庵"为"匏庵"，造登山"月廊"。"松岭"旁修一"梵闻亭"，与隔壁的神光寺呼应。沿岭而上，有一大石，石上有一"阆阁"，阁旁即清泠台，有老榕一株，浓荫蔽日，清凉避暑。过半山桥可到园中最高处霹雳岩，岩下是幽静的"鸟迹轩"，再往下又一高阁"瞻云"，用以祠祀先人许将。阁右为天门，有两块天然的石头屹立相向，中间仅留一狭窄的容人侧身而过的缝隙。过天门后，则是一片空旷，直到山脚，又有古松数十株，依树搭"松棚"，可俯瞰江景。

石乃许友自镌"吞江汲云"，再过去则是索笑亭，亭旁植梅数百株，又有半月池泠泠清响，与隔岭松涛相和。当时涛园的景观颇具规模，有"当明末年，园之胜甲一郡"的美誉。许友常在此读书，也时邀友人前来社集、凭眺、饮酒、赋诗。清顺治五年（1648），他与时任福建按察使的周亮工订交，频繁往来，谈诗论画，情谊甚笃。

周亮工曾为涛园题撰楹联："文献世家遗硕士，江山故国有涛园。"然而，明清世变的战火殃及涛园。清初的连年纷乱，使乌山一度成为驻军所在，树木被砍伐，房屋被拆毁。许豸次子许宾其时虽官至御史，对此也无可奈何。许友曾作《秋日登道山凌霄台有感》云："忽遭兵火蹂躏余，斩藤伐树青苍秃。颓残垣瓦三四家，间或更闻山下哭。"清顺治十五年（1658），周亮工遭劾被逮入京，许友受株连亦被押入京。两年后许友返乡，家道已衰落。他给周亮工的信中道尽辛酸："抵家但余满面风尘。故乡城郭，已非向之翼然綖缊者。今则叠叠凌齿，兼以飓风之后，坊观庐舍，颓委殆尽。家人面如尘土，恸哭伤心，告诉债主凌辱、伍伯索饷，真如刀锯刻刻受也。近来朋友亲戚已绝往来，酒茗聚谈，竟若瑶池王母之宴，安可得耶？寒家之屋，前后左右已分数姓。友所自居者，仅此屋十之一，主人反为客矣。每常见炊烟相乱，鸡犬声闻，一屋竟成一村，嗟乎，亦异哉！"这般萧条境况下，涛园更是无人经营。其孙许鼎后来在《石林倡和诗》自序中写道："慨兵燹后为居民侵蚀三十余年，过之者不禁有沧海桑田之感。"

随着清王朝统治的逐渐巩固，社会重现太平气象，许氏家业也有所恢复。清康熙三十年（1691），许友长子许遇携两个儿子许鼎和许鼐开始重建涛园。许遇（1650—1719）字不弃，一字真意，号花农，又号月溪，顺治间岁贡生。"少倜傥，喜交游，户外之屦常满。"历任陈留、陈州、长洲知县，有惠政。许遇少学诗于王士禛，尤擅七绝，亦工画松竹梅石，著有《紫藤花庵诗钞》《养根集》等。许鼎字伯调，号梅崖，许遇长子，清雍正元年（1723）与子良臣同举于乡，历任浙江上虞、遂昌知县，为政不苟。著有《少少集》《刺桐城纪游》。许鼐，生平不详。另外，许遇的第四子许均也在涛园留下了大量吟咏。许均字叔调，号雪村，清康熙五十七年（1718）进士，官至吏部郎中。清雍正七年（1729），以荐出清查扬州亏空钱粮，不苟不纵，次年卒于任上。许均工诗善书画，著有《玉琴书屋诗钞》《雪村集》。又编辑许氏家集《笃叙堂诗集》，收录许氏自许豸起五代七人的八部诗集。经过一番精心修复，涛园虽不能重现旧观，但也颇具规模。许遇于园中建许氏宗祠、匏庵、真意斋，许鼎修建瞻云堂、竹路、云巢、石床、独树坡、灵岩、流霞坞、天门、天光云影亭、梅坪、半泉（即半月池）、松冈（即松岭）、鹤涧、落珠岩诸胜，改匏庵为梦鹤寮。

巧石、清泉、岩洞、高阜，加上依山势而建的亭台廊榭，虽是人为，却似天然。许遇于《石林》诗中颇为欣慰地写道："数椽聊遂先人志，万壑真留隐者心。"随着园林胜景的恢复，雅集、吟咏等渐渐展开，而涛园的盛名亦流布全国。不但林侗、黄任等当地著名文人在此流连，省外的许多名士也慕名前来游览。著名文人、学者潘耒（1646—1708）来闽参观涛园后，写下《涛园记》，赞道："善为园者，莫许氏若也。"1698年，清初思想家王源游闽时，也应许遇之邀作《涛园记》。

1704年，清初文坛盟主王士禛为许遇作诗《题许不弃画竹之陈留》："石林手种竹万个，兴来自写千筼筜。"许豸六世孙许作屏，延请著名文学家、书画家张问陶（1764—1814）为涛园作画。涛园在许氏的精心经营下繁荣了百余年，被诸多文人雅士流连吟咏，留下了不少诗画风流的韵事。

清嘉庆二十四年（1819），许作屏病逝之后，辉煌了两百年的许氏家族渐渐衰落，而涛园也随之隐没。清同治十二年（1873）左右，郭柏苍撰写《乌石山志》和《竹间十日话》时提及，涛园及与之相邻的其他名人宅第、亭园，如阮弥之祠、韩锡榕庵、谢道承一枝山房等都荒废了，被人占为斋堂，辟

为果园,并互相转卖。许多石刻没入土中,不能洗涤发掘,甚为遗憾。

涛园与沈氏家族

清光绪六年(1880),沈瑜庆以240万钱的价格购得涛园,为其父沈葆桢修建专祠,即"沈文肃公祠"。沈瑜庆(1858—1918)字志雨,号爱苍,别号涛园,系林则徐外孙,沈葆桢第四子,林旭岳父,沈葆桢卒后恩赏为候补主事。清光绪十一年(1885)中举,后官至贵州巡抚。清亡后以遗老自居。沈氏家族中多有晚清近代的重要人物,他们对涛园的经营让其重现风雅。沈瑜庆是同光体闽派的重要诗人,时常召诗友们在园中社集赋诗,涛园又一次在文学史上留下诸多风流影迹。1913年,林纾于北京为沈瑜庆画涛园并作《涛园记》。文中写道:"涛园旧名石林,为许有介先生别业也。先生明之遗老,隐居弗仕。"文中还将沈瑜庆与许友相比,遗憾沈瑜庆"久宦于外",不能如许友一般常享涛园胜景,"祝其能归也"。沈瑜庆更以"涛园"为号,将自己的诗文集命名为《涛园集》。

沈氏后代亦有居涛园者,如沈永清。沈复(生卒年未详)谱名永清,字复轩,号墨藻,沈葆桢孙,沈玮庆的季子。著名诗人何振岱叙其生平道:"官扬州盐大使,罢归居祖祠中,即许氏涛园旧址也。归数年又出游,卒于京师。有《养碧斋诗集》一卷。"

至今乌山上仍矗立着一方巨石,上面刻着三个醒目的大字:"旧涛园。"这三字乃晚清著名书法家郑虞臣手书。郑世恭字虞臣,咸丰间进士。沈氏与郑氏都是晚清声名显赫的福州籍文化世家,交往颇多。

余论

清光绪二十六年(1900),陈衍携家眷由武昌回榕,曾借居涛园。1920年冬至,何振岱携长女何曦和弟子们游涛园。此后,涛园再次湮没在世变的风云中。

从上文的梳理可见,涛园是随着几个文化世家的兴衰而兴衰的,通过对涛园的文化记忆可看出明清时期福州园林文化的繁盛。乌山并不大,游览面积约25公顷,但据笔者不完全统计,仅清代乌山上的私家园林就有12

座左右。园主一般是福州文化世家出身，大都将园林修得富有情调，不时召集诸多文人墨客雅集其中。对于文化世家而言，园林不仅仅是休憩和娱乐的所在，还是从事文学书写、文化社集的重要场所，具有文学艺术创作现场的意义。他们在园林中莳花弄草、读书作画、行吟坐咏、寻禅问道、宴饮酬唱……避居于园林中，宦海浮沉、世变沧桑、市井喧嚣都被隔绝在墙外，他们可以自在地栖居，享受诗意的生活。他们还热衷于用诗文画作来表达对园林的喜爱以及家族的自豪感。这样的园林生活为家族营造了浓厚的文化氛围，也进一步提高了家族的文化声望。这样的园林文化成了明清福州文化世家的传统，代代相传，直至家族没落。

如今，涛园又改回"石林"的名字，一部分开放为公园，吸引大量游人前来赏玩，位于福州市政府大院内的沈葆桢祠堂仍保存完好。明清时期涛园的花木与亭台楼阁，大都随着历史尘烟而消失。与涛园有关的文化记忆，只在故纸堆中隐秘地存在着。"旧涛园"石刻和少数隐秘的许氏诸人题刻则仍存在于乌山之上，隐喻地传达着一些世变沧桑的讯息。

追寻陈天恩的足迹

鹿 野

鼓浪屿·木香居

暑假的时候我带着孩子到鼓浪屿游玩，住进一家叫作"木香居"的民宿酒店。那是一家由民国时期老洋房改建的酒店，距离码头非常近，站在二楼的天台上，可以听到浪涛拍打礁石的声音以及渡轮靠岸时游客下船的熙攘。

酒店主楼是一座三层白色券廊建筑，夜晚琥珀色的灯光亮起的时候非常梦幻，如同一个发光的音乐盒，行走穿梭其间，又仿佛进入一个古老城堡。院子里秋千、廊架、花草，都让人想象着这里曾经的主人是多么的奢侈。这奢侈不仅是物质上的富足，还有人丁兴旺的大家庭所带来的热闹和美满。当然，这仅仅是后来者对大家族生活的想象，大多数以民国历史为背景的小说其实包含着对大家庭的控诉和反叛，当时正值社会变革、思想大冲撞，几代人聚居在一处，难免会有摩擦龃龉。

这里是文学大师林语堂最初的伤心地。房子原主人是厦门富豪陈天恩一家，陈天恩的儿子陈希庆与林语堂为上海圣约翰大学的同窗好友。陈希庆的妹妹陈锦端就读于一墙之隔的圣玛丽大学，林语堂与陈家子女们自是相熟。在林语堂之女林太乙所撰《林语堂传》中，这样描述林语堂第一次见到锦端的惊艳："希佐、希庆带着一位少女向玉堂走来，玉堂惊奇之余，仔细一看，那简直是个美人。秀长的头发在微风中吹着，一对活泼的眼睛对他微笑，好像阳光的焦点集中在她一个人身上，使她似乎发出一种光芒。玉堂顿时心身都软化了。"

于是在那个暑假，回到老家的林语堂便成为陈府的常客，名为求见同学陈希佐、陈希庆，实则为了心目中的女神陈锦端小姐。这样的心思怎么逃得过陈小姐的父亲？据说是考虑到林语堂出身于贫穷的牧师家庭，陈天恩不同意女儿与林语堂的交往，切断了二人之间的联系。尽管他已经从儿子的口中知道这位天才青年在大学里已经是风云人物，演讲、运动、写作、英文都极出色，前途无可限量。

令文学大师心痛的时刻发生在一个午后。当他兴冲冲地来到陈府，叩门后迎接他的却是陈爸爸浮在脸上的不悦。他被告知，以后不要来找锦端了，她已经有了未婚夫。

很难想象此时的林语堂何等尴尬、窘迫和难过，以至在以后的文学创作中，这一幕反复出现在他的作品当中，成为文学史上经典桥段的情感来源。除了最广为人知的《京华烟云》中敢爱敢恨的姚木兰以陈锦端为原型，其他小说如《风声鹤唳》《朱门》《唐人街》等，林语堂都塑造了敢于冲破门第、贫富牢笼的青年男女，可见这次恋情的失败对作家的年少骄傲和痴情是多么深切的伤害。

"我由上海回家后，正和那同学的妹妹相恋，她生得确是其美无比，但是我俩的相爱终归无用，因为我这位女友的父亲正打算从一个有名望之家为他女儿物色一个金龟婿，而且当时即将成功了。"（林语堂《八十自叙》）

那个板着脸下逐客令的父亲陈天恩更是永远以一副不通情理、霸道权威的家长面目出现。不知道当时的陈锦端是被父亲关在哪个房间里，是否站在二楼的某个窗户前看着心爱的人悲伤离去？两个哥哥在其中又扮演什么样的角色？或许只有庭院中那两棵百年的木香树知道答案吧。

仓前山·福建造纸厂

因为工作的关系，在翻阅省档案馆一本关于福州华侨的图册时，一个熟悉的名字跳入了眼中——陈天恩，福建造纸厂股份有限公司董事长。这不就是鼓浪屿上那位将林语堂和陈锦端强行拆散的封建家长吗？

再细细地查阅相关材料，他和儿子陈希庆竟然曾经在仓山的港头开办了民国时期福建省内第一家机械造纸厂，厂址就在我所居住的福州南台

岛上。

与厦门的鼓浪屿极其相似，福州的仓前山刚好也是在一个岛上——南台岛，岛上也是洋房使领馆聚集区。"五口通商"之后，福州的洋人大部分都驻扎在南台，他们建的医院、学校、银行、俱乐部等，相当一部分仍原样保留。郁达夫曾说，仓山是福州的鼓浪屿。神奇的是，在我邂逅了鼓浪屿陈家之后，又与陈氏父子在仓山南台重遇。

一篇专门研究华侨群体的论文，详细地介绍了陈天恩家族在福州开设造纸厂的情况。1919年，陈希庆由清华大学官费考送至美国留学，因预见到造纸行业前景可观，陈天恩要求陈希庆攻读化学工程和造纸专科。1922年，希庆在康奈尔大学毕业后，留在缅因州造纸厂实业造纸两年，并到一些机械厂考察研究，1924年学成回国。最初，陈希庆打算到闽西设厂，但当时军阀混战，内地办厂困难重重。于是，希庆又回到欧洲考察，先后在英、德、瑞士等国的著名造纸厂实习研究。

当时菲律宾政府曾邀请陈希庆到菲国办纸厂，厂址都选好了，办厂资金也以股份筹集的方式向在菲华侨募集，但考虑到国内北伐战争结束后政局相对稳定，国人发展民族工业的呼声强烈，提倡国货、抵制洋货，陈希庆"按照家父陈天恩的旨意，转移方针"，退还已经收取的股款，决定回国办厂。

先是打算将厂址设在闽北水口延平一带，因为当地纸厂所需的原材料比较丰富，但又怕山区治安不稳、匪乱滋扰，最后勘定闽江畔的福州南台港头，即如今鳌峰大桥下美墩、三盛楼盘一带的位置。一是省会福州治安良好，有利于企业长期发展，又依托闽江水运，运输大型机械设备或运出纸品都比较顺畅，且福州是较早成立电气公司的城市，机械运转所需电力有保障，又"闽江之水流，经过化验，其质甚宜造纸之用，纸厂需水甚多，比厦门自来水公司供给全市之用水多五成……原产充足，本厂所用之竹陵（林）、芦苇、稻草，都在闽江流域附近供给，交通便利，厂址前后河道环绕，运输原料，设备都方便"。

当时，北伐战争结束、全国统一，政局一度稳定，一批卓有见识的工商业者投资办厂，希望能够实现"实业救国"的理想。福州仓山港头一带先后建起了火柴厂、电气公司、锯木厂等，俨然成为一个现代化的工业基地。陈家父子所筹建的造纸厂是福州第一家华侨企业，也是全省第一家机械造纸厂，拥有最先进的德国机器，号称"远东第一大造纸厂"。

为了争取纸厂在福州落地，当时的福建省政府也出台了很多优惠政策，承诺福州、延平二府管辖区15年内，不再批准他人营建同类型的纸厂，又向中央政府申请，免除造纸厂所有应用原料机器和将来造出纸张的捐税，为期3年。为表重视，当时的省政府主席蒋光鼐、前省长萨镇冰、十九路军军长蔡廷锴还到厂参观。蔡廷锴题字"战胜舶来"以鼓励纸厂创新技术，产出低价优质纸张，在市场上与日本进口纸张一争高下。纸厂联名董事当中还有陈培锟、黄念忆等政府要员、社会贤达。

陈天恩、陈希庆父子颇重视广告宣传的作用。当时的报纸上时常可见造纸厂的广告语，称"本厂所产皆为国货"，提醒国人购买支持本国商品。1932年《教育与职业》杂志发专文介绍了建厂及运营情况；1934年第88期《良友》画报居然登载了一则《福建造纸厂之参观说明》，作者详细考察了该厂的组织架构、机器配置、规模、人工等情况，"占地面积50亩（初期），前临闽江，后是闽江支流，厂屋面积84715方尺。是华南地区最大的工业造纸厂"，类似今天的商业"软文"，不知是为了吸引股份投资还是为产品做宣传。

在管理上，有着多年留学背景的经理陈希庆实行一套比较西化的管理模式。福建师大历史系张丽群所撰论文《近代福建企业家陈天恩研究》详细记述了造纸厂内部管理情况，如厂内建立了工人养老机制，职工中月收入30元以下的低收入者，每月交纳储金1元，到60岁离厂时，可以领回储金本利千余元，相当于今天的养老保险；为工人们开办夜校，设国文、数学、英语三科，又设演讲会、俱乐部、体育部等，以此提升工人文化程度，挖掘工人诸多方面的才能；厂区内建有宿舍，提供膳食，据说与当时海关、银行的膳食水准相当。因此仓前一带工人多愿入造纸厂工作，据说最多时应聘者多达2500人。

因为陈天恩父子笃信基督教，公司董事当中信徒也占一半多，据记载，造纸厂内还有专门的神职人员。仓山区现存泛船浦教堂、天安堂、烟台山石厝教堂、中洲岛基督教堂等大大小小几十所的教堂，一到周末，信仰基督教者聚集在教堂内礼拜吟唱，这或许跟陈天恩这样的企业家的信仰传播不无关系。他们所传播的不仅是宗教信仰，还有西化的生活方式，诸如中西结合的民居建筑、西式饮食、教育、医疗、文化娱乐等，如今在仓山也仍然痕迹明显。

可惜时局在不断变化，战争就像瘟疫一样，说来就来。创办于1929年的造纸厂经历了初期的辛苦创业，勉强躲过世界经济危机、1933年的"闽变之乱"，马上又遭遇了1937年全面抗战爆发，1939年4、5月间日军飞机轰炸福州，造纸厂设备也损失惨重；之后福州两次沦陷，每一次都重创元气。尤其在福州第二次沦陷时，日军占据造纸厂作军营，厂内机器设备被洗劫一空。包括刘崇佑在港头创办的福州电气公司也无法幸免，福州木材业全面瘫痪，邮政、电报、电业全面停滞。陈氏父子所经营的造纸厂本就周转困难，艰难维持，这时候更是雪上加霜，难以为继。公司不断向中国银行、中兴银行融资，转股并购，辛苦经营。

抗战胜利后，经两年多的努力，造纸厂于1948年4月复产，但由于当时官僚资本的挤压和外国纸张的倾销，该厂平均月产量只有45吨左右，处于半停产状态。1949年8月，中国人民解放军进入福州城，在人民政府大力支持下，造纸厂9月复产。这一阶段产销情况有所好转。1951年造纸厂第一次向全体股东发放股息。但此时的造纸厂经过多次融资入股，陈家所占股份已经很少，基本跟陈家没有什么关系了。

从最初的构想算起，到1949年陈氏父子离开福州去了菲律宾，厂子委托给侄子陈希仲照管，陈天恩父子有近30年的时间花在了造纸厂上，付出的心血不可谓不多。但是很可惜，时代的一粒灰，落在每个人头上都是一座山。作为实业家的陈天恩在福州南台的投资最终以失败告终。

造纸厂所在的港头一带，近些年发展成为滨江住宅区和茶业一条街。当年在这里轰然运转的厂房、机房、车间，在时间的淘洗下变了又变，民国时期实业家们奋斗过的痕迹也已消泯不见。当年在仓山办厂的很多实业家一到夏天都在鼓岭避暑，或租住当地农民的房子，或自建别墅，陈天恩家族也不例外。只不过由于年代太久，无法考证其具体位置，只剩一张模糊的老照片，上面印着"已拆"二字。

从南安到南洋·成长之路

一个人的面目往往是复杂多面的，很难用一两个标签去定义，除了实业家、侨领、富豪、大家长等符号之外，陈天恩最广为人知的身份，也是他自己最认同的身份即陈医生、陈牧师，大家口中的"Doctor Chen"。

1871年生于南安的陈天恩，是闽南地区较早的西医。他生于基督教家族，从小深受基督教影响，祖父陈美强就是坚定的基督教徒。因为陈天恩家贫入读教会学校，接受的也一直是神学教育。18岁时，陈天恩遇到了对他一生至为重要的人生导师郁约翰医生，彼时郁约翰正在漳州平和县小溪镇创办本地第一所西式医院——小溪医院，陈天恩成为其学生兼助手。

郁约翰是一位对闽南地区现代西医的建立和发展起到奠基作用并献出生命的卓越医生。1898年4月，郁约翰奉差会之命到厦门，在鼓浪屿的河仔下街建立了厦门第一所正规的西医医院——救世医院。他不分贫富贵贱，为许多贫苦大众治病，传为佳话，在1906年、1910年厦门两次鼠疫暴发中，郁约翰医生都冒着生命危险参与救治。1910年4月14日，郁约翰因诊治鼠疫病人被感染。临终前，他还在担心其他人的安危。这次鼠疫当中，陈天恩的侄子陈希孟也不幸去世。

受教于郁约翰的陈天恩学习十分刻苦。从漳州平和到厦门鼓浪屿，陈天恩一直跟随在郁约翰身边。陈天恩24岁时在厦门大同路开设了自己的第一间诊所兼药房——寿世堂药房，此为厦门最早的西医药房之一。他继承了郁约翰老师"传播主恩，医治疾病，不分种族阶级，救治病人"的理念，在顾客和同业中口碑极佳。1934年，弘一法师在晋江身患毒疮，还特地托人向在厦门的陈天恩求医问药，其声望可见一斑。

陈天恩主攻小儿肠胃疾病，研创的"猪肚粉"是当时闽南地区居家必备的肠胃药。除了创办福建造纸股份有限公司，陈天恩还在厦门组建福泉厦汽车公司、厦门电力厂、陈天恩医药局等产业。

陈天恩的亲戚故旧中多菲律宾侨商，因此他在南洋一带很有号召力。1913年，孙中山领导的"二次革命"失败后，陈天恩因同情资助和奔走组

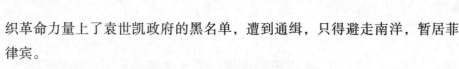

织革命力量上了袁世凯政府的黑名单，遭到通缉，只得避走南洋，暂居菲律宾。

与此同时，国内的政局也瞬息万变。袁世凯窃取革命果实之后一心剿灭民主人士，以复辟帝制，实行独裁统治。在华侨中享有崇高声望，此时归国身为福建军政府交通司长的黄乃裳，鉴于袁世凯"摧残民气、屠戮忠良"及福建政务院长个人野心，愤而辞职回到故乡闽清。虽然辞职，但是作为孙中山先生盟友、辛亥革命元老，他反对独裁、坚持革命的态度未变，在国内尤其华侨群体当中仍然具有不可忽视的号召力和影响力。

1914年3月，袁世凯通过当时的福建省政府，指使闽清县知事，以阻挠禁烟为由，将65岁的黄乃裳逮捕并判其无期徒刑入狱。此举在南洋侨民当中引发强烈不满，社会各界随即组织力量展开救援。菲律宾华侨界希望厦门华侨群体能派人到福州了解事态。听闻此消息，正在菲律宾避难的陈天恩立马自荐回到福州活动。在福州停留两月有余，陈天恩每个星期都到拘留所去探望黄乃裳，然后将有关情况发电报告知海外侨胞，共同商议组织营救。在陈天恩等一众热心人士的努力下，黄乃裳于1914年7月26日出狱。当时福建主管民政的副省长汪声玲也因此事处理失当而被撤职。

说回最初的林语堂与陈锦端的故事，拒绝自己的女儿与文学大师的婚姻，可能是陈天恩一生中失败的决定之一，但似乎又成就了另一种传奇，那就是他将隔壁的廖家女儿廖翠凤介绍给了林语堂。廖家在鼓浪屿也是豪门之一。此举颇令人疑惑，自己女儿舍不得，别人的女儿就可以下嫁吗？这其中还有另一种说法，当年林语堂不愿意听从陈天恩的建议专修神学，这让陈天恩对于林语堂的信仰有所怀疑，似乎家世背景又不是他反对林语堂的全部理由——陈天恩的女儿陈锦端没有嫁进林家，他至亲的弟弟陈天宠的女儿、陈锦端的堂妹陈锦彩却嫁进了廖家，成为林语堂的妻弟媳。如同三坊七巷的陈家、林家、刘家等大家族一样，鼓浪屿各家族之间也是盘根错节，形成剪不断理还乱的姻亲关系。

话说宫巷方家老宅

方　城

父母亲的睡屋

福州三坊七巷中，坊巷风貌保全得最好的当属宫巷。宫巷是标准的弧形巷，站在巷头看不到巷尾，站在巷尾也看不到巷头，好似一条玉带环腰，方家老宅正好嵌在玉带中间。其东邻是刘冠雄的故居，刘冠雄是福州人，曾在袁世凯北洋政府任海军司令兼代署交通总长和教育总长。对面是清朝二品大员山东巡抚杨庆琛的故居，1949年初，革命烈士、原国民党福州绥靖公署副主任吴石中将曾居于一进花厅。杨府东邻是林则徐的大女婿刘齐衔宅第，刘齐衔官至浙江按察使和河南布政使。杨宅西侧是林则徐次子林聪彝的四进大院，林聪彝曾任左宗棠副手，浙江按察使领三品衔。林府规模恢宏，占地近4000平方米，毗连着清船政大臣、林则徐二女婿沈葆桢的府邸。林则徐的三女婿郑葆中也居住在宫巷。著名文化名人郁达夫曾感叹"走过官巷，毗连的大宅，均是钟鸣鼎食之家。两旁进士之匾额，多如市上招牌"。

走进宫巷方家老宅，首先映入眼帘的是朱红色的二门，插立在高高的门槛上，完全阻断了外界视线。大门和二门之间的所在叫"门头"，早年间用以停放暖轿。后来城里有了大小马路，这肩扛的轿子也渐渐退出了社会生活。1949年以后，由于我们兄弟姐妹幼小，母亲决然把二门撤了，旋即把门槛也锯了，大门进来穿过门头就到了回廊。回廊下两个石阶是宽大的天井，上一个石阶一拐弯就上了厅堂。回廊宽敞、洁净，木梁上悬挂着一个精致的苏州鸟笼，一人多高，棕色竹编，配件锃光发亮。笼中的画眉鸟

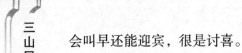

会叫早还能迎宾，很是讨喜。

门头的右侧是方家老宅最大的房间——我们父亲母亲的睡屋。睡屋与厅堂相对，古建筑名称叫"倒朝"。睡屋的南面墙朝向天井，因采光需要，母亲叫工人把墙扒了，全部改成玻璃门。屋内深黑厚重的红木家具是母亲的陪嫁品。地面铺陈着六角形彩色瓷砖，暗红浓绿，颇有些基督教堂玻璃的斑斓色调。天花板开着巨大的天窗。天窗设计者的聪慧不仅体现在天窗可以人工自然操作，更因为天窗位置的选择，每天上午八九点总有阳光倾泻，在地砖上洒下一片细碎的光芒。太阳在天上走，光亮在屋里行，傍晚四五点，太阳挥挥手带走了湿气，留下一片盎然暖意。睡屋中我们印象最深的，是父亲宽大且稳重的黑檀写字台。台面为整片面材，靠人这面特地凹入，中间大抽屉和踏脚处也都制作成凹状，可使写字者腹部和腿部活动自如。写字台靠墙那一面是半圆形的德国砖镜，镜框是花梨木雕刻的百合，次第叠合极为雍容。写字台上左右各有两根缠枝高腿托起小几，几面下一个精美小抽屉，父母亲的印章都放在右手的小屉里。台面上摆放着文房四宝和三两样清玩，那一方墨绿厚重的端砚是父亲的珍爱之一。

写字台前的配椅是一把可自由旋转的半圈椅，左边斜摆着母亲的梳妆台。梳妆台台面大得很，除了安放盥洗器具和化妆品，还稳稳当当地摆着一架老式留声机。父母亲听的多为闽剧，比如《反皇城》《红裙记》《闹菊园》《丹凤朝阳》等。但母亲经常为我们播放歌曲《苏武牧羊》。母亲是刻意的，寓教于歌是父母的一种教育理念。我们兄弟姐妹从小听的第一首歌或是听得最多的歌就是《苏武牧羊》。"转而北风吹，雁群汉关飞。白发娘，盼儿归，红妆守空帏。"这样的旋律与词情，丝丝缕缕地镌刻在我们的心上。记得有次某中学智力竞赛，主考人出的谜面是苏武牧羊，要求猜一位中国剧作家。须臾间，我们方家一位兄弟就高声喊答："关汉卿。"全场皆惊。梳妆台旁边靠墙立着高矮橱。高橱的德国进口穿衣镜镜像清晰、纤毫毕现，100年了仍完好无损，没有半点霉斑。矮橱上摆放着古瓶、瓷器和一台德国造的镏金座钟。靠墙的鸡翅木三人椅可坐可卧，白墙上悬挂着著名画家潘懋勋先生送给母亲的四帧花鸟条幅，墙边稳稳地立着一个高大的衣架。接着就是一张方方正正宽大舒坦的睡床，床边是多层箱架，整齐地放置着母亲陪嫁过来的福州杨桥路老字号店"万福来"制作的真皮皮箱。玻璃门下间或有序地排列着一溜镂刻精美的圈椅和高脚茶几，玻璃门外石板走廊上也有一溜紫砂花盆，栽种着母亲培植的兰花和山茶。

岁月不居，出生于20世纪20年代的父亲母亲和老宅一起，经受了数十场光阴的冲击洗刷，艰难而又丝毫无损地跨进了21世纪。时光荏苒，父母亲纵然内心还有眷恋，但还是分别于耄耋和朝杖之年安详地从自己的睡屋中登上了仙路，前后相差11年。

一进前天井

三坊七巷的人家，无论规模大小，每一进必有前后两个天井。方家老宅一进的前天井面积很大很深，由厚厚的花岗岩石板严丝合缝地铺就。由于排水通畅，天井常年呈干燥态，灰青色的石板从不长苔。西北角静静地立着一个水缸。水缸有五六尺高，腰身华贵柔美，披着花纹典雅的彩裳。方家老宅有几百年了，不知它已默默站立了几多岁月。

1953年初秋，父母选定了合宜的日子改造睡房，商定在天井西头砌个花坛、叠个假山。那个年代，三坊七巷还行走着一种特殊的职业，俗称"神行"，现代叫掮客。这些人肩上搭个白色的亚麻布褡裢走门串户。他们面容恭谨，轻声细语，态度极为和善。他们从不落座，耐心地了解东家的需求。他们办事特别高效，没多久各种假山、盆景和花卉已堆积在天井的西头。母亲极喜爱其中一对白瓷花盆，那质地八九分近似和田玉。母亲精心挑选了品种优良的万年青，小心翼翼地栽种在这一对花盆里，并郑重地摆放在厅堂下天井的第一级石阶两旁。令人惊诧的是，六七十年过去了，这两盆万年青依然葱郁茂盛，在原地静静地守候着。

当时有个现象引起了母亲的警觉。这些掮东西来的神行，放下物品后总是怔怔地看着水缸。有一次两个神行送盆景来，假装在水缸边洗手，逗留了许久。一个年长、留着白胡须的神行还细心地摩挲着水缸表面的花纹，那端详的眼神宛转痴迷。那天水缸只有半缸水，他用手指骨轻轻地叩着水缸表面，水缸发出了悠长久远的回音。那神行把头伸进缸内水面上侧耳倾听，余音袅袅。待那人直起身来，眼神中迸出一丝异样的光。虽是一闪即逝，

但还是被站在厅堂石廊上的母亲逮个正着。第二天，那神行真的来了，没有褛褛，一身汉装，面孔和衣着干干净净。几句寒暄，那人直奔主题，提出要收购这只水缸，让母亲开个价。母亲呵呵道：这水缸呀，是我家的冰缸哩！我们家喜庆大事全靠它和冰块一起贮存食材的（那时市场上未有冰箱）。那人哑然而退。后来，母亲告诉我们，记住这老水缸是古宅的一个谜，也是方家的一块宝。

在砌建花坛的时候，住在水部老宅的祖父正好抽了时间回到宫巷看看。祖父问及，母亲俏皮地说，为了给家里添一撮绿。祖父临走时对母亲说，撬起一块石板种下一棵树，那就不是一撮绿了。智慧通达的母亲诚服地接受了祖父的建议，不久就种下福州城闻名遐迩的，由罗宾医生特地送来的一株荷莲树苗。后因在别处看到荷莲树根系凸出地面的强力状态，遂改种一棵长相很好的杧果树。不多日子，假山开始披绿，杧果树蓬勃生长。杧果树长得很快，不久就开始俯视脚下的假山花草，并与水缸牵手，从此成就了天井西头出色的风景。

整洁宁静的天井东头亲切地看着西头的变迁。没想到东头的热闹也开始了。1954年春节过后，福州工商联大会宣布，政府要推行公私合营。从这天开始，父亲的三位业界朋友约好晚饭后同时到宫巷和父亲话聊。从此天天傍晚，母亲很早就在天井东头安放了一张实木圆桌和四只圆凳，还备了明前绿茶和花生糕点。三位来宾都比父亲年长，说话大大咧咧，一坐下就嚷着喝酒喝酒。母亲赶紧叫我们兄弟到织缎巷口的"汇春号"酒家沽酒并买了许多下酒的卤杂。四个人话语不多，他们聊着公私合营，时而喝着闷酒，时而又出其不意地放怀大笑。他们乘酒兴也说几道戏文，评论着伍子胥、武则天、永乐帝，偶尔也吟诗唱和，天井东头弥漫着江湖文化和酒气茶香。四人会一直延续了10个多月，后来，年龄最大的阿贤伯去世，夜话也随之结束。

天井西头的西头是一间披榭。披榭靠巷墙的前半段是一间由青石板铺就的隐秘砖厕。这是宫巷几百年中唯一的私厕。厕所较高，粪池且深。由于淘粪的需要，老宅另开专用小门。在宫巷，方家古宅有着独有的一大一小两个门。披榭依墙建有牢固的楼梯，上去二层是晾衣台，三层是凉台。凉台高出屋面很多，可以一览那一大片高耸的马鞍墙和黑黝黝的屋顶，对面就是刘冠雄的海军楼。平整的天井、敞亮的回廊、凉快的披榭和恢宏的厅堂连成一片，不停地流动着人气，洋溢着方家古宅的旺盛生命力。这方天井从明朝走来，几百年的岁月蹉跎和时代变迁赋予了它沧桑，也给了它情感。

也只有方家的天井深谙什么是水的濡沫，什么是火的烧烤。早些时候，祖父在南门古宅前购置了一口池塘，委托给一个名叫伙倌的人打理。1953年冬，祖父捎话，今年的活鱼直接往宫巷送，时间是中午前后。腊月廿二午前，伙倌和另一名伙计挑了四箩筐的活鱼咿呀咿呀进了门。他俩担心自己脚脏，站在回廊口就把鱼筐往天井倾倒。全部是鲢鱼。白鲢红鲢个头极大，一看就知道是精心挑选的。鱼儿活蹦乱跳，一会儿便给天井铺上艳丽的鱼地毯。母亲端坐在厅堂外沿石板上的一把藤椅里，手里抓着一大束红头绳。二叔、三婶和姑姑及左邻右舍站在回廊边，望着满天井的鲜鱼等着母亲发话。母亲给女佣两根红绳，说拣最大的两只红鲢两头白鲢，是祖父祖母的。大家明白这是上限。于是二叔、三婶和小姑各挑了一只走了。母亲拎了两只亲自送到沈府给我们兄弟姐妹授课的国学老师沈觐寿。接着又送两只给妇幼保健院夏美琴院长，送两只给老中医李楚銮医师。在场的故旧老友或一只或两只地拎着鱼散去。天井里的鱼还不少，母亲又叫女佣挑一只红鲢给宫巷幼儿园园长林太太，又留一只给段警。那时我11岁，站在水缸前看着母亲分鱼，觉得母亲真像个班主任。女佣把剩下的鱼拎去后厅，回头把天井冲洗干净，天井很滋润。我想，最早过年的原来是天井。

没想到"文革"初期，天井挨受了巨大的烧烤。那个年月，三坊七巷烟火连连。试想哪一户人家会没有旧家什？更不用说曾经的官宦商贾之家。一天，一群人进门，最先烧的是堆在天井中央家里剩余的电线，接着是一眼就能看到的挂在墙壁上的书画和线装的书籍；太师椅和官帽椅也难躲厄运，椅背扶手全卸下来烧，这些硬木很是耐烧。后来被翻箱倒柜找出来的皮草裘衣也烧，烟味熏天。坦露的天井整整烧烤了七天七夜。事后，母亲和方家妹妹们像对待婴孩一样极其细致地清洗着天井。母亲痛心地对弟妹说，烧毁皮袍裘袄和绫罗绸缎并不可惜，可惜的是书籍笔记。几个月下来，母亲以自己宽博的爱和宏大的孝精心料理着这位几百岁老人严重灼伤的肌肤，天井终于康复了！

文化的厅堂

宫巷方家老宅坐南朝北，双坡顶穿斗式木构架。前坡顶下面是一进大厅，东西前后四个厢房两个阁楼。大厅后面是后厅。后厅很大，可以摆放三个大圆桌。西面后厢房的后面是厨房，一直保留着一口大柴灶和铁锅，专为母亲炊斋和蒸年糕所用。后天井不大，有一口水井，井水特别冷冽，母亲经常把猪肝、猪肚和鲜鱼吊挂在井内水面上保鲜。厨房隔着后天井的对面是一间披榭。穿过披榭南墙的拱门就进入二进。二进与一进格局相似，只是规模小些。二进极其洁净，蚊蝇全无，天井靠墙处种着一排修竹，齐齐的两米高，青翠欲滴。一进的厅堂相当宽阔，有三四个天井那么大。厅堂和后厅接合部是典型的明代木建筑，诸多斗拱莲花托次第叠合，高高地顶着横梁，中间有红匾"合兴堂"。下面一幅红缎绸布蒙着门板，中央一金色"福"字。两边木柱紧贴着一副半圆柱体对联，属福建漆器大件，上联"行仁义事"，下联"存忠孝心"。挂钩闪光发亮，对联黑底金字，极为夺目。厅堂上方东西厢房墙上横嵌着前后两根木梁，油漆得色彩斑斓。木梁下方有几个银色钩头，用以吊挂寓意吉祥富贵的锡盘。前头木梁下方东西两头悬挂着一对五尺高的鸟笼，为光禄坊花仓前著名老艺人郭则勤师傅精工细作。鸟笼上了好几层黄灿灿的桐油，两只小鸟跳跃鸣啾。

厅堂前沿两根方柱上也有一副对联，边框是景泰蓝材质，中间以大漆为字底，其上撒着宝蓝色的小结晶，熠熠生辉。上联"海阔天高气象"，下联"风光月霁襟怀"。大厅的四面白墙是沈觐寿先生四幅如椽书法，大气地盖着墙并特地露出细长白边衬着绢褙。"东谷黄粱夜春""南园露葵朝折""酌酒会临泉水""抱琴好倚长松"，这四幅字字体苍劲饱满，意境高远，我们长大了才知道其中还嵌着父亲的大名。

厅堂前半段铺着宽大的石板，后半段原为木地板，后改成红色斗底砖以便于冲洗。厅堂当中金字下面是雕刻精美的黑色横头桌，案面是整块楠木，中央竖着的大理石立屏遮着后头两个菩萨神龛，两旁是一对大枝黄铜烛斗，中间是圆形铜香炉。案桌一端是立架支着的大果盘，画着寿星童子和仙桃树；另一端是棕黑色高身瓷瓶，插着万年青。横头桌下插着一方沉重的八仙桌，每年只有腊月廿七这一天才让它穿上艳丽的桌裙，四个人抬着放到厅堂的最前沿，摆上食品果蔬祭拜天地。八仙桌右边是一张黑酸枝躺椅，镶嵌着大理石，也叫朝天椅。朝天椅后头是一面又高又大的穿衣镜，穿衣镜后面是母亲的佛堂。母亲中年皈依佛门。每当佛日，母亲起早诵《金刚经》或《地藏经》。母亲的法器一敲，气场顿起，全家肃穆。和母亲佛堂相对称的空间就是厅堂拐入后厅的通道。通道上靠墙摆放一张红酸枝二人椅，由两个神行从远处抬来，说是这样安放可以给朝天椅匹配对称。后来，父亲又到南后街定做了两张藤制躺椅放置在厅堂前廊的方柱下，这样厅堂上的座位就不少了。通常午饭后母亲和我们兄弟姐妹都会坐在厅堂等一个卖水果的依姆，母亲叫她皱头姐。她差不多每天都很准时挑来时鲜水果，其水蜜桃特别好。有时皱头姐迟到了，母亲说开始背书啦。母亲起头定个语速："臣亮言。"大家跟上："先帝创业未半而中道崩殂，今天下三分，益州疲弊。"母亲忽然改口："初郑武公。"大家一怔，赶紧跟上："娶于申，曰武姜。生庄公及共叔段。庄公寤生，惊姜氏，故名曰'寤生'。"琅琅书声中，皱头姐的水果担就进门了。她笑着说，听不懂，但很好听啊！书声立刻变成了欢笑声。

三坊七巷改造时，省市相关部门的文物专家一批批进入老宅。他们以专业的眼光审视着，一致认为方家厅堂与众不同的地方有三点：1.别人家厅堂的立柱是圆的，而方家的立柱是方的，方柱所花材积更大；2.别处的柱础是扁圆的，俗称柱珠，而方家的柱础是方的，很高，还带有精美石刻；3.前厢房的门一般是两开，而方家是四开，并且上下两段，上半段以细藤皮条编织成花卉，利于通风，下半段是精雕木门，东西两面合起来称八仙门，八扇门上清晰地雕刻着八仙各自的法器。还有专家提出我们方家厢房的窗棂也极为考究，每个窗棂由几十根三四寸长的木条相互支撑而成形，不用胶水不用铁钉，如此平衡，可见其匠心匠技。

专家最后一次认定后，真诚地对我们说，现在我们观看明清建筑，不只是看构建，看规模，重要的是看现存的面貌情调和历史文化底蕴。我们来时，扑面能感受到一种震撼，我们去时，能留下念想。你们方家老宅算是三坊七巷中保全得很好很独特的单门独院了！

一个家族的1941

刘 冬

1941年8月。浩渺的南太平洋，一艘从香港驶往新加坡的巨轮上，有位面容清癯、西装革履的青年倚栏远眺，心事重重。这个名唤刘含怀的青年只有22岁。这一路并不容易，告别长汀的厦大同学，经永安、大田、永春，下泉州，出鼓浪屿，登轮驶抵香港，而后换乘前往新加坡的海轮。辛苦只是其一，抛下美丽温婉的热恋女友远涉重洋，实属无奈。五天六夜的行程，满怀不舍、忐忑与惆怅，当然也有些许对异国的期待与兴奋……

一切源于那场战争。

一

没有什么比战争更颠簸，甚至改变着人的命运，即便地处东南一隅的福州。

徘徊在闽江边的松木商人刘杏村，眼瞅着散落在江水中的板材，满心凄凉。"从桥上跳下去的心都有"——许多年后回忆往事，他对长子刘含怀如是说。

闽地森林资源丰富，历史上一直是东南主要木材产地，这里的木材，民国时期行销国内外，因此从事和依赖林业为生者甚众。又因为运输只能通过水路，一般在上游砍伐后编成木排，顺闽江直下福州。由此，福州成为木材的重要转运地，吸引了众多商家经营木业。

刘杏村携南洋集资闯入木业行当是在1933年。37岁的刘杏村留着两撇八字胡须，相貌堂堂，胆识过人。1903年年方7岁的他随母舅漂洋过海，前往婆罗洲的诗巫，一直生活到18岁方回国读书。在他一路走来的经历中，先后当过教师、军需官，开办过银行……成熟年岁，眼光亦已老道。其时福州木商分为杉木、板贩、出口、采运、松木五组，他选择的是松木组。与传统大宗的杉木相比，松木生意算是后生小众。福州原先松木商人并不多，晚清时由于茶叶出口贸易兴起，用松木板制造的茶箱需求量极大，一些外国人开始在福州设立锯木厂，此后外商与省内外木商相继开始进行松木半机械化加工。这种新兴的带有洋派作风的经营，于刘杏村最合适不过。作为总行经理的他经营有方，百行松木行一度十分兴旺，在沙县、永安、明溪、清流等地都开设了松木厂。此外他还投资了收益颇丰的闽江轮船股份公司。

财富源源而来。仓山跑马场 11 号，一座小洋楼见证了这个家族的兴盛。红砖的三层小洋楼，既是公司办公场所，又是家居所在，因爱妻名字中有一"德"字而称之为"德庄"。电灯电话洋包车，雕工精致的硬木家具一应西作，显示着主人的洋派。闽清老家的"杏园"也建了起来，风格亦属中西合璧。

好日子仅仅维持了几年。在这个家族中流传至今的家训之一"乐极生悲"，或许即诞生于斯。日寇侵华，全民抗战。对于濒临闽江下游入海口的福州，封锁闽江口是防止日本军舰长驱直入的有效办法。抛沉石块，填筑石档，有民众将家中地板条石甚至墓碑都贡献出来，更有大小几十艘船只装满沙石在主航道下沉。1938 年海口局部封锁，松木出口已感困难；1939 年全部封锁，此后松杉板材等完全禁止出口。福州木行均告失败，百行松木行亦未能幸免，开设于各地的分厂全部倒闭，已采伐加工的木材沿江弃置，腐烂盗失。刘杏村资遣工人后负债累累，百计无施。

财富与成功，一切戛然而止。钱财散尽，收纳了妻小们无数欢乐的德庄也无法保有。书籍报刊一部分烧毁了，还有一些送回闽清老家，连同那些精致的硬木家具。在忙碌而伤神的安顿期间，刘杏村给在永安协和大学读书的儿子刘含怀写去一封信。安排罢一切，这个破产的商人最后选择了重又出洋，去那个叫作婆罗洲的岛屿。他 1941 年 3 月动身，4 月 1 日抵达南洋砂拉越的诗巫。

20 天之后，1941 年 4 月 21 日，福州第一次沦陷。

二

1936年2月初，郁达夫来到福州。那是新中国成立前闽都文坛的黄金年代，名作家的来临使之光彩陡增。那一日，郁达夫下榻的南台仓霞洲基督教青年会，有位少年"粉丝"前来拜见，并获大作家手书题词"光明正大"。

彼时16岁的福州三一中学（现福州外国语学校）学生刘含怀，眼前世界着实一派光明。父亲刘杏村虽为商人，却也是曾经就读南京东南大学高等师范的儒商，家中书籍报刊众多。废寝忘食啃读中外名著的结果，就是令刘含怀小小年纪便坠入文学的情网，中学时代便开始了笔尖下的创作。郁达夫先生的激励，无疑使这位文学青年更加热情如火，他四面开弓，八方投稿，频频以柳林、柳寒晖、一流、白汀等笔名在报刊发表作品，俨然一个青年作家。

散文、诗歌、评论，文坛是他生命伸展的无垠疆土。不仅仅码文字，当时闽都文坛各种活动颇多，这个嘴下没毛的小子，游鱼般活跃其间。诸如参加"青年文艺社"，每周一次的文艺座谈会，还有那一次难忘的磨溪郊游，清幽山水中诗人的朗诵……

那个年代没有留给文人骚客们太多柔情蜜意的空间，被民族存亡激荡出的满腔热血，演绎出绚烂的悲怆与豪情之花。1937年7月28日，"福州文化界抗敌后援会"（简称"文抗会"）成立，后改名为"福州文化界救亡协会"（简称"文救会"），郁达夫被推举为理事长。以笔当枪是作家们的神圣使命。"文救会"所办的《救亡文艺》，无疑是一方醒目而坚强的阵地。从保存下来的一封编辑部来信中可以获悉，在《救亡文艺》不长的生存期中，中学生刘含怀至少发表过两篇文章：《战时文学是怎样的》和《抗战的文艺》。保留下来的还有"文抗会"的通函，邀请他于1937年7月28日前往吉庇巷参加谈话会，讨论当前的紧急工作："在卢沟桥事变的当时，我们就感到全国局势非常严重，救亡图存，刻不容缓……"那一日，正是"文抗会"的成立之日。

生活仍在行进，学总归还得上。1939年秋末，刘含怀考上战时内迁邵武的协和大学西洋文学哲学系。不久中文系主办题为"革除陋习议"的全校作文比赛，他一举夺得亚军。第二学期他因此顺利转读中文系，并被推举为全校性刊物《协大周刊》的编辑。洋洋得意之际，他却收到父亲一封来信，密密麻麻两大页，总之意思是：我过去做生意有钱，你尽可以按你兴趣去做诗人文学家，将来没饭吃我可养你；而今我破产了，希望你改习一门经世济民之学，自谋生路。

经世济民的经济，偏偏他最不喜欢。但没有办法，父命难违的背后是生活的残酷，他唯有改变，转学到厦门大学经济系，实现从浪漫到现实的并不华丽的转身。尽管后来他一直觉得，愧对给他鼓励提携的编辑前辈和朋友们。

厦大不在厦门，亦已内迁到闽西长汀。福州第一次沦陷的消息传来时，榕籍同学们纷纷涌到县电报局，希望尽快接到家人消息。父亲已去南洋，福州家中只剩母亲、生病的弟弟和6岁的小妹妹，焦急的他接连几封航信向父亲告急，并建议让他也前往新加坡挣钱接济家庭。父亲一向对他信任宽容，不久便寄来旅费，并帮他办了新加坡入境证。大二学生刘含怀于是申请休学一学期，踏上前往异国他乡的路途。

启程之前，他特意去了连城，与在亲戚家度假的女友告别。温婉秀丽的女友，是比他小一岁的高中女生吴莹玉。两人的父辈是好友，两年前她随父前来闽清拜访，在刘家祖屋居住了一段时间，恰逢休学回家备考大学的刘含怀，两人竟一见钟情，此后经常接触谈玩，又建立通讯联系。连城之行，更是让默默滋长的情愫陡然升温。尽管内心浓浓的别离愁绪，懂事的女友依然安慰道："反正只请半年的假，早去早归……"

没有想到的是，这一走，竟是整整6年。

三

1941年4月30日，刘杏村抵达南洋之后大约20天，时任中国驻山打根领事馆领事的卓还来，来到诗巫。全面抗战开始后，制空权掌握在日军手里，屡屡遭受的空袭令中方损失惨重；此行他的使命，便是向当地中国侨民介绍国内扩建空军的计划。

血浓于水的爱国爱乡之情,在抗日救国的热浪中展现。海外侨胞捐款捐物、购债、侨汇,还有众多回国抗日的热血青年,演绎了多少可歌可泣的故事,成为中国抗战史上辉煌的一页。所有这一切,在被唤作"新福州"的诗巫全不曾落下。甚至有一种说法,那些离乡背井而来的农民们,原只打算"暂住"在此垦荒挣钱,早晚要回闽清,回古田,回中国的老家,如此,家乡遭难所带来的沉痛更激发出无比强烈的思恋之情,从富商、职员到小贩,他们节省下每一分钱寄回国内支援抗战。

领事卓还来离开诗巫次日,诗巫华侨筹赈会当即发起"献机运动",自5月1日至10月23日共汇出购机款8笔,约50万元。在海外侨胞向祖国捐献的大量飞机中,也翱翔起了"诗巫号"。

诗巫华侨筹赈会,全名"诗巫华侨筹赈祖国伤兵难民委员会",会长是新福州垦场的第二任港主、德高望重的老侨领刘家洙。刘杏村从福州重回诗巫,虽因债务困窘,更重要的也想寻找新机会,与刘家洙合作的海南垦殖计划或可再加推进。那桩大胆的海南开垦设想萌发于1936年,次年作为发起人之一,刘杏村与刘家洙等6人组织了南洋华侨琼崖富华垦殖公司,在海南购地9大片计10万余英亩,并种下树胶200多英亩,成为闽清海外华侨投资开发祖国的先声。可惜,是年抗日战争全面爆发,所种无多即中止。

迟他数月抵达南洋的儿子刘含怀,先到诗巫,与外祖母、父亲会面之后又前往新加坡,那里有更大的天地与机会。爱子心切的父亲写给朋友几封拜托关照的信函,其中一封收信人是原籍福州的李筱英,她曾在诗巫住过一段时间,算是"大福州"老乡。身为新加坡情报部华籍职员的李小姐当时是郁达夫的女朋友,在那儿刘含怀又一次见到心目中的导师。其时郁达夫应新加坡《星洲日报》之聘任副刊《晨星》的编辑,热血依然,是南洋抗日文学的一面旗帜。

文学女神再一次向这个青年招了招手。《晨星》刊发了他的几篇作品,郁达夫并且应允介绍他去报社担任副刊助理编辑,那是1941年的12月初。仅仅过了几天,12月7日,日军偷袭珍珠港,太平洋战争随之爆发。报社缩版,不添新员,助理编辑职位就此泡汤。

1941的凶险仍在继续。12月25日,圣诞节,3小队共9架日军轰炸机将炸弹投掷在诗巫市区，几天后诗巫沦陷。一个多月之后，新加坡亦落入日寇之手。

仍然是仅仅只差几天，刘含怀便将登上返乡的客轮。

下南洋只是父子相商的决定，母亲并不愿意长子远离他乡，再三催促返家。福州已经光复，女友还在期盼，遵母命回国是上策，玩心未泯的他只想再流连几日，没料到战云移行的速度如此之快。

沦陷岁月的噩梦，开始频频沉浮于这对父子的命运之海。

在诗巫，日寇的肃清行动随即开始，按名单缉拿所谓的反日分子。包括刘家洙在内的诗巫华侨筹赈会27位领导人全遭逮捕。因与老侨领走得很近，刘杏村的处境岌岌可危。他买来一大堆命理书籍，关在屋子里，数日不出门。待到推门而出，去须蓄发，模样改变，算起命来亦头头是道。这个算命先生被拘审2次，搜查寓所4次，考试命理2次，终于瞒过日寇，免遭毒手。

比起远在诗巫的父亲，青年刘含怀遭受到的更是有生以来最大的磨难。亲历日军屠杀新加坡华人的"大检证"，险被抓去修筑"死亡铁路"，被当作抗日分子逮捕坐牢关押一年多，5次与死神擦肩而过……但他尽其所能，刻画下许多抵抗侵略者的行动履痕。1944年，出狱后的他和表弟结伴逃离新加坡，来到北马吡叻州实兆远的甘文阁，那是抗日军游击队的活动区域。他冒着风险帮助游击队购买粮食和药品，监视特务和可疑分子，协助居民抗日小组的组织活动等。在那些激情燃烧的岁月中，他没有放下手中之笔，比如编写一些抗日宣传材料和文稿投寄到抗日军油印小报，其中一些素材被编成短剧、说唱，作为演出宣传之用。

岁月艰难，生活依然多彩。在走家串户推销花布的机缘中，"爱大华"黄氏药房的黄太太，看中了这位文才极好来自家乡的大学生，聘请他当女儿的家庭教师，心底下想的是招他入赘。不能说他没有一点动心。热带女郎特有的热情和娇憨散发出迷人的魅力，异国他乡的孤独也努力将他推往黄家温情的港湾。况且他不知道，不知道此生是否还能返回家乡，不知道家乡的姑娘是否还在痴情等待。

日本天皇宣布无条件投降的消息，是在8天之后才得知。那时候他一

个人住在黄家远离人群的胶稻园。捉捕抗日分子风声紧，黄太太小心地将心目中的准女婿窝藏此间。直到那一日，黄家大儿子骑着自行车携喜讯飞驰而来。

中断已久的信息开始流通。日本投降后两个月，父母分别给他来信，方知弟弟已经病逝。母亲的第二封信由三叔代笔，云：吴家小姐，多年别离，仍属意吾儿，而不为左右爱慕者所动，吾儿若未婚，速去信联系，勿失佳人……

他该回家了，带着对黄家小姐的歉疚之意。1947年5月，整整6年之后，刘含怀回到福州。他继续在厦门大学攻读，领到新中国成立后首次颁发的厦大毕业证书。有情人终成眷属，他与痴情美丽的吴家小姐恩爱一生，育有二女。老夫妻分别于1999年和2008年去世，相隔9年。他没有成为文学家或者编辑，一直在银行工作。但他始终珍藏着那些剪贴的作品，那些已经发黄的编辑信函，那是他青少年时期的梦想和激情。

1948年4月，刘杏村以南洋华侨琼崖富华垦殖公司协理名义，偕经理刘家洙和技术人员返国直赴海南岛……叶落归根，他最终的归宿是闽清青山绿水间的祖坟。

四

1969年，在闽清祖屋的塔楼里，一个18岁的回乡女知青，在暗夜的惊恐中搜寻到一大堆书籍报刊，诸如文学名著、《良友》杂志。昏黄油灯下的阅读伴随她度过了多少漫漫长夜，启蒙、开掘着她的心灵。后来她成为福州城里的一名期刊编辑。

她正是刘含怀的二女儿。20世纪80年代初，我大学毕业，分配在省里一家杂志社，和她成为同事。作为一家青年刊物的编辑，女儿反倒成为父亲创作路上的助手，刘含怀成为我所在杂志社的金牌作者。从《月老的报告》开始，退休老人刘含怀以一种令人意想不到的姿态重新出发。青葱岁月的文学憧憬在新时代枯木逢春，开启了他生命的又一个新高度。他撰写了有关青年交友及恋爱婚姻家庭的几十万字文章，出了两部集子。他与老友们一道，编撰了弥足珍贵的《1930—1949福州文坛回忆录》《1930—1949

福州诗与散文选》。他主持的"烟山鹊桥"迎来过许多重要人物视察指导。

关于这个家族的故事，几十年来我耳闻目睹，知晓甚多。当年的女知青如今也退休了，闲暇时她请我帮忙整理祖辈父辈留存下的文档资料。那些笔记、信函、作品剪贴、黑白照片，泛黄却依然清晰，印证着那些久远的传奇，缩影着众多的福州侨商家庭，使我那么真切地看到了他们在时代大背景下的命运沉浮，触摸到他们的奋斗、欢乐与辛酸，和他们对故土无法割舍的眷恋。

还有他们曾经的1941，那一个家国破裂的年代……

世家医术万年珍
·
——林氏正骨家族的故事

王春燕

福州台江步行街附近的农贸市场，熙熙攘攘，人来人往，充溢着浓重的市井气息。农贸市场一座外围建筑的6层，有一间骨伤诊所。70多岁的林子顺医生，退休后节假日仍在这里忙碌着，发挥余热。

林子顺行医几十年，诊治过的骨伤病人自己都数不清，但有一次经历，即使日历泛了黄，也牢牢印刻在他的脑海中，不曾忘却。

那是他十四五岁的事情。在盘屿乡，有位邻居跟人斗嘴打架，手臂骨头错位，来诊所找父亲求诊。父亲查看伤势后，对正在观望的林子顺说："你来接骨吧！"

林子顺自小跟在父亲身边学医，不过独立看诊还是第一次，难免心生胆怯。父亲鼓励道："你先看，有什么问题我再看。"林子顺蜷缩的背挺起来，把邻居受伤的手臂轻轻抬起。父亲随即站到后面，说道："我帮你牵到上面，你来负责接骨。你手按到这里，记住拇指按外面，食指按里面。一按就进去了。"骨头错位，一般都要两个人配合，一人负责牵引，一人负责矫正。林子顺集中精神，按照父亲的指导，一拉一扣，"啪"的一声，接上了。第一次接骨成功，父亲的赞许和信赖为他漫漫行医生涯点燃了最初的信心和温暖。

故事中的父亲，赫赫有名，他便是林家医术的中流砥柱——林如高。林家正骨医术源远流长，他们的故事，还需从头说起……

一

明清时期，福建民风彪悍，历来有械斗风气。福建山多地少，地处偏远，外族躲避战乱迁徙入闽，本地宗族势力密布，争生意、抢地盘、夺田地、占水源等事件频发，造成"无日不斗、无地不斗、无族不斗"的严重社会问题，甚至惊动了朝廷。雍正皇帝还曾颁布过训诫械斗的谕旨，痛心疾首地说："闽省文风颇优，武途更甚……独有风俗强悍一节，为天下所共知，亦天下所共鄙。"福建漳州、泉州等地，械斗尤盛，连当地的县衙都无力管束，只能以收取"斗殴费"的方式进行缓解。福州的械斗虽然不至漳州、泉州那般猖狂，动辄几千人，但争抢资源大打出手的事件也是时有发生。械斗之后必留伤，伤筋动骨者众多，在这样的背景下，治疗骨伤的医者也渐渐壮大起来，甚至形成各自的医术体系。

道光年间，南少林传人铁珠和尚主持高盖山鹤巢寺，其人擅长少林寺功夫和骨伤医术。铁珠和尚医术精湛，厚德仁心，山下村民每有打架斗殴事件，其伤者及家属便会上山叩开寺门求助。

高盖山虽不高，海拔仅202米，却是福州城第二座案山，有三峰九岛之胜。山上有青龙池和桃花溪，山林玉翠，溪声潺潺，各种草药更是隐于山水之间。有一位名叫林达年的后生，经常身背药筐到高盖山上采药。他走遍山野小径、荆棘密丛，疲累时便到鹤巢寺休息，听着禅钟与僧人们交谈。铁珠和尚见他熟谙药草、药理，便收他为俗家弟子，传授医术。林达年聪慧好学，有名师指点又通读历代骨伤经典著作，几年时间过去，既掌握了骨伤医术的精髓，少林功夫也耍得有模有样，以"金狮拳"闻名遐迩。

学成下山后，林达年没有故步自封，而是潜心钻研，还虚心向一位游方老郎中请教骨伤医术。老郎中无子嗣，见他忠厚老实，遂传授伤科医疗经验，并馈赠平生所藏医书。林达年将之与原先所学融会贯通，逐渐形成自家的医术特色，成为福建南少林林氏中医骨科的开创者。

1902年，闽浙总督许应骙在福州跑马场骑马，不慎跌下致左股骨骨折，疼得冷汗直冒，派人请林达年赶来看诊。林达年手法熟练地进行整复，并用小夹板外部固定住。总督疼痛消减大半，很是感激，特备宴席要招待林

达年。林达年抬头看看天色，起身告辞："天色已迟，城门将关，容吾出城。"总督笑道："不必挂虑，宴罢送你回府。"即令城门推迟3个小时关闭。城门关闭延迟，不知所以的居民惊诧莫解，直到看到总督派人护送林达年通过南门兜城门，才明白缘由。此事在福州城迅速传开，"解禁开城门送林达年"成为医界佳话，林达年的名声更加家喻户晓。

林达年育有五子，其中最小的儿子林邦勋诚实厚道，医术精良，深受乡里爱戴。可惜的是，林邦勋屡弱多病，英年早逝，留下林如高、林如阔两个幼子。

林达年痛失爱子，对两个孙儿更是怜悯疼惜。林如高自幼品性纯良，勤于钻研，颇得祖父林达年喜爱。9岁时，林如高便在祖父身边耳濡目染，学习医术。15岁的林如高私塾结业后，更是一门心思地研究骨伤。仅过了一年，便开始独立行医。祖父临终前交给他一个特别诊箱，里面装满珍藏的书稿和秘本。祖父轻抚箱面，语重心长地叮嘱："医道万千，唯德最重，救人一命，胜造七级浮屠。"医术只是技艺，仁心才是根本。

言传必得身教，祖父的行医德术，渗透在日复一日的善行里，这些林如高看在眼里，刻在心里，也融化进骨血里，像他祖父一样践行终生。

二

林如高作为医者，对解剖学研究精深，但研究的方式有些特别。

清明时节，行人们手捧菊花，上山祭祖。人群中，林如高背着药箱匆匆而行，格外显眼。原来，逝者入土为安后，经过四五年甚至十年的时光，有些遗骨会遭到鼠咬虫噬，需捡骨挪坟。本来，拾骨移葬是家族大事，有很多讲究和禁忌，是不喜外人过目的。但是，林如高在乡人心目中已是"神医"，研究骨骼是为了提高医术，救死扶伤，所以很多人家都欣然同意他来帮助移骨。

坟主的儿子或孙子把坟土一一铲开，渐渐露出肌肉腐化后散乱的骨骼。腐臭的气味异常难闻，即使亲人也忍不住掩住口鼻，林如高却欣喜异常，蹲下身子，敬重地把骨头一块块移出来，又按照顺序，在旁侧平整的泥土上一一排列整齐，画图、做笔记并进行测量。遇到有骨折史的骸骨，更是如获至宝，反复观察，与正常骨骼进行比照、记录。最后，他小心翼翼地把遗骨按照顺序放置到罐子里密封好，交给坟主的家人。

林如高根据这个土办法，纠正和完善了祖传骨骼图谱。他还经常带着后代和徒弟一起上山移骨，以最直观的形式让他们熟记人体206块骨头的形状、大小、长短、位置和比例。

林如高自家后院特辟了一处草药圃，种植各种药草，金银花、两面针、榕树须、络石藤、穿山龙、接骨木、桑寄生等郁郁葱葱，院子里常年充溢着草木香。

摘取草药也是有讲究的，四季、气候、颜色甚至时辰不同，药性也会千差万别，需要"慧眼识珠"。而制作中草药更是步步精细，斤斤计较。草药丹、膏、丸、散及酊剂各有各的制法和疗效，对火候、温度、力道、比例都有不同的要求，烦琐又考验耐心。

林如高经常在草药圃和自家药房里忙碌，瓶瓶罐罐摆满桌椅、地面，连下脚的地方都没有。他不仅深谙各种草药的形态、特性和药效，还在祖辈秘方的基础上研发出很多新药方。

此外，他还把气功运用于骨伤疗法，促进断骨愈脊和体力恢复。外治、内调、练功相结合，多位一体，林如高逐渐形成自己的医术理论和体系。

多年的研行和积累，林如高的医术达到很高的境界，是林家正骨医术的开拓者和突出代表。慕名求医者有党和国家领导人，福建省、市领导人，港澳台同胞、海外华侨以及美国、东南亚等国外友人。林如高的名声从小小的盘屿乡传扬到整个中国以及海外。

林如高不仅医术高超，还有高尚的医德。他屡屡对家庭困难的病人伸出援助之手，被世人称为"平民医生""百姓救星"。

三

1949年秋，仓山梅坞米行搬运工郑士妹被两三百斤重的几袋大米压伤大腿，造成大腿骨开放粉碎性骨折，病情危重。60多岁的林如高来不及雇轿子，徒步赶到现场施救。为让他早日康复，还亲自到他家里出诊，光是外敷伤口的"消毒正茶油"就用了10多斤。郑士妹家境贫寒，林如高不收诊金，甚至连茶油和药物也倒贴了。郑士妹大病初愈，骨伤没留下任何后遗症，开始打工，家里的生活也有了着落。他时刻惦记着林如高的救命大恩，攒下一些钱，特意做了一个大牌匾，上书"华佗后身"四字，送到林家。林如高感激他的美意，又担心他的生计，让妻子回屋拿出些钱，说道："匾额我收下，这钱你拿去补养身体。我怎敢以华佗自喻？权当座右铭，以激励自己。"自此，林如高用钱"买"匾额的事情传开，又成了一段佳话。

林如高只收富裕家庭看病的成本费，对于普通村民都是免费义诊。以家为诊所，家里架起七八床简易病床，妻子帮忙看护和做饭，这些也都是免费的。长此以往，入不敷出，在看诊间隙，全家人下田劳作维持生计成了常态。

他在99岁病重期间，还依然坚持接诊。当时，邻村有个80多岁的老太太，名叫林二妹，大腿骨折。她的儿子从邻村赶过来请林如高去看诊。林如高躺在床上，打着吊瓶，身体虚弱。林二妹的儿子看到这般情状，于心不忍，又惦记母亲的身体，愣在屋内不知如何是好。林如高强撑起身体，对他说道："你别急，先回去照看你母亲。我这边收拾一下，一个小时后就会赶到你家！"

林二妹的儿子走后，林如高不顾家人劝阻，硬是把吊瓶拔掉，收拾好药箱，踉踉跄跄地向邻村走去。林子顺听到这个消息，赶在半路追上父亲，看到父亲脸色蜡白，冷汗直冒，不禁心疼道："我可以替你去看诊。你都病成这样了……"林如高的脚步没有停下，说道："我都这把年纪了，还能看多少病人呢？人家特意赶过来求我，我还是要去的。"

从林如高家到林二妹家，往返要6里左右，虽不太远，但对于徒步的林如高来说，每一步都是艰难的。看诊回来后10天，林如高就与世长辞了。在生命的最后时刻，他心里牵挂的始终还是病人。

林子顺回忆道，那时候，交通工具没有现在先进，骨伤病人要去看诊，只能让人抬来抬去，容易发生意外和出血。父亲要求他们到病人家里出诊，以减少病人的二次损伤。他们走遍闽侯、长乐、永泰、福清等地的社区、基层、山区，风雨里磨破了无数双鞋子。为解决当地医疗困境，林如高在罗源县中医院培养了二十几个学生，并成立了专门的骨伤科，包括门诊和住院部。罗源县骨伤科的成立对闽东地区影响很大。此后，培养当地医生、开展就地医疗的模式如雨后春笋，逐渐推广开来。

林如高还打破了"传内不穿外，传男不传女"的家族规矩，医术、秘方全公开，积极培养接班人。到现在为止，林氏正骨医术已经发展到第六代，传人遍及海内外。

四

盘屿乡是林如高的故乡，也是林氏家族根脉所依之处。我走访盘屿乡时，第一站便参观了林如高纪念馆。林如高纪念馆是在林如高故居的基础上建立起来的。它总体保留了故居的原貌，木质房屋，一方小院，几株茶花迎着阳光，开得正艳。

院落墙角旁的草药圃，特别引人注目。它呈长条状紧靠着院墙，里面植满各种草药，蓝色药牌挂在对应位置，上面书写着草药名及功效。草药圃旁边的一间房间，便是药房。一格格的中药小抽屉铺满一面墙，旁侧还摆放着各种瓶瓶罐罐。林如高的看诊桌上放置着一盏台灯、几摞药书、一个笔记本还有一支笔，一切都还是那样鲜活和真实。

参观完林如高纪念馆，我也采访了一些村民。提到林如高，村民都纷纷称赞："他看病都不要钱的！我们村里的老一辈都知道他。以前，长乐、福清还有邻村的都跑来找他看病！"村民的语言非常质朴和实在。虽然林如高已离世多年，但留在世间的名声，还在口口相传。

先前从林子顺先生那里得知，他有个亲侄子，还在乡里行医。沿着旁侧小路一直向前，一个蓝底白字招牌映入眼帘——林信涛中医骨伤科诊所。走进诊所，一个表情严肃的中年医生正在给病人看病。他拿出一个木制支架查看病人腿伤，又取出粉色糊状的骨伤药涂抹在伤处，最后用白色绷带严密缠绕，又开了一些处方药。一系列动作麻利、熟练，毫不拖泥带水。

这间宽敞的诊所，白砖白墙，有些冰冷，但是入口及拐角处放了两株茶花，枝繁叶茂，花香沁人，增添了一抹暖色和温馨。这让我想起林如高故居院落里的茶花，它们或许一脉相连。

林信涛先生把病人都看完后，留有空闲才接受短暂采访。这个诊所内

门走进去便是林信涛的住家，一个大厅，一处小院，干净整洁。大厅里供奉着林氏家族先辈的照片，林如高当然也在其中。谈起祖父，林信涛显得很激动，严肃的神情也变得柔和，眼神里透露出无限思念。他说："爷爷心地非常善良，很疼我们！每次我感冒生病，他都会过来看我。他年纪那么大了，还硬要走过来，叮嘱我吃药……"讲到这里，眼眶竟然还有些湿润。

　　林如高对后辈很严厉，那是因为医术不能怠懈，要为病人严苛自己。但是，作为长辈，林如高对后辈舐犊之情深厚，心里自有柔软的地方。林信涛说，小时候吃完晚饭后，兄弟姐妹经常跟着父亲林子颖、叔叔林子顺散步到爷爷家玩耍。林如高看到孙辈们闹腾的样子，心里欢喜，常常踱步到灶台，掀开锅盖，拿出还热腾腾的点心，分发给他们。月明星稀，蝉鸣蛙叫，一家人坐在院子里，拿着蒲扇，喝着茶水，吃着点心，空气里久久荡漾着热闹、温情的波澜。

家　脉

禾　源

　　家门前的那棵树，不停地落叶，每天总有数片叶子飘到阳台。拾一片，轻轻托在手上，绿色随水分褪去，叶脉如我女儿小时画的一笔笔。叶脉、体脉、家脉只有连体连根，源远流长，才能沐天光吸地气，活在天地间，一旦断根离体，将如这飘落的叶子，渐渐枯萎。

　　打小起，我就从长辈们讲述的一个个故事中，隐隐约约知道自己的家脉。从浙江景宁而来，先居于龙漈境，后又迁到洋头寨。那时候我不知道什么繁华富贵，也不知道山野与大庄的区别，每天粗粮填饱肚子，听听七叔公的故事，过得相当快乐。到了十来岁，会结伙打着手电到祖居地漈下村看电影看戏，才发现这个村比自己村子大，有桥有亭有戏台，还常放电影。开始觉得自己村子小，但还没觉得有什么不好。漈下村一些年纪相仿的孩子，会来欺负我们，可我不怕，总觉得这村子的一切我都有份，像在自己村一样跟他们过招。漈下村的大人见了，总是一句："都是自家人，不能欺负洋头寨的人。"感觉有着姓氏的福荫，怪不得家里的长辈常会唠叨着姓氏的亲缘。

　　时光一天天地行走，在拉长我身影的同时，也把我的骨架拉大，这时乡村成了记忆的原乡，成了人们提起我姓氏时，连根提起的一块土。

　　提起我的姓氏，许多人总要多问一次，而后道出，你这甘氏是少数民族吗？我很少因为这事责怪他们，只体会到这姓氏在当下不足以家喻户晓，就连人数总量也少得可怜，哪能怪别人呢？可我在炎黄子孙寻根拜祖之地的河南新郑，居然生气重责那里的管理人员。我与各个姓氏游客们一样，燃起香，寻找甘氏始祖的香炉，却一直找不到始祖的灵位。招来服务生，

她左寻右找，一样也找不到。我生气了，便说："夏朝时，有诸侯国甘国，商朝时甘盘为相，春秋战国，还有12岁为相的甘罗，就到清朝，我故乡还有官居提督的戍台名将甘国宝。你们居然将这样的一个忠君报国的大姓氏给丢了。"服务生是个小姑娘，大概被我的愤慨炸晕了，呆呆站在我面前，憋不出半句话。

回到车上，坐在身旁的朋友说："平日里，你是一副与世无争的姿态，怎么今天就得理不饶人了？那情形真有点吓人。""哈哈哈，不就是怕你们说，我是从树头洞里钻出来的。"

我感性，本不喜欢思想，但闲下来时，又总会想些事。想村子，想家脉。《说文解字》中有这么一段记述："（甘，）美也。从口含一。一，道也。凡甘之属皆从甘。"可见，甘姓来源于职业。甘姓祖先是上古巫师，以占卜为业，所以说出来的话都是"道"。黄帝战胜炎帝、蚩尤，一统天下后，利用上天赐予的宝鼎，测定日月星辰的运行规律，制作干支；以占卜用的蓍草推算历法，预知节气日辰；按照节气教导百姓播种百谷草木，驯养鸟兽鱼虫。黄帝将掌管天文历法占卜这一重大事务交给第13个儿子，并封他在甘。后来子孙繁衍，以国为姓，是为甘姓祖先，研究天文历法占卜事。

漈下开基祖，自浙江迁出。据家谱记载，是因替朝廷征收的矿银失窃，变卖家产赔偿，破产而迁徙。我大胆推理，此境中逃亡，大概还顶着不可赦免的灭门之罪。大概先祖想着根脉不可绝，因此一路择荒而逃，越偏僻越好，远离官府，远离官道。先祖在甘氏祖训中还重重写下"勿近官胥"的一笔。先祖识天机，深明四季轮换，岁月更序，一切都有变数，只要根脉在，逢春重发，依然枝繁叶茂。当然这只是我不肖的猜测，历史已过去，我这一个山野个偏痞（小孩子）哪知18代前的事？更何况先祖到漈下肇基到我就已21代，历时近600年。可我看到许多甘氏聚族而居的村子，确实都在僻壤处，就如浙江的半路村，福建的罗源甘厝、屏南漈下，都是在大山合围的小山坳里。一些本姓叔、兄也会问为什么我们甘家的每个村子总是安在山旮旯。对于他们的疑问，我抿嘴笑着，得意自己的猜测。后来我读了更多关于甘氏家脉的渊源时，感觉自己的猜测是一个彻头彻尾逃避立论的瞎猜。难道就不可能是祖上有厌世归隐的心态使然吗？太上祖，上知天文，下知地理，智算历法，神能占卜。有书记载："甘德，战国时楚国人（一说是齐国人），中国著名天文学家。经过长期的天象观测，甘德与石申各自写出一部天文学著作。后人把这两部著作结合起来，称为《甘石星经》。"这样察天地、明世理的人的后裔，能不洞察人生吗？远离尘嚣，过自给自足的安宁生活，也许就是最好的选择。在一块块世外桃源地，安身立命也完全合乎情理。

浙江庆元县半路村宗祠重修之际，屏南甘国宝研究会一拨人前去考察。我感觉这时机选得好。从前就听说过，这个村收藏有甘国宝会试时的会魁匾额和一枚甘国宝铁印。也曾有人访问过，可收藏者不轻易让人看，那些无功而返的感叹我曾听过。可今天是宗祠落成，敬宗敬祖，来的人血脉里流淌着同样的家脉之水，同风雨，共荣辱，还有什么不能分享呢？

山阻水隔一路相牵，当年迁徙的遥遥征途，如今只有4个小时的车程，我们6点半从屏南出发，10点多就到了庆元半路村。握手之礼我行了几十年，感受过不同肤质、不同热度，行于礼，止于礼。然而今天与宗亲的手相握，感觉是两只手的重叠，是一种力量的加持，血脉里的血液在添加，浑身温暖。寒暄的话语虽有地域的差异，但感觉是两股溪水的汇合，同一个基调两个声部在合唱。拜过宗亲先祖，共同沐浴会魁之光，掂量过甘国宝铁印的分量，大家聚首翻阅家谱。此时我感觉甘氏曾孙们如一群小仔，一同拱向"家"这个伟大母亲硕大的乳房，"呷呷"地吮吸着乳汁。

我有吸足喝饱的感觉。抬起头，我打了饱嗝，静静地退到旁边，重温起半路村管护家谱的那位宗亲的庄重神情，他抱出家谱一路叨唠，意思不外乎这家谱不可轻举妄动，不是甘氏子孙不能翻阅。直到村委会要翻阅时，他面对那发黄麻布包捆的家谱深深鞠躬，口中念念有词，抬起头大声说："不好意思，我发过咒，若在座有不姓甘的请到楼上喝茶。"他的那双手，在此时不再灵活，那根捆绑的丝线，他一直解不开，四周目光聚在他的那双手上，我感觉那手会被灼伤。解开了，那布绘有图案，写有文字。布并不太旧，只是民国时期的布，一层又一层地包裹，流淌在纸上的家脉仿佛脆弱成襁褓中婴儿。好啊，婴儿虽然脆弱，但最有生机，婴儿的哭声、笑声都是生命中最动人的成长之声。家脉如婴，生机勃勃，福佑自然绵长。甘国宝中进士，当提督，官居一品之位，是家族树粗壮的一枝，就这样的"粗枝大叶"依旧抱守家脉大树，赠会魁匾额，给宗亲一片绿荫。叶落归根就是这家脉的魅力。

一片绿野中，挺立的大树最引人关注，如这块绿地上的一面旗帜，可那些零星小花更加迷人，把草地点缀得无比生动。家脉行走的大地自然有庄稼、树林、花草，家脉行走的村庄自然有三十六行，有俊男、靓女。甘氏先祖题过一对联，这样写的："一飘风外树，双履雨中山。"我想可以这么理解，不管风外风中之树，都是家脉延伸拓展的风景。也因为这风外风中之树相互呼应，才让树木成林。

"望出渤海，源自甘国。"古脉幽幽，新叶翠绿，守住家脉，留得本分，家脉永有生机。

翠旗谷口万松风

壶山客

一

旗山脚下的南屿，北临乌龙江，南傍大樟溪。这片流水冲积而成的平野之上，还有一道溪流迤逦而过。那溪流源自旗山，当地人称为锦溪。"溪水明于锦，层波映不穷。"明代尚书曹学佺的诗句，便是这一得名的生动诠释。早年的锦溪水质极佳，盛产溪蚬，人亦称之为蚬溪。而溪中出产的赤鲤，更是绝美溪鲜，把它与当地所产的笋丝同烹，人称南屿一绝。

2019年11月5日，一辆大型挖掘机与一辆大吊车开到锦溪畔。吊车的长臂向溪底伸去，先后从水里捞上来12块古代旗杆碣。12块旗杆碣，正好拼成六合，可竖立6根旗杆。村里老辈人都记得，旗杆当年就分别竖立在明代进士林春泽与林应亮的居所前。

明正德九年（1514），南屿人林春泽高中进士。初任户部主事，后履职于甘肃宁州、江西吉州、广东肇庆、贵州程蕃等地，官至知府。从林春泽始，锦溪边的林氏家族科第连绵。明嘉靖十一年（1532），林春泽之子林应亮得中进士，先后在浙江、湖南、广西、广东等地任知县、知府、按察使、布政使等职，后升为户部右侍郎。明嘉靖四十四年（1565），林春泽之孙林如楚也进士及第，先后在南京、广东等地任职，后升至工部右侍郎。明崇祯十三年（1640），林如楚之孙亦高中进士，官至太仆寺少卿兼广东布政司参政。一门五代四进士，一时传为佳话。

南屿以锦溪为界，分南北两屿。林春泽中进士之前，他的家乡还称为北屿。当年，与林春泽得中同科进士的还有福州林浦的林炫同，后两人又

同朝为官。某日早朝，皇帝呼"林卿家"，两人竟一同应声趋前。为免于混淆，皇帝按林浦居东、北屿居西的方位，称林炫同为"东林卿家"，林春泽为"西林卿家"。此后，北屿人便改村名为水西林。水，指的就是流过村前的锦溪。绵延不绝的锦溪水也寄寓着他们对家族文运昌盛、福泽绵长的期盼。

一个村庄的名字，因一个人而改变。随之被改变的，还有村庄的面貌。明嘉靖五年（1526），林春泽与其弟林春育在故居旧址建碧山堂。9年后又大兴土木，建成占地达4200平方米的8座民居。八字马头墙，穿斗木结构，门前左右抱鼓石，门楣上方置簪缨，梁桁下雕镂空枋，窗扇内花格图案。郭子仪拜寿、三世宴琼林的故事绘于墙上。数百年过去，这些房子已布满岁月斑痕，有些构件已变形、朽坏甚至消失，但人们依然能从尚存的建筑体中，体味到官宦世家的考究与书香门第的风雅。此后，这里又陆续兴建或重修了狮岩林公祠、水西林氏宗祠、旗峰林公祠、次峰林支祠、人瑞堂，与其他建筑一道，形成长约百米的水西林一条街。在南屿被列为福州开发区的今天，这条古街还是被精心保护起来，并将通过修复改造，成为供人游览的特色文化街区。

二

穿行在水西林古街，也许有人会冒出这样的疑问：虽说数代高官，薪俸不薄，但仅凭那些银两，能盖起那样的一片"豪宅"吗？

在京城任户部主事时，林春泽负责管理通州仓场和临清关税务。临清关被视为北京门户，多少商旅来往于此，林春泽若想从中搜刮，只要稍稍使点脸色，自有银两奉送，可他所采取的措施，却是"宽征疏滞，商旅便行"。边关商贸繁荣了，国家赋税收入增加了，他的个人腰包却没有随着这一肥缺鼓胀起来。此后他升任户部员外郎，负责管理运河北部漕运，想捞点油水，更是易如反掌。他却致力于清除欺诈百姓弊习，并应民之所呼，及时疏浚河道阻塞。上任当年，即完成漕运疏通，来往船只畅行无阻。民感其德，呼之"林佛"。

林春泽最"犯傻"的一件事，便是上书劝阻皇帝南巡。明正德十四年

（1519），29岁的正德帝意欲出宫南巡，朝中百余名官员群起跪谏，龙颜震怒，这些官员各挨廷杖30下，并罚跪午门五天五夜。廷杖之下，11名官员当场死亡或伤发而死。见此情景，朝中官员谁敢再谏？林春泽当时并不在场，获悉后竟上疏千言，为同僚申辩曲直。结果，他成了又一个挨廷杖的官员。

那次廷杖事件之后，林春泽被谪贬，先后辗转于数省的偏远之地。任广东肇庆同知时，高州遭盗寇劫掠，朝廷命林春泽代理高州知府事。林春泽放着已有的官兵旧部不用，竟将他们悉数遣送，另组土著武装前往平寇。平靖盗寇，需要百姓的配合支持，失去民心的官兵，能有几分胜算？然而，放弃旧部的战斗力，无疑会得罪诸多同僚甚至上司，另组土著武装，自然也要冒很大风险。如果输了，必会遭到多方诋毁。林春泽不计个人进退得失，大胆推进既定的平寇方案，终获胜利。盗寇被平，谤声暂息，但他的这种刚直性格，仍给未来的仕途埋下隐患。任贵州程蕃知府时，林春泽致力于选贤才，兴教育，平匪寇，重民生，却招致庸劣之辈的妒忌中伤，终被朝廷予以"候调遣归"。

林春泽之子林应亮，亦以刚直著称。在常德知府任上，面对地多蛮峒、民生困苦之状，林应亮寝食难安。得知当地荣王府官校仗势欺压百姓，林应亮排除干扰，按律执法，核定兵饷，清理邮传，削减不必要开支，并果断惩治不法官吏和兵校，保障百姓安居乐业。其治政之胆识，赢得百姓称誉，亦令曾经不可一世的"地头蛇"荣王慑服，转而配合林应亮施政治境，约束其部下的不法行为。尤为可贵的是，大奸相严嵩任礼部尚书时，林应亮就与他相熟。严嵩炙手可热之时，林应亮并未有任何特别讨好的举动，甚至当场对严嵩用人不当的做法表示反对。那一回，严嵩欲派户部一位官员赴蓟州督饷、练兵，林应亮据理发问："督饷者，督京运乎？民运乎？若二运已有职掌，添官徒增扰耳，兵之不练，其过不在是，即户部侍郎出，何益？"严嵩无言以对，遂罢其议。林应亮的不套近乎，本就令他不快，如此不给面子，更令他怒火中烧。事后，严嵩指使亲信参劾林应亮，林应亮调职南京。林应亮对黑暗官场深感失望，便以父老为由，力请归乡。

林春泽父子分别与大奸臣刘瑾、严嵩同朝，在丑陋不堪的明代官场，

他们如故乡的锦溪水一样不随浊流，坚守清廉。水西林的乡亲们都知道，他们在故乡所盖的楼房，大部分资金来自林春泽的同父异母弟弟林春育，他是当地有名的富商。凭借王阳明巡抚南赣汀漳时的平乱剿匪之功，那时的闽赣商路已无匪盗之患，林春育从江西购粮运至福建出售，并以粮酿酒，兼营酱园。当时名闻南屿的"五和酒店"和"林记酱园店"，均为林春育所开。明嘉靖十四年（1535），林春泽见后楼的祖房已破旧欲倾，遂有拆旧建新之意。与林春泽商量建房事宜时，腰缠万贯的林春育想到哥哥当官数十年，侄子亦当朝为官，一家人名声在外，却没有几间好房子，便主张大部分由他出资，兄弟合力盖几幢大屋。

三

旗山别名翠旗山，起于闽侯上街溪源里，止于南屿水西林。水西林的确切位置，位于发轫于旗山的太平山东麓。今天，在太平山西麓的闽侯三中校园，人们还能看到一片杆粗枝繁的杜松林。那是林春泽当年牵头栽植的。

村里的老辈人说，这片树林的山地原来不是林氏家族的。林春泽当官后，花银两购置它。在这里植树，能挡风挡雨，防止水土流失。树身挺直、木质坚实、耐水抗旱、生命力强的杜松，似乎也寄寓着林春泽为官做人的精神取向。

林春泽"候调遣归"之后，亦生归乡养老之意。那时他还不到60岁，时人说他"方壮而力辞于未及之年，才有余而退托不能而止"。他有着深厚的故土情结，家乡的青山绿水、良田美溪，不时梦中萦绕。更何况已备尝仕途之坎坷，对自己的升降进退，并不会像某些利禄之徒那般耿耿介怀。

告老返乡之后，林春泽在太平山上筑锦溪草堂。太平山，亦名使亭山。"回视峰山之下，诸山逶迤而下，皆如瓜、如匏，而此山之巅坦然如砥，自来不遭兵灾，谓为太平山亦宜。"林春泽所作《使亭山记》，道出他选择此山作为老来养心之地的缘由。想必他最爱的是那"坦然如砥"的山巅，那也是他孤高与坦荡心境的自然写照。

在太平山，林春泽时与当地名士谈古论今，吟诗作赋。客去人散时，常常以书做伴，静心著述，整理旧作。《荃谛》4卷，《人瑞翁集》12卷，《家训》16篇，便是他留给后人的精神遗产。

林春泽在太平山上的建筑，不只是一座锦溪草堂，那里还有"竹斋"与"茂对亭"。山上胜景甚多，林春泽闲步其间，见有佳妙之处，便为之起个雅名。于是，太平山便有了内八景与外八景。内八景为：峨弁石、聚奎石、出云峰、三岛峰、梯云径、五云岗、迁莺林、团柏坞。外八景为：攀萝蹬、鸿渐盘、丹桂崖、烟翠洞、石筠亭、双玉碣、仙碁石、撷芳崖。这些美丽雅致的名字，也让我们窥见一位退休老人特别丰盈的内心世界。

林春泽的足迹并不止于太平山。时人说他身体矫健，至暮年亦精神矍铄。故乡周围的好山好水，不时诱发他的游兴。登旗山，他还留下散文佳作《旗山记》。去溪源宫，便有了律诗《夜游溪源宫》。

水西林街林公祠的正殿，有一块高悬于梁的明代木匾，上书"翠旗衍秀"，那是林春泽83岁时的手迹。四个行楷大字端秀大气，笔力稳健。可以想见，已入暮年的林春泽，朗骨丰神犹在。对林春泽来说，83岁也许还不是他的暮年，他和妻子都活到104岁。幽美的风光，新鲜的空气，山货、水产、稻薯、果蔬俱备的一方水土，使这里成为闻名的"人瑞境"。古时年逾百岁的老人被称为人瑞，可见那时的南屿是个长寿之乡。

明嘉靖四十四年（1565），85岁的林春泽迎来家族的高光时刻。那年，他的孙子林如楚高中进士，皇帝为新科进士举行琼林宴，也邀请林春泽重宴琼林，林应亮其时在京都任高官，自然也要赴宴作陪。虽然林春泽因路途遥远无法赴京，但能获得邀请，便是一份难得的殊荣。三代进士已颇引人瞩目，三世同宴琼林更是世所罕见。那面"三世重宴琼林"的牌匾，至今还高挂在家族的祠堂里。

林春泽一生历经成化、弘治、正德、嘉靖、隆庆、万历六朝，人称六朝大老。百岁高龄时，万历帝颁旨为他建百岁坊。林春泽欣悦之余，赋诗一首。"翠旗谷口万松风，喘息犹存一老翁。"诗的开头，林春泽以旗山上的浩浩松风，反衬自己"喘息犹存"的老境，读来有些黯然。然而，诗句的意蕴似不尽于此。旗山多松，万松之林迎风呼啸，荡动着亘古不变的正风与清风。家山的松林与松风，也是他立身处世的一股精神泉源。太平山麓

的200棵手栽杜松，此刻也已成林。虽然旗山上长的是马尾松，这里种的是杜松，但它们都属松科，也有着相近的特征与品格。"万松"与"百松"上下呼应，在水西林上空频频交响。对林春泽来说，那是陪伴他晚年最悦耳的声音。

<h2 style="text-align:center">四</h2>

林应亮、林如楚致仕后都归乡养老。与林春泽一样，他们也喜欢伴着家乡的松风溪韵，静静地读书写作，而且都有诗文集存世。林应亮著《少峰草堂诗集》，林如楚著《碧麓堂诗文集》16卷。

水西林系唐九牧林后代。宋初，始祖林敬德举家从福州榕屿迁居至此。在宋代，北屿林氏就以科考登第名闻榕郡，林畊"父子八进士"更是传为佳话。据载，水西林科甲最鼎盛、入仕者最多的时期，在宋、明两朝。元、清两朝，水西林氏抱"不食周粟"之气节，耻于应考为官。林如楚之孙林慎在明崇祯年代官居高位，明亡后被清廷留用，回乡祭祖时竟无族人捧场。遭此冷落，林慎自觉无颜，只好举家迁往广东。

林春泽旧宅的最深处，有座玉音楼。民间传说，那是清代林家小姐瑞玉的闺房。林瑞玉当年随父赴京游学，与乾隆六皇子相恋，碍于满汉不通婚，只得郁郁而归，后病逝于此。传说《红楼梦》的宝玉黛玉相恋，就是以此为素材的。说是林瑞玉离京之时，皇太子还赠她一副木刻楹联。细看至今还保存的那副楹联，落款虽为六皇子永瑢，但所赠者却另有他人，联句内容亦与男女情事无关。据此引发出一段男痴女怨的爱情故事，应该是口头文学家们的凭空想象吧。真正发生在玉音楼的故事，倒是与一位男人有关。他是林慎的堂弟林系。清兵入关后，林系决意不事二主，居玉音楼20年，身不下楼，头不剃发，以示不顶清朝天，不踏清朝地。在玉音楼上，林系著《耕稼集》11卷，并绘《耕织图》两幅，请人临摹于墙，告诫子孙后代以耕织为本，不入清朝官场。

20年身不下楼头不剃发，或许有些夸饰，但不入清朝仕途，水西林的子孙大多做到了。官可以不做，日子总得继续。良田青山，可供耕樵；水陆通道，便于商贾。丰富的原产食材，又使这里成为厨师的摇篮。弃儒经商后又改行当厨师的林学榕，用地产笋丝为配料烹制草鱼，首创"凤尾草"名菜。其再传弟子林文挺则是福州聚春园的头牌厨师，尤擅"杂烩汤"，普普通通的几种食材，经他妙手点化，竟成为聚春园的一道招牌菜。

　　直至20世纪50年代，水西林太平山麓的那片杜松林还是200棵。蔚然成林的杜松，引众多白鹭前来搭窝筑巢。夕暮时分，白鹭归林，远远望去，点点如雪花飘扬，人称"杜林飘雪"。从福州搭船过渡的南屿人，在湾边码头就能看到这样的奇观。在他们心头，那是故乡的地标。那片松林所荡起的正气与清风，也给水西林的子孙们以无尽的精神滋养。

铸龙高士

余 暇

高凤岐之死

清光绪三十四年（1908）的一个春日，北京琉璃厂厂甸附近的胡同口围聚着不少看热闹的人。一支官府送泥金帖的报喜队，边敲锣打鼓边大声通报："高凤岐老爷高中，名列榜首。"一位中年人听到通报兴冲冲出门接过泥金帖，捧在手中，仔细看了一遍，喜极而泪下，而后将泥金帖郑重交于身后的另一位中年男子。走在前面的这位是名噪京师的林纾先生，而紧随其后的那位就是高中榜首的福州名士高凤岐，此时正寄寓在好友林纾家中。

高凤岐，字啸桐，出生于1858年，祖籍福建长乐龙门村。清光绪八年（1882），24岁的高凤岐，与林纾、严复、陈衍等闽中学子同科考中举人，他们也因此结为好友。但不知为什么，命运开始捉弄他们。这之后，这几位福州才子在每年的科考中都连连失利，而高凤岐更是屡考屡败，屡败屡考。科考已经成了高凤岐的一块心病。

1908年，对大清帝国来说已是风雨飘摇、大厦将倾的前夜。外有列强虎视眈眈，步步紧逼，内有革命党人的起义此起彼伏，加上各地连年灾荒，民不聊生，内忧外患，各种社会矛盾日益尖锐。朝廷上下各级官员互相掣肘，拿不出治理朝政的有力举措。清廷此时急需治国安邦的人才，而延续千年的科举考试制度早于1905年就迫于社会压力而取消了！

所以，这次御史台的人才选拔考试，可以说是清廷的一次新尝试。

清王朝的御史台相当于现在的国家监察委员会，职责是为朝廷和百姓监察百官。高凤岐认为当下"朝廷病在庶事之不举和言路之不通",自己若能"入台为御史,则日取天下利病,陈之皇帝,兴利除病,以益国家百姓",就可以实现自己"近君谏言"的夙愿。因此,虽然御史官阶不高,仅五品,但高凤岐以"为国言事、兴利除弊"为己任,义无反顾进京应试。

这次御史台的考试题目是论说文二则,其一,《兴学论》,其二,《币制策》。高凤岐对教育改革和振兴经济这两个方面都有过认真的思考和成功的实践,在考场上他从容应对,游刃有余。待到成绩揭晓,果然高中头名。

高凤岐擅长桐城派古文,又颇具维新思想。他曾在福州办学馆"铸龙堂",先后培养出了不少人才。1896年,应杭州知府林启邀请,高凤岐携两个弟弟高而谦、高凤谦(高梦旦)和高足林万里(林白水)一同往杭州协助林启办学,先后整顿改造了传统书院——东城讲舍,创办了三所新式学堂:求是书院、蚕学馆和养正书塾,共同开启了浙江现代教育的帷幕。

1900年,林启知府病逝,高凤岐辞去求是书院总教习一职,到广西桐乡知县方家澍的县衙里作幕。后来被两广总督岑春煊看中,聘为幕府。不久,高凤岐因工作勤奋业绩突出,又被岑春煊推荐任广西梧州知府。高凤岐在知府任上关心民生,推行新政,清义仓、立工厂、兴蚕学、办农林、整学规,视官事如家事,事必躬亲,颇有政声。梧州知府任期届满,高凤岐因劳成疾,辞官到上海家中休养。岑春煊非常看中高凤岐,曾举荐他为桂平道台,被婉辞;1907年岑春煊被调往京城任邮传部尚书,又推荐高任邮传部丞,再次被高凤岐婉拒。

然而,这次御史台侍郎于晦若推荐他参加御史选拔考试,高凤岐却欣然前往应试。

林纾其时在北京五城学堂任总教习,高凤岐到北京应试就住在林纾家里。林纾与高凤岐是非常知心的同年好友,高凤岐性格刚直、行事干练,林纾性格温和、行事随兴。他们不仅相互仰慕,平时常常诗词唱和,还不时书信来往,聚会作文。在几位福州同年同乡好友中,他们两人的感情最深。高凤岐的篆刻功底深厚,深得林纾喜爱。林纾嘱高凤岐为其篆刻墓碑,高凤岐欣然提刀。高凤岐喜爱林纾活泼生动的古文,林纾也应命为其题写碑文。

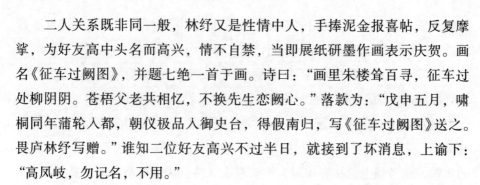

二人关系既非同一般，林纾又是性情中人，手捧泥金报喜帖，反复摩挲，为好友高中头名而高兴，情不自禁，当即展纸研墨作画表示庆贺。画名《征车过阙图》，并题七绝一首于画。诗曰："画里朱楼耸百寻，征车过处柳阴阴。苍梧父老共相忆，不换先生恋阙心。"落款为："戊申五月，啸桐同年蒲轮入都，朝仪极品入御史台，得假南归，写《征车过阙图》送之。畏庐林纾写赠。"谁知二位好友高兴不过半日，就接到了坏消息，上谕下："高凤岐，勿记名，不用。"

这无异于给高凤岐当头一棒。自古以来，无论何种考试，鲜有考中第一而不被记名的。在京闽人名流纷纷为高凤岐不平，统统无济于事。后来得知是权臣袁世凯与岑春煊、于晦若有隙，故而关闭了高凤岐进入御史台的大门。

高凤岐遭此打击，回到上海家中即一病不起。正当暑日，高凤岐日夜长咳，时有咯血，夜不能寐。医生诊断为肺病，高凤岐却拒绝用药。二弟高梦旦其时在上海商务印书馆任职，晨昏陪护左右，他知道兄长患的是心病，就多方通知兄长的各位好友，请他们与兄长用诗词唱酬的方式来加以排解。林纾、严复、陈宝琛、陈衍等闽中好友都纷纷赠诗，表达对高凤岐遭遇的同情与不平。

好友的同情与义愤，虽然给高凤岐带去不少慰藉，但高凤岐的病情反反复复绵延至秋冬仍不见有多大起色，于1909年3月4日在上海抱憾而终。

高凤岐办铸龙堂

高凤岐读书非常刻苦，其诗文在闽都文化人之间多有传诵，尤擅长篆刻，对古文字的研究也颇有心得。由于科考不中，而父亲留下的家底渐渐掏空，且上有高堂需要供奉，下有二位弟弟需要教养，他遂利用居家院落，开办了"铸龙堂"学馆，一边读书备考，一边收徒住读，收取一些束脩来养家糊口。

高凤岐的家在福州北门九彩园小巷的尽头，靠近西湖。那是个三开间的木屋，围在矮墙之内。小院内两株老梅疏朗，数竿青竹摇曳，环境雅静，是个读书的好地方。高先生开馆授业，所开设的课程内容中西兼顾，深受少年学子喜欢。在高先生的悉心教诲下，不出二三年，入学少年的文章书法皆大为精进，学问见识也高人一筹，铸龙堂的名声很快传遍福州城。

高凤岐为自己的学馆起名"铸龙堂"，表达了他立志为国家培养栋梁人才的自信与宏愿。"铸龙堂"果然不负其名，许多学生后来都成为人中之龙，其中就有清末民初著名外交官高而谦，上海商务印书馆编译家高梦旦，中国报业先驱林白水，福建省立图书馆首任馆长黄翼云，孙中山的秘书黄展云，中国现代天文学家、中国天文学会首任会长高鲁。

高凤岐的两个弟弟，都曾跟随他在铸龙堂学习。高而谦毕业于福建马尾船政前学堂第三届制造班，1885年至1891年被马尾船政局派往法国学习国际法学。高而谦从法国回来之后暂居铸龙堂，一边协助长兄教导学生学习法语、官话（普通话）、数学，一边跟着兄长重温科举考试文章。

高而谦获得举人出身之后，于清光绪三十三年（1907）8月，出仕任清政府外务部右参、云南交涉使。宣统元年（1909），任澳门勘界大臣。

在"澳门勘界事件"发生之前，葡萄牙人已经在澳门居住了300年之久。最初，葡萄牙向中国政府租借澳门时，曾签订过条约。该条约虽准许葡萄牙人在澳门居住，但没有划定澳门界址及附属水陆界线，也没有规定葡萄牙人的居留期限。而葡萄牙人在澳门居留之后则一直不断在附近大肆圈地，扩张其势力范围，不仅侵害到大陆居民的利益，而且绘制了比原先租界扩大了30倍范围的地图，向清政府提出了领土以及海域的主权要求，并援引公法称"久占之地，即有主权"。葡人的侵略行径引起广东军民的强烈不满，双方长期纠纷不断。

1908年2月，日本商船"二辰丸"号向中国口岸走私武器被广东官军缉捕。葡萄牙人跳出来，声称日本人停船的地方，是澳门当局管辖的海域，应该将日本船交由他们来处理。葡萄牙还强调所谓澳门属地及相关水域的概念，要求将问题提交给海牙国际法庭来判定，并称将请求英国派军舰到澳门海域进行武装干涉。这引起广东民众的义愤。广东民间相继成立了多个"澳门勘界"组织，广东水师也排舰布兵积极备战，中外报刊媒体对事态的发展也密切关注，不断跟踪报道。"二辰丸"号事件不断发酵，加剧了澳门的紧张局势。

1909年2月，高而谦被清廷紧急任命为澳门勘界大臣，从云南交涉使任上赶到澳门，与葡人展开了关于澳门勘界问题的艰苦谈判。

高而谦曾经在法国学习国际法多年，他一边引经据典据理力争，一边借民意舆情之声势，遏阻了葡方谈判代表咄咄逼人的气势。由于高而谦态度强硬，最后双方同意维持现状，葡方不再提勘界要求。百年之后，在澳门回归问题的谈判上，因为有一系列的历史文件表明澳门是中国的领土，对此葡萄牙没有异议。高而谦当年作为大清帝国的澳门勘界大臣，维护了国家的领土主权，也为澳门的最终回归做出不可磨灭的贡献。

当年一起在铸龙堂学习的还有高凤岐的小弟高凤谦。高凤谦与两位兄长不同，对科举考试没有丝毫兴趣，他一心想编书。编教科书教育少年人，少年强则国强；编文化科普书籍，向大众普及传播中华文化知识，以开启民智拯救中华。高梦旦是他后来自取的名字，据说是希望有一天早上醒来，中国摆脱了列强的欺凌，成为一个崭新的国强民富的国家。梦旦就是他的梦想、他的愿望。高梦旦先是随长兄在铸龙堂学习多年，后来跟随二位兄长往杭州帮助林启知府办学。1900年春，林启与世长辞之后，高梦旦携兄长资金，投资上海商务印书馆，并任编译所所长、出版部部长、董事。高梦旦一生致力于编辑出版事业，在商务印书馆的发展和中国近现代思想启蒙上做出很大的贡献。

高鲁曾经在铸龙堂住读，后考入马尾船政学堂读书，1905年被选派到比利时布鲁塞尔大学学习工科，获工科博士学位。高鲁是一个热诚的爱国者，于1909年参加了孙中山先生的同盟会。1911年辛亥革命之后，34岁的高鲁被孙中山任命为临时政府秘书兼内务部疆理司司长。1912年，民国政府迁都北京，教育部接管了当时清政府的钦天监（即现在的北京古观象台）并改其名为中央观象台，高鲁被教育部总长蔡元培任命为中央观象台台长。高鲁少年时期就对天文学着迷，在巴黎又受到法国著名天文学家弗拉马利翁的天文著作的影响，因而对天文学研究充满热情。

1922年10月30日，中国天文学会在北京中央观象台成功举行成立大会，高鲁任首届会长。

1913年10月，日本在东京召开亚洲各国观象台台长会议，竟邀请法国人创办的上海徐家汇观象台台长劳积勋神父代表中国出席会议。身为中国中央观象台台长的高鲁深感这是中国人的耻辱，于是他以极大的热情在南京紫金山筹建中国自己的大型天文台。1928年4月，中央研究院成立，高鲁被任命为天文研究所首任所长。但不久，国民政府又任命高鲁为中国驻法国公使。高鲁无奈离开自己热爱的工作岗位，推荐时任厦门大学数理系主任的余青松教授接任其工作。

1934年9月1日，紫金山天文台竣工剪彩。高鲁要建造一座世界水平的天文台的夙愿终于在天文研究所第二任所长余青松的任上实现了。1935年5月，紫金山天文台首次发现一颗小行星，国际行星中心按照紫金山天文台的意愿将其命名为"中国"号。

高凤岐与林社

1895年春，高凤岐兄弟以及林纾、陈衍等几位一起结伴前往京城参加科举"会试"。在此期间，和来自全国各地的举子一起参加了"公车上书"，反对政府与日本国签订丧权辱国的《马关条约》。

当年夏天，高凤岐一行在返乡途中经浙江衢州，专程拜访衢州知府林启。林启也是福州人，因为在北京御史任上，上书反对将海军军费挪用修造颐和园而得罪了慈禧太后，被连降三级，外放衢州。林启在衢州任上大展拳脚，一边发展经济，一边办教育。林启比高凤岐年长20多岁，但他们一见如故，相谈甚欢。林启当即邀约高凤岐一行一起到浙江办教育，施展救国抱负。

1896年，林启调任杭州知府。高凤岐率二弟、三弟以及高足林白水一行四人来到杭州一起协助林启办学。高凤岐性格耿直，作风干练，深得林启的信任。他们首先整顿了学风败坏的东城讲舍，后来林纾结束了自己在福州的教学工作，也来到杭州，任改造之后的东城讲舍山长。高凤岐等人协助林启，在浙江巡抚廖寿丰的支持之下，在短短的三四年时间里，先后创建求是书院、杭州蚕学馆和养正书塾，开启了浙江现代教育的帷幕。

1897年正月十五，求是书院开学，林启知府兼总办（校长），高凤岐是汉文总教习，高而谦、高梦旦、林白水都是汉文教习。外文总教习是一名

美国牧师，中文名字叫王令赓。在高凤岐的调度下，汉文教习与外文教习密切配合，求是书院很快走上正轨。1902年，求是书院更名浙江大学堂，为现在浙江大学前身。杭州蚕学馆后更名浙江丝绸学院，为现在浙江理工大学前身。养正书塾，为现在杭州高级中学前身。

1900年4月，经历了"戊戌政变"打击的林启，终因积劳成疾，不治去世，葬于杭州西湖孤山。高凤岐建议并带头捐资，在孤山林启墓旁建林社，祭奠林启。1901年初，林社竣工，正式举办了首届公祭仪式。林社里树立了林启的塑像，挂满了杭州名士吊唁的挽联和悼念诗文。孤山林社的创建，为杭州深厚的文化底蕴增添了浓重一笔。每年农历四月二十四日，林启先生忌辰即为祭日，由求是书院、蚕学馆、养正书塾三校轮值设祭，其他学校学生自动参加，衢州人士也多有参与。祭奠仪式风雨无阻，绵延几十年，直至抗战时期。曾任新中国首任教育部部长的马叙伦先生是养正书塾校友，他在自己的笔记中提道："余为养正书塾学生，故余在杭而逢公祭，虽风雨必往与。"

1909年，高凤岐病逝。杭州人感念其与林启一同开创浙江近现代教育先河，让其亲友们也将高凤岐葬于孤山。后任杭州知府林伯颖发起捐资，树高凤岐线刻画像碑附祀于林社壁间。后来，林伯颖过世，其子林长民也在林社为父亲树碑祭奠。就这样，杭州林社成为许多闽人的祭祀殿堂。

高凤岐的死，在当时北京、江浙和福建的文人朋友圈中引起不小的震动，众友人纷纷来电来函，送来挽联和悼念的文章。这些文字对高凤岐的一生做了全面中肯的评价，表达了当时文人学者对高凤岐早逝的惋惜以及对腐败当局的不满与批判。高梦旦将这些充满感情的文字编辑成册，以告慰仙逝的长兄。许多挽词至今读来仍催人泪下！

> 便司献替，遽以毛鸷为能，公等体矣，岂有鸩人羊叔子；
> 直到弥留，犹祝中兴不远，天乎鉴此，可怜忧国贾长沙。
> ——严复挽梧州知府高啸桐

> 初政正求言失此方闻真可恨；

沉疴犹枉札规吾褊性最相宜。

——陈宝琛挽高啸桐知府

惟其爱国，作无聊感遇文章，不期抗节惊人，入阁靳君簪白笔；
纵我铭幽，亦垂老伤心稿本，既已效忠无地，埋幽听汝就青山。

——林纾挽高凤岐

高凤岐去世之时，其弟高梦旦将噩耗电告正在日本东京学习的好友林白水，嘱林白水为其长兄写作挽联。林白水是高凤岐先生最得意的学生。林白水如约寄回了挽联。

听经溯十五年前，日月悠悠，大难往事长相忆；
闻讣在八千里外，门墙落落，别有伤心未忍言。

——夫子大人灵鉴受业林万里自日本寄挽

与高凤岐最为感情深厚的知交当属林纾。他们生前来往频繁，诗文唱酬很多，高凤岐死后，林纾每年都要写诗作文悼念好友，常常是"旧情潮上如何遣，藏却遗笺更取看"，或者是"尊前还信先生健，地下应知世局难。胜会虽非留影在，国忧到此待谁宽"。悼亡友，忧国难，拳拳之心昭然。有时回忆昔日与好友的美好过往，甚而不能自抑，"怆绝失声还自咽"，如此凡十余年。林纾与高凤岐的交往成为近代文化史上的一段佳话和绝唱。林纾留下许多与高凤岐兄弟、与他的学生有关的轶事和诗文。林纾用自己的如椽之笔，为后人编写了闽都一代名师——福州名士高凤岐的生动传奇。

永远的爱庐

孟丰敏

　　爱庐，位于福州市仓山区康山里1号，建筑时间为1928年。这是一座三层砖木结构的近代建筑，总占地面积186平方米。建造者是刘谦兴（又名刘道岸）。他的父亲是刘孟湜牧师。今法海路观井巷旁的基督教堂原为福建第二大教堂，后由刘孟湜的儿子刘谦安捐巨资改造为刘孟湜牧师纪念堂。

　　刘家祖籍福州市闽侯县南屿乡。1920年，刘谦兴在现马厂街上的对湖街道办事处大楼原址建了一座木结构的柴栏厝式两层楼房。为方便教徒们做礼拜，刘谦兴将自家住房的一楼捐献出来作为教堂使用；二楼为刘家人居住。大家因此称呼他的房子为"球场后礼拜堂"和"球场后聚会处"。

　　"文革"期间，刘家住宅被政府征收作为仓山区算盘厂使用，球场后基督教堂迁往马厂街东段，更名为马厂街基督教堂。20世纪80年代初，废弃的马厂街基督教堂改造为福州市红星服装厂。1996年，在马厂街宜园的隔壁重建福州市马厂街基督教堂。

　　当年的刘家住宅楼被算盘厂征用后，于20世纪90年代拆毁，重建为现在的对湖街道办事处大楼，使用至今。那时刘家住宅楼和建园之间有一条仅容一个人走的小路，通往桃花山（今对湖路）。后来建园面积缩小，将小路拓宽。

　　1928年，刘谦兴因次子刘祁端在上海同德医学院学习，又在今天的康山里1号以医院诊所的结构形式建造了爱庐。爱庐是三层楼三开间的砖木结构楼房。一楼的大厅十分宽敞，每个房间都设扇门，便于房间相通与医患人员走动。爱庐里还有一口常年不干涸的水井，水质极佳。马厂街的居民家里缺水了，都来爱庐取用。

　　1949年，福建省军区在仓山区征集住房使用。刘谦兴主动提供主楼西侧的一排房间作为解放军参谋部，使用了半年多。主楼靠西墙的小屋用作部队的小厨房。为了方便参谋部工作，部队在爱庐里安装了电话。

　　军民鱼水情深，爱庐的后人刘锡安先生记得他小时候，住在爱庐的一位部队张姓参谋长经常抱着他玩耍，逢年过节就带他去部队食堂（现福建师大附中食堂原址）吃饭的情景。张参谋长尤为照顾他。年幼的刘锡安饭量有限，张参谋长就将许多菜装进一个长方形饭盒里让他带回。这个细节让刘锡安先生半个多世纪仍念念不忘，并始终感恩在心。

　　刘谦兴在爱庐居住期间，曾情不自禁地对孙子刘锡安讲述儿子刘祁端为国牺牲的英勇故事。

　　福州3月的春雨淅淅沥沥地打落在青瓦上，瞬间腾起一阵蒙蒙烟雨，笼罩着这栋崭新的三层小楼。它还没有完全建好，建筑的位置有点特别，在一段斜坡上。斜坡的顶端是土质坚硬的山坡，楼的主体便坐落在这坡地上。院子和前厅所处的位置原是农田淤泥地，有些松软。此地似乎不宜建筑，但这里远离喧嚣市区，空气清新，房屋周围是大片大片的茉莉花田和绿油油的蔬菜农田，还有两口大小不一的池塘。从这里往北边的后山走，那里也有一片新式庐院人家，还有英国驻福州领事馆、福州名流社交的乐群楼和做礼拜的石厝教堂，其间距离就几百米的路程。

　　刘谦兴长期在温州和宁波海关工作，中年时为退休后的生活着想，便看中了这风光旖旎的桃花山，购置了马厂街球场后的一块土地，建了一栋两层楼高带庭院的房子。后来儿子刘祁端考上上海同德医学院，考虑其大学毕业后回来开诊所，他又购置了这块半坡的地建三层楼的房子，但由于资金有限，只能以造价低廉的石灰砂浆来砌筑。

　　眼看当天的雨不会停了，而石灰砂浆的材料在下雨天无法施工操作，善良的刘谦兴便叫工人们去休息，暂时停工，说不远处球场后就是自己的家，家中已经备好了姜汤供他们暖身。

　　雨中，刘谦兴仰望着这栋不久即将完工的独栋带庭院的3层三开间小楼，看着大门口门楣上书法家题写的"爱庐"两个字，脸上不由得浮起幸福的笑意。他期盼着儿子学医再过一年，就带着女同学回来完婚，在爱庐里

安居乐业。最近儿子写给他的家书中说,他们将在这共筑爱国、爱家、爱民、悬壶济世、救死扶伤的家与诊所连成一体的美好家园"爱庐"。刘谦兴也觉得"爱庐"这名字真好,充满了真善美,也是他献给儿子的爱。

工人们往他的球场后房子的方向渐渐远去。他也准备走时,忽然收到来信。他匆忙打开,信中夹着的一张照片掉落下来。他捡起一看,顿时目瞪口呆,信上端正地书写着"刘祁端烈士"。这究竟是怎么回事?刘谦兴根本无法接受这个事实。爱庐诊所还在等着刘祁端回来。在读大学的儿子怎么一夜间变成了烈士呢?

1928年,刘谦兴的二儿子刘祁端抱着医学救国的理想考入上海同德医学院。这时刘谦兴因建造房子让经济陷入窘境,刘祁端入学时只能身穿黑襦、长裤、玄袜、布履,形象十分素朴。校工见他这身打扮,有时故意用言语讽刺。他仍泰然自若、面无愠色,令同学钦佩不已。

刘祁端也喜爱文学。同学如有聚会谈论国事,他亦才思敏捷,谈吐犀利,文采斐然,经常一鸣惊人,很快在校内崭露头角,被推举为学生会干事、会计。

1932年,已是上海同德医学院四年级高才生的刘祁端,和一个女同学相恋。两人商量大学毕业后便回福州开诊所。因此,他在给父亲刘谦兴的信中表明,这栋楼是家和诊所连在一起,所以取名"爱庐"。此"爱"是爱国之大爱,也是新婚璧人之恩爱。刘祁端许愿将在爱庐里,和他未来的爱妻一起治病救人,做一个有爱心的大夫;在爱庐里,他们要永远相亲相爱,白头到老。

1932年1月28日,"一·二八"淞沪抗战爆发。日本不断增兵至上海,驻沪十九路军奋起抵抗。中日交战激烈时,中国红十字会组织救护队,进战场救护伤员。刘祁端的校长庞京周带头参加,派学生救护队分赴各战区救护伤兵。心中有大爱的刘祁端怀揣着一个十分崇高的志向:"能举一业以供献于人群,吾愿可杀。"此时正是实现愿望之时,刘祁端以学有专长,报名参加了救护队,任该会第七救护队队长。在此后中日交战的十多天里,日军飞机不断空投炸弹,队员们在枪林弹雨中来回奔波,不遗余力地抢救伤员。

战斗持续了十多天，2月15日上午，战事稍停，红十字会救护队连忙抬着担架前去抢救。刘祁端见战场前沿地带的伤员最多，便举起红十字会的救护旗帜，挺身到最危险的区域。

日兵见状，开枪阻止刘祁端前进。刘祁端的好友见日军枪火十分猛烈，便劝刘祁端缓一缓，并拉住他低声道："来日方长，待之大用时。"

刘祁端看着那些挣扎在生死存亡线上的重伤士兵，大义凛然地说："男儿以身许国，此其时矣。以死报国，死何足惧！"爱国的满腔热血在刘祁端心中沸腾。

刘祁端高举着红十字会救护队的旗帜，像战士一样勇敢地向前。他要让日军见识一下中国男儿的英雄本色。当他终于把这面旗帜插在战场的最前沿，对伤员实施抢救时，日兵突然使用国际法明令禁止使用的达姆弹集中向刘祁端射击。枪林弹雨呼啸而来，刘祁端没有躲闪，表现了以救人为天职的天使形象与医护战士的大无畏精神。

刘祁端愈英勇，日兵愈卑鄙，对着刘祁端连射十多枪，将子弹集中打在刘祁端的左臂、腹部、腿部等处，以此阻止刘祁端救护伤员。刘祁端受伤后动弹不得，日兵生怕这面救护队的旗帜又要重新屹立，追击上前又连补两枪。刘祁端终于倒在了血泊中。

救护队员们赶忙将他送往宝隆医院诊治，但日兵近距离发射的达姆弹毒性很强，已深入刘祁端的体内，造成身体的大面积创伤。当时的医疗条件根本无回天之力。队员们围拢在他身旁气愤不已、泪流满面，但他仍忍着极度的痛苦鼓励队员们要勇敢地前进。战场总要有人身先士卒以鼓励后来者，他以他的牺牲做出了榜样。

医院里的受伤士兵也被刘祁端的崇高爱国精神深深感动，纷纷前来慰问。全国各地红十字会的会员们都对日军侵略、违反国际法、恶意枪杀红十字会会员的做法充满了愤慨。

2月16日，刘祁端体内毒性加重，下午4点气绝身亡。十九路军军长蔡廷锴书写"为国牺牲"四字赠英烈刘祁端。

出殡那天，刘祁端烈士的灵柩从上海新闸路辛家花园出发前，红十字会救护队的总队长王培元率领全体救护队员400多人、海格路红十字会总

医院及各伤兵医院数百人，前来送葬、执绋。上海街头人山人海，百姓自发前来护送刘祁端的灵车前行。上海公共租界各马路街头、要隘处，外国军警及华裔警察看到红十字旗帜所覆之刘祁端灵柩，都按照重礼，口令响起，举枪致敬。一位美军士兵途经看到，立即停车，举手向刘祁端的灵柩敬礼。

两点一刻，灵车安抵西虹桥路万国公墓。在公墓举行祭礼，以慰为国捐躯之忠勇。王培元在现场进行了演讲，情不自禁地声泪俱下。

2月17日《申报》2版专刊《红会队员刘祁端因公殒命》特别报道了刘祁端为国牺牲的事迹。此后，《申报》连续三天发文抗议日军恶意枪杀刘祁端的行径，文章标题分别为《红会救护队刘祁端被日兵射死经过》《中国红十字会战区救护队第七队队长刘祁端，刘柩过处外军示礼》《日军用意险恶》《刘祁端葬万国公墓》《万国红会质问日本何以用毒弹射击华军》《国联调查团今日到沪》《国联决议案》。

报社事后把登载纪念刘祁端的报道和纪念册委托红十字会救护队员送到福州马厂街爱庐的刘家。

对于日军的野蛮行径，国际联盟也严厉告诫日本应按照国际法保护红十字会人员。

在《国联调查团今日到沪》《国联决议案》两篇新闻中提到，国联调查团前来调查时，日方对待国联的态度很强硬，并表示对国联议会决议案，日军没理由承担任何义务。

当上海各界为刘祁端的不幸牺牲沉痛哀悼时，福州马厂街上的爱庐尚未完工。想到儿子为国捐躯，望着原本属于儿子刘祁端的新楼，刘谦兴觉得肩负的建造爱庐的责任更加沉甸甸。

1932年11月26日，同德医学院制作了一份小报。小报上用大字书写："精神不死。"下端有刘祁端烈士遗像一张。遗像旁书："刘祁端烈士追悼会筹备会敬印。"遗像下则书："巍巍男子，岳岳英姿，学业勤攻，素抱大志；外侮突来，同应国难，率队荷戈，横遭逆弹；瞻君遗像，浦水鸣咽，同声一哭，血泪千万。"另附烈士小传，最后一句写道："君曰男儿以身许国，此其时矣，一死报国，死何足惧，果被贼弹而殒命。卒年二十有五，嗟夫！

如君之死而殉国，待君之灵而卫国，同人等齐声而为赞。"

当年，刘谦兴为儿子建造的"爱庐"诊所，刘祁端始终没有机会住过，但"爱庐"之爱之责之义之真之深之阔之切，令人感动和敬佩。

刘谦兴的第六个儿子叫刘祁俊，又名刘克。刘祁俊和刘祁端一样爱国情怀浓烈，他早年报考位于广州的中华民国陆军军官学校（前身为黄埔军校）。军校毕业后，他在杜聿明手下任团参谋。

1941年，杜聿明带领10万精锐中国远征军赴缅作战。刘祁俊随军赴缅。抗战结束回国后，刘祁俊因不满蒋介石发动内战，解甲归田。回福州后便与共产党取得联系，利用国民党军官的身份替共产党购买枪支弹药和医药，一直秘密为共产党做地下工作，直到1949年中华人民共和国成立。土改时期，由于人们对刘祁俊的地下党身份不知情，将其定性为反革命地主。

1986年，经叶飞将军的部下证明、省政府批准，县人民政府认定其为游击队员。这一年，68岁的他终于获得了福建省政府颁发的"五老"人员光荣证。

建造爱庐的刘谦兴怎么也想不到自己的两个儿子竟然拥有一样的崇高爱国情怀，为了革命可以忍受一切艰难困苦甚至冤屈。他们对祖国的大爱不仅深深地烙印在门楣上的"爱庐"二字中，也令马厂街因红色光环而熠熠生辉。

1987年上映的北京电影制片厂拍摄的《望春风》，讲述了台湾人民反抗日本侵略者的战斗故事。当时拍摄组曾到爱庐来取景。该影片中出现的红砖砌的壁炉、圆拱走廊、钢琴和楼梯间的镜头都是爱庐的原来模样。时隔30年，如今室内的情景仍是影片中的模样，只是少了一张沙发和理应靠在上面的人。

人生百年，若能用一座百年建筑见证一段沧桑历史，这样的建筑便是有灵魂的光阴记录者。

双韵楼：林寒碧与徐蕴华

陈　碧

　　林景行（1886—1916），原名昶，号寒碧，字亮奇，福建闽侯人，南后街林家林孝简的儿子，民国时期著名的反袁志士。徐蕴华（1884—1962），字小淑，号双韵，出生于浙江石门城（今桐乡市崇福镇）。徐自华之七妹，7岁能作诗，10岁受学于胞姐自华。她和胞姐徐自华曾被柳亚子誉为"浙西两徐""玉台两妙"。

　　林孝恂入仕后，带领林家人在清末民国代代出风华。他任职于浙江一带，曾三次在石门（崇福）任知县。家族中的子侄随他赴任就学，其中就有儿子林长民、林天民、林觉民和林尹民。林寒碧少年时则在广州。

　　林寒碧出生于福州南后街，9岁时曾同父亲宦游羊城，即通经史、能文章，有神童之称。在广州时遇兴中会革命党人起义，他的姐姐身在城内，他冒着清军矢石，救之出险，人口传唱。13岁到沪，就读于上海圣约翰学塾。1902年17岁留学日本中央大学攻读政治经济学。在日本期间，参与反清革命活动。

　　辛亥革命前夕，林寒碧学成归国，奔走戎马，不辞劳瘁，在革命队伍中颇有声誉。民国时，宋教仁出任农林总长，礼聘寒碧为秘书，寒碧成了宋教仁的左右手，并被推为众议院秘书。

　　宋教仁被刺后，身为众议院秘书的林寒碧遭袁世凯政府追捕，不得不离开上海避祸。先是赴北京，继而避难辽东，在奉天兴华书院主讲日文，并自习德语，游学欧洲。

　　1915年袁世凯称帝。林寒碧是坚定的反袁分子，经常在报上发表激烈的反袁言论。夏，徐蕴华带着5岁的女儿林惠随寒碧赴辽东沈阳附近的本溪湖避难，过了近一年清苦的生活。

1916年袁世凯称帝失败，林寒碧始返沪杭。返回上海后，出任《时事新报》总编辑，以笔为戈讨伐袁氏，抨击军阀。主笔三个月，著文30多篇。其间还约同乡林庚白等人撰写时评。8月7日夜，寒碧从报馆外出赴挚友梁启超之约，在静安寺路马霍路口被英国人克明的汽车撞死。当时，他的大女儿林惠7岁，小女儿林隐（字北丽）出生才17天。

林寒碧去世后，《民国日报》等有悼念诗文载诸报端，有记者还撰写长文《记林寒碧先生之惨死》。李拔可（曾为林旭收尸）是他的中表亲，本拟为之刊《双韵楼》，但是，出版社认为生者与死者不宜合刊，所以独为他刊了《寒碧诗》。

林寒碧去世时年仅31岁，短暂的一生紧紧与革命相连。尤其是他的夫人徐蕴华也是一位革命者，他们的结合本身就极具反封建意味。

徐蕴华的词作中有赠别堂兄林长民的《满庭芳》："休忧路长远……此去乘风破浪，卜他日，事业千秋。"另有《水调歌头·和林宗孟词人观菊》："冷眼严霜威逼，回首群芳偏让，比隐逸高流。"及《浪淘沙·和宗孟词人忆旧感事》："蒿目感苍生，漫赋闲情。"反映时代，抒写时情。

林寒碧在日本与鉴湖女侠秋瑾曾为同学。徐自华与秋瑾是密友，妹妹徐蕴华则是秋瑾的学生。秋瑾为徐家姐妹革命道路的指引人。1906年，秋瑾曾写诗《赠女弟子徐小淑和韵》："素笺一幅忽相遗，字字簪花见俊姿。丽句天生谢道韫，史才人目汉班姬。愧无秦聂英雄骨，有负阳春绝妙辞。我欲期群为女杰，黄龙饮罢共吟诗。"鼓励徐蕴华要做个女杰——走出闺房，争取男女平等，投身革命活动。徐蕴华听从指导，一改诗风，有了更强的政治意识。如在其后的《吊璇卿（秋瑾）先生》中有"欲除奴性酬斯志，甘作牺牲不辩言""大抵英雄皆热性，断无家国不关情"等句。在秋瑾影响之下，徐氏姐妹加入了同盟会，其后，徐蕴华还加入了光复会。秋瑾创办《中国女报》时写道："欲结二万万大团体于一致，通全国女界声息于朝夕，为女界之总机关，使我女子生机活泼，精神奋飞，绝尘而奔，以速进于大光明世界，为醒狮之前驱，为文明之先导，为迷津筏，为暗室灯，使我中国女界中放一光明灿烂之异彩，使全球人种惊心夺目，拍手而欢呼，无量愿力请以此

报创。"秋瑾原预定集股万元，办报印书，但只征得股款数百，徐氏姐妹慷慨捐资1500元。

清光绪三十三年（1907），徐蕴华在秋瑾沪居处，得识林寒碧。林寒碧个子高挑，容貌清秀，才思敏捷，性情温和，给秋瑾和徐蕴华留下了很好的印象。秋瑾悄悄地对蕴华说："可妻也。"郑逸梅在《南社丛谈》中记载了徐、林二人由吴江陈去病（蕴华之师）做媒的事情。"当石门徐自华、徐小淑姊妹追悼秋瑾于杭州，陈巢南（去病）前往参加，这时寒碧才弱冠，巢南见其温文尔雅，识为奇才，而小淑为巢南女弟子，便由巢南做媒，成为佳偶。"此事在陈去病《林亮奇哀词并序》文中得到印证："戊申初春，余自沪入越，道出杭州，值寄尘、小淑追悼璇卿秋氏与湖上，余往莅焉，始识亮奇于宾座……并为委禽于小淑，作蹇修焉。"

1907年7月15日，秋瑾蒙难后，姐妹俩风雨渡钱塘，义葬秋瑾，士林传为佳话。1908年冬季，清御史常徽奏请削平秋瑾墓，同时参奏吴芝瑛与徐自华为秋瑾余党。清廷准之，勒令迁墓，并通缉吴女士与徐自华。自华避居沪上日侨丸乔医院半年。当时妹妹蕴华在爱国女学读书，浙江巡抚增韫就近问及仁和县令林孝恂。林孝恂曾任石门知县6年，以"徐自华妇人之仁，物伤其类（指浔溪同事），徐蕴华是女孩子，少不懂事，盲目附从"答之。吴女士又运动两江总督端方。一场风波，方才平息。秋瑾的精神激励了后来的革命者，在她逝世4年后，辛亥革命爆发。

族兄林长民曾被称为"名教叛徒"，但其实他的婚姻还是合乎封建旧道德要求的。林寒碧与徐蕴华的结合则更显叛逆。因徐氏姐妹对于"革命"的热心与积极，林家虽同情，但对家族中将有这样的儿媳颇为排拒，认为她不符合林家长媳要求。林、徐的女儿林北丽在《二十七年的旅程》文中写道："他们俩自友谊而恋爱，在父亲22岁的时候，他接受了母亲'不效劳清廷，决不做官'的条件和母亲结了婚，这是对祖父一个致命的打击，母亲不但夺取了他的儿子，并且毁掉了继承他传统政治生命幻想的对象。"虽然林家反对，林、徐二人还是在清宣统元年（1909）春结婚，徐蕴华也在这年秋天加入了南社。

林寒碧去世后，徐蕴华曾为国民党杭县党部妇女部长，守节终身。她曾作诗明志："梅花手植已无存，松柏常青覆墓门。今夜迟明天有意，要留凉月葬诗魂。"有《双韵楼诗稿》传世。1995年学者周永珍为诗人夫妻辑《徐蕴华、林寒碧诗文合集》。

沈绍安家族与福州脱胎漆器

闽　文

　　明末清初，中国漆器产业重心由江南转移至福建地区，福州一跃而成中国漆器工业的中心。为什么会发生这种转移呢？

　　一方面是明清漆器产业在品种、技法上趋于单一化，而同时期（幕府晚期，也叫江户时期）的日本漆工艺产业，在规模与技术上，已经明显超越中国。在京师和东南、湖广地区，"倭制"漆器已成为漆器市场上最时髦的抢手货。因此，从明代起，大批的中国南方漆器工匠负笈东渡，前往日本学习漆艺。而最先留学东洋的基本都是福州市的工匠，他们大多是来自福州城里漆器作坊的世家子弟。

　　另一方面，福州的沈氏家族的崛起对中国近代漆器产业的发展做出了重大贡献。以沈氏家族为核心的福州漆器产业引领了中国漆器工业的又一次发展高潮。

　　对于以手工生产方式为主的古代制造业，新技术的不断发明和老技术的保存延续，都是关乎生死存亡的。有时候一两种新技术的发明，可能促成产业的巨大变化和重大转向。元明时期数百年的技法单一化，使原本一直领导漆工艺进步潮流的中国漆艺术，在明末清初时期已经明显落后于江户时期崛起的日本漆艺。单就创新技术而言，明末清初时期中国漆器产业实在是乏善可陈，不但逐渐失去了原有技术领先的高度（剔犀类、戗金类、彰髹类等），而且在图案、造型上远不及东洋、南洋漆器的新颖，加上海外其他种类器物的商业竞争，中国传统漆器产业的影响力更加萎缩。许多一流的从业工匠都选择了转行和出走。

　　福州沈绍安家族出现的年代，正是中国漆器产业貌似繁荣，实质上已病入膏肓的时期。由于元、明朝廷对于雕漆器具的偏好，中国南北各地的漆器在几百年内几乎被"剔红""剔黑""剔犀"等雕漆类产品一统天下。从明中期的中国第一部漆工艺技术专著《髹饰录》中我们不难看出，代表中国传统漆工艺的四项当家技术——汉夹纻、唐平脱、宋素髹、元雕漆，在当时仅仅剩下雕漆类一项硕果仅存。在当时产业中心地区的江浙等地，中国传统漆工艺的主要技术大部分已经丧失殆尽，只剩下雕漆、戗金等屈指可数的一两项优势技术了。

沈绍安脱胎漆器的发明，为中断多年的中国传统漆艺接续了香火。沈绍安本身从事油漆行业，为别人漆家具、房屋，淡季时，他就买些木刻人物原坯，涂漆上色后出售，这是沈绍安漆器的雏形。后来他改营漆器，但仍然留在油漆行业公会，以示不忘祖业。一日，他在一座寺庙里发现大门的匾额，虽然木头已经腐烂，但是用漆灰和麻布裱褙的底胚却完好无损。沈绍安大受启发，回家后不断琢磨试验，发明了别具一格的脱胎漆器技艺。这一技法与六朝时盛行的夹纻法有异曲同工之妙。

六朝时，佛教处于鼎盛，大量的佛像塑造上色都采用夹纻技法，但唐武宗灭佛，使得这一技法失传。几百年后，竟然由沈绍安从一块寺庙的匾额当中窥见奥妙，不能说不是一种机缘。沈绍安的灵光乍现，使得失传已久的汉代"夹纻"技法被还原。不仅如此，沈绍安还加以创新，发展出了福州"脱胎漆器"，其本人被尊称为福州"脱胎漆器"的鼻祖。

沈绍安家族对中国漆工艺传统延续的贡献，除了恢复汉代"夹纻"技法以外，还有"薄料髹涂"手法。前者是漆器坯骨制作上的重大突破，后者是表层纹饰的重大突破。

中国古代将以漆漆物称之为"髹"，髹漆即以漆涂刷于各种胎骨制成的器物上。沈绍安发明"薄料髹涂"手法，对于颜料的制作和上色的技法有所独创。他在调好的半透明清漆中加入适量金银粉，用纱布挤压过滤，使得颜料细腻均匀，同时在髹刷干固后，呈现出梦幻般的晶莹效果。另外，他放弃用毛刷刷涂上色的方法，而是用手指直接蘸取颜料，涂抹于底料之上，力度把握更加准确，厚薄更加均匀，颜色也更自然。"薄料髹涂"的整理和再发明使得大批量的漆器生产成为可能，而且诱发了传统漆工艺向其他更

广泛、更实用的领域的开发、拓展。"薄料髹涂"也作为现代中国漆画的一种不可或缺的绘制手法，为日后福州成为现代中国漆画之摇篮，提供了重要的条件。

沈绍安家族整理、创新的"脱胎漆器"，一经面世，便赢得了极大的声誉和压倒性的市场份额。它的出现，不但打破了当时的日本漆器独霸海内外市场的局面，为中国漆器产业争得了一席之地，也使福州迅速成为中国新型漆器的中心，并逐渐成为近现代漆器产业的"龙头基地"。此后，沈家后人英才辈出。"脱胎漆器"的成器技术日臻完善。

从晚清至抗战爆发的40多年，是沈绍安脱胎漆器兴盛、辉煌的时期。清光绪二十四年（1890），沈绍安嫡系第四代沈允中的长子沈正镐首次向著名的"新世纪巴黎国际博览会"送作品参展，即获金牌。自此，沈氏漆器开始向全世界展现风采。

清光绪六年（1880），沈正镐在福州双抛桥老铺成立沈绍安正记（也称镐记）漆器行，招收手艺人，雇佣帮工学徒，扩大了沈家漆器手工业工场的规模。清光绪三十一年（1905），沈家漆器进贡清朝宫廷，深得好评，沈正镐被清政府授予四等商勋、五品顶戴。其祖沈绍安也名列闽侯县志。宣统二年（1910），沈正镐参加了在南京三牌楼举办的"南洋劝业会"，获清政府农工商部颁发的头等商勋，赏加四品顶戴。

沈正镐的四弟沈正恂，清光绪二十七年（1901）在宫巷，立号开业，号沈绍安恂记。清光绪三十一年（1905），沈正恂与兄长沈正镐一起被授予四等商勋、五品顶戴。清宣统二年（1910），与兄长沈正镐一起被授予一等商勋、四品顶戴，并于美国圣路易斯博览会、意大利都灵博览会上再获金牌。

沈正镐、沈正恂的堂弟沈正恌（字幼兰），早年在沈正恂的"恂记"学艺，全面继承了沈绍安漆艺技法，深受沈正恂器重。其从事漆器的时间最长，成就最大。1915年，沈幼兰在福州仓前路开设沈绍安"兰记"漆器店，由于他经营有方，一跃成为福州漆器店龙头。

由于沈家内部纷纷加记开业，加上向社会招收技工和学徒，沈氏漆艺慢慢流入社会，无形中打破了祖上"传内不传外"的家规。当时福州市场上甚至出现了外姓人开设的胜绍安、新绍安、广绍安、枕绍安等多家漆器店。

沈家漆器屡次参加国际博览会，均获嘉奖，声名远播，也惊动了清廷。清政府对沈正镐、沈正恂兄弟的嘉奖进一步刺激了福州漆器行业的发展。福州脱胎漆器成为大宗出口商品，据卢世廷《福建经济地理》记载，漆器出口总值从清光绪三十一年（1905）的10521元增长到清宣统二年（1910）的31541元。

新中国成立初期，福州脱胎漆器业一片萧条，党和政府及时采取措施抢救、恢复。沈氏后代再次得到了充分发挥技艺的机会。沈正镐子女沈德铭、沈忠英把沈家精品《竹根瓶》《荷叶瓶》《提篮观音》——福州脱胎漆器"三宝"，无偿献给福建省博物馆，沈幼兰也主动提出"公私合营"。1952年，以"兰记"为班底成立了公私合营的福州脱胎漆器公司（福州第二脱胎漆器厂前身）。1956年，沈幼兰、沈忠英进入新成立的福州工艺美术研究所，继续发挥自己的余热。

张秋舫：引领福州商界一代风骚

文　净

　　追溯福州乃至福建的商贸历史脉络，上下杭无疑是重要的一站。位于上杭路100号的魁星楼，至今还保持着昔日的格局。那是当年的福州商会会址，是上下杭商贸沧桑起伏的历史见证。

　　成立于1905年的福州商会，是一个提供商业资讯、仲裁商贸纠纷、协调商帮内部争议与矛盾的民间自治机构。在商帮会馆林立、巨商富贾云集的上下杭，商会会长无疑是一个众所瞩目的岗位。被公推为第一任会长的，便是当时福州的第一富商张秋舫。

卓越的经商才略

　　张秋舫出生于亦儒亦商的商业世家。此前的几代人虽以经商谋生，但生意并无多大扩展。生于清道光二十年（1840）的张秋舫，未及弱冠就接手祖业。那时，开埠之后的上海已成为日益繁荣的著名商业都市，年轻的张秋舫从中发现巨大的商机，决定通过开拓榕沪之间的贸易，跳出既有的经营格局，扩展自己的商业版图。

　　张秋舫最初从事的是京果生意。他采办福建土特产水运到上海，再运回京果在福州出售。京果原指当时北平、天津、山东等地出产的货物，自20世纪初起，京果的货源地已超过北平及周边省份，延至江苏、浙江、四川等地。经营京果除了需要投入大笔资金，还要获悉各种商品的供销信息，协调从采购、运输到出售的一系列环节，可谓费神费力。以经营京果起步，体现了张秋舫远大的商业抱负。

　　当时的福州，"旧历正月人家需用京果之货尤多。正月故俗拜年，则瓜子一物家家必备；而糖料及嫩饼点心，亦人人必买"，故"每逢旧历年节期至，京果店置货尤忙"。"其余大吉日、婚嫁办喜事送礼，则京果居一大部分。礼饼一物本为吾闽特式，大如小盆、每重斤零，此种多由京果接受制造。人家以分亲友，或以现饼或以饼票"。由于当时福州及周边地区对京果的需求旺盛，张秋舫的生意做得风生水起。

1910年起，张秋舫一边购置货运船，扩大水上货运业务，一边在福州开办迈罗罐头厂，把福建的荔枝、龙眼、冬笋等土特产加工成罐头，运往上海销售。随着经营范围的扩大，张秋舫的商业触角不断向新的领域扩展，先后开设了厚坤、厚余两家钱庄。他在厚坤钱庄发行"台伏票"，"台"指的是台江，"伏"是"佛"的福州话同音，指当时流通的有佛头图饰的外国银圆。作为一种以票换票、不能兑现的票币，台伏票以携带方便、利于流通的特点，一度在缓解市场银圆短缺、繁荣市场经济方面发挥明显作用。随后，张秋舫家族涉足当铺、布行、绸缎店、百货行、照相馆等行业，各种商行达20多家，张秋舫也成为福州商人之首富。

福州商会的启航者

张秋舫祖籍四川绵竹，系南宋高宗朝丞相张浚的后裔。迁居福州的这一脉张氏后人，虽然多以经商为生，但在那个官本位的年代，为了在商业上获得较多的话语权，他们对官场的动向也不可能不在意。张秋舫生意发达之后，曾通过捐官的途径，先后被朝廷封为荣禄大夫，诰授资政大夫、赏戴花翎，户部郎中加五级，特请二品封典、荣封三代。亦官亦商的身份，为他的人生赢得了更多的周旋空间。

张秋舫与榕籍京官陈璧交谊甚深。出生于闽侯南通的陈璧，官至尚书兼参预政务大臣，在财经、邮传、铁路、铸币等领域多有建树，且以反对守旧、力主革新著称。这位朝廷高官不仅给张秋舫的商贸业务提供帮助，还以他的丰富学识启悟了张秋舫的经营思路。后来，张秋舫的长子娶陈璧之女为妻，两家结为姻亲。

1903年，清政府成立商部，重视并促进商业发展。为维护营商环境，"保商情，通商利，有联络而无倾轧，有信义而无诈虞"，鼓励各地设立商会。

当时常驻在上海的张秋舫便与旅沪商人罗金城、李郁斋等人商议，并返榕联合福州商帮人士，于1905年成立"福州商务总会"。张秋舫以其无可争议的条件，成为福州商务总会第一届总理（后改称会长）。1911年，张秋舫代表商务总会以白银11350两购买房屋，把原设在下杭的会址迁至上杭街。依彩气山而建的新会址，是以魁星楼（八角亭）为核心的园林建筑群。100多年前的上下杭虽然店铺毗连，但没有遮眼的高楼，从魁星楼上纵目远望，可见闽江翠带环腰，更远处，高盖山、五虎山前后相叠，翠色如屏。商会选此风光殊胜之地为办公地点，可谓慧眼独具。

当时，福州全市的商店有15000多家。商务总会的45名会员，是来自福州、兴化、福宁、延平、建宁、邵武、汀州等地的商户代表。作为福州的首届商会，又是在全国较早成立的地方商会，在没有先例可循的情况下，商会既要开展相关的调查摸底，制定诸多行规与制度，探索可行的管理模式，又要凝聚各商帮力量，维护商界共同利益，交流分享信息，协调各种矛盾，事务相当繁杂。张秋舫以过人的精力与协调能力处理各项事务，使新成立的商会发挥突出的作用，也为商会的未来发展打下坚实基础。在维护商会日常运作的同时，他还积极参与当时的一些重要活动，为维护民族权益、保护商人利益勇担道义。

福州商务总会成立不久，就响应上海总商会的号召，制定福州商界抵制美货的八条公约，组织商人抵制美货，保护民族工商业发展。

1906年，林则徐的嫡曾孙林炳章返乡开展禁烟去毒活动，丁忧在家的清代名臣陈宝琛也加入禁烟行列。福州商会积极响应，张秋舫、罗勉侯、李郁斋参与陈宝琛、林炳章发起成立的"福建去毒社"，发动商家为禁毒活动募集经费，勒令土膏行、烟馆改业，打击售毒的洋商、奸商。不到一年，福州的吸毒现象得到有效遏制。民众敲锣打鼓，抬着缉获的烟土、烟具列队游行，并在仓前山海关埕销毁鸦片，现场人山人海，在场观众深受教育，产生了良好的社会效应。

1907年，法商魏池拐骗闽工1825人，拟送往巴拿马运河做苦工。福州的工人、店员及爱国士绅、官员于2月23日召开"同胞救援会"，制定救援措施。福州商务总会致电厦门商会，联络厦门工人、店员和商界共同救援，截获了企图从厦门出港的船只，解救了被拐骗的闽工。

张秋舫在商务总会会长的岗位上连任两届。以他为领军人物的福州商务总会，为福州商贸领域的联合自治做了大量开拓性的工作。上下杭能成为福州的商业中心与闽商的发祥地，张秋舫功不可没。

热心教育文化事业

魁星是中国古代星宿名称，传说主宰文运。福州商会的所在地，供奉的竟是一尊魁星踢斗神像。魁星楼楼底有个边门，墙上嵌着一副对联："林花著雨胭脂湿，水荇牵风翠带长。"联句出自杜甫的《曲江对雨》，其间所洋溢的风雅与灵动，显然与"在商言商"的氛围不符。

其实，魁星楼的二层便是商圈学子读书地方。张秋舫幼年在自家私塾攻读诗书经文，对文化的传承与发展格外重视。他家的第四进花亭就设有私塾，聘请教师为子孙教习汉文、英文和算学，亲友子弟若有意来此就学，一律给予免费。民国初年，张秋舫任福州慈善社社长，更加致力于社会公益，尤为重视教育。在近代教育事业逐渐兴起的新形势下，张秋舫敏锐地意识到新式学堂对培养人才的重要作用，与罗筱坡等人出巨资在大庙山创办商立小学堂，聘请学界知名人士汪涵川为首任校长。这座学校后来又增办中学，校名亦几经更改，至1950年获准增办高中，命名为"私立福商中学"，发展成完全中学。1952年私立福商中学收归公办，改名为福州市第四中学，目前是福建省重点中学，亦是台江区教学质量最好的一所中学。

福州万寿桥北岸，至今还屹立着一座民国气息浓厚的红砖大楼。那是由著名爱国侨领黄乃裳捐款购置地皮，张秋舫、罗筱坡等富商捐款建设的福州青年会。青年会大楼分为前楼与后楼。前楼3层，右边二至三层为青年会的教室和学生宿舍，一层为西餐厅、学生会部、理发厅和淋浴室；左边一层为总干事办公室、女青年会部、会议室、电影院；后楼4层，地下室为游泳池，中间是大舞厅，楼上还有图书馆和阅览室、乒乓球室、室内灯光篮排球两用场、台球厅。虽然大门口的青石碑刻的是"基督教青年会"，但社会各界青年均可入内参加活动。在当时的福州，这座集教学、阅览、研讨、交谊、锻炼、娱乐于一体的大楼，建筑考究，设施先进，可谓得风气之先。

美国著名教育家杜威访问福州期间，在青年会讲演6次。著名作家郁达夫曾在青年会寓居半年之久，此后又在青年会发表《中国新文学展望》公开讲演。女作家庐隐是这家会所的常客，她的散文提到在青年会看无声电影的往事。作为传播先进科学知识与文明生活理念的平台，青年会对新一代福州人的成长与发展产生了重要影响。

1915年，享年75岁的张秋舫辞世，那时张氏家族的商业生意已呈颓势，但本省的知名人士、社会团体及诸多亲朋好友纷纷前来吊唁，人流三日不绝。出葬那天，送殡人数达3000多人。能获得这样的哀荣，与他在社会公益方面所做的突出贡献是分不开的。

商业家族曲终人散

张秋舫经商致富之后，与弟弟张幼亭默契配合，共同经营庞大的家族生意。两兄弟始终没有分家，关系相当融洽，两兄弟的子孙成年后多在家族的各家商号从事经营管理。晚年的张秋舫回老宅养老，把所有经营活动交由他们的后代管理。十几年后，张氏家族的生意出现颓势，渐渐淡出上层商业圈。20多家企业到后来所剩无几，勉力维持的迈罗罐头厂、西来家具厂、宜华照相馆后来由张秋舫长子张星甫接手经营，生意亦日益惨淡。张幼亭之子张叔恭在上杭街开设了一家茶行，生意亦不甚红火。

盛极一时的家族生意出现这样的局面，与家族后代人心不齐、经营谋略失当有关。张秋舫兄弟两人没有分家，两家拧在一起合力经营，固然有凝聚力量、取长补短的作用，但随着子孙的增多，吃大锅饭的现象难免导致有人不思进取，贪恋安逸，挥霍奢侈。张氏的大多数企业都聘请掌盘，这种类似今天职业经理的角色，本来有利于谋划与经营，但由于张氏子孙对他们过于依赖，导致自我商业历练不够，决策能力偏弱，加上所聘的个别掌盘心术不正，借机从中营私，加剧了企业的衰落。当然，这只是导致衰落的内因。中国民族工商业的兴衰成败，说到底摆脱不了社会环境的制约，特别是抗日战争全面爆发后，闽江口被封锁，由福州通往上海、天津等地的水路交通中断，商品流通受阻，金融业务几近崩溃，本就经营不顺的张氏家族更是雪上加霜。

风光一时的商业家族雄风不再，但也不是从此毫无声息。20世纪30年代，张秋舫的侄孙、厦门大华轮船公司经理张顺凡捕捉到中国运输事业面临的商机，回到福州出任福州和记洋行副经理及美国福特汽车公司福建经理处经理，不久又自己创办了福达汽车公司，经营与航空业务相关联的业务。张顺凡开辟了自上海经温州、福州、厦门、汕头至广州的水上航空运输航线，在航路沿线没有对应陆地机场的情况下，他只能利用海面或内河设置飞机停泊点，这就需要配备相应的水上飞机、专用汽车与接送船只，建造水面浮站，落实因特殊情况需要安排乘客住宿的旅店，事务千头万绪，非能力过人者难以胜任。在80多年前的福州，张顺凡的胆识与勇气令人赞叹，他也因此被誉为"福州航空运输第一人"。同时，张顺凡与当地商界及相关人士共同发起成立福州扶轮社。扶轮社是当时流行于国际商业社会的交流组织，福州扶轮社作为国际扶轮社的成员，经常开展相关的商业交流与专家演讲活动，还发动社友捐款资助公益事业，如捐助麻风院和孤儿院，协助医院筹集基金供一些人免费治病，为协和大学贫寒学子设立奖学金，协助福州青年会筹集经费。这些扶危济困的义举颇得人心，为福州商界赢得良好声誉。

张顺凡是继张秋舫之后张氏家族最有商业经营能力的人才，谁知时势变幻，经营数年的航空运输线因战事而停航，福州扶轮社后来亦自行解散，他所创办的福达汽车公司于1956年并入福州市汽车修造厂。由张秋舫开启的张氏商业家族从此曲终人散，他的后人在福州从商者不多，移居各地的子孙中，有多人在工业技术、教育等其他领域表现出色。

罗氏风云

江 雁

几十年前，福州仓山陶园路（今立新路）上有一座2500平方米的三层洋房，富丽堂皇又不失高雅别致。初夏盛日，玉兰花、三角梅围绕主宅层层盛开，草坪、竹林和池塘亦是郁郁葱葱。这座豪宅便是富极一时的金融大亨罗勉侯的住所。

罗氏家族曾拥有这般规模上下的房产、厂房近百所，并聘请专业管家管理。光阴荏苒，如今这些宅院已渐渐凋零、消散，但曾经的觥筹交错、歌舞升平依然充溢着动荡、纷呈的风云故事。

说起罗家的发家史，还要从200个铜钱开始。

原籍河南的罗家入闽后，起先定居于连城县。清乾隆年间，家族里一位名为罗希魏的年轻人，不甘困于穷乡僻壤，怀揣一把旧伞和200个铜钱，翻山越岭到福州谋生。勤恳务实的他，从最苦最底层的学徒做起，习得一手销熔银锭的好手艺。经过几年的打拼和节衣缩食，积累了一定的资金，开设了一家铸熔银锭的小店。店铺简陋、狭小，可谁曾想到，这竟成为之后庞大罗氏家业最初的根基。

罗希魏的生意越做越红火，安安稳稳地传承到第四代罗佳森。罗佳森却没有祖父辈那般幸运，当时正值西方列强侵扰中国，洋货充斥市场，本地商品滞销，流通白银量骤减，熔银生意愈发惨淡。罗佳森卖掉家宅，艰辛维持，也只能勉强糊口。

罗佳森育有四子，长子罗端波颇有先祖罗希魏的气魄，立志要重振家业。罗端波不仅有胆有识，还有异常敏锐的商业嗅觉。鸦片战争后，福州成为通商口岸，其木材集散地、茶港地位逐渐形成，商贸迎来繁荣期。罗端波不顾家人的劝阻，放弃家族熔银生意，到处筹借资金转行经营存贷款业务。正当农工商发展急需大量资金周转当口，罗端波紧抓商机，赚得盆满钵满。随后趁热打铁，创立晋和钱庄，并开始涉猎木材、茶叶、土特产等经营，罗氏商业帝国终于拉开了帷幕。

罗端波点燃的财富之火传承至三个儿子之时，已趋燎原之势。家大业大，三子分区而立，互辅互助，又彼此独立。长子罗筱坡住在下杭路，被称为下杭路罗家；次子罗莱吟住在南禅寺亭前街，被称为南禅寺罗家；三子罗蕴庄，住在海防前（如今的延平路），被称为海防前罗家。罗氏一分为三，均有建树，而长子罗筱坡一脉更是开创了难以企及的业峻鸿绩。

1843年出生的罗筱坡，自幼便跟随父亲在商海沉浮，筹谋果决、精明睿智外，又磊然有君子之态，成为罗家第六代中的核心人物。其掌管家业后，继续夯实、拓展钱庄基业，在上藤路设立昇和钱庄，几乎独揽仓山区的工商业贷款；在下杭路开设恒和钱庄，除办理该区商贩贷款外，还统揽上海至福州的汇兑业务。此外，他还跟弟弟罗蕴庄合作，在延平路创立均和钱庄，以运营义洲一带的木材行业贷款。

市场银圆短缺年景，政府开始流通"台伏票"。"台伏票"是纸币的一种，虚银本位，没有实币，仅是一种以票换票的票币。罗筱坡一向谨严稳重，从不做冒进之事。"台伏票"盛行期间，罗家几家钱庄仅昇和钱庄一家发行"台伏票"，既便于管理，又可进可退。

1929年，福建财政厅厅长何公敢限令全市停止发行"台伏票"，昇和钱庄才改发行"大洋票"。1935年，昇和钱庄因贷款透支和王梅惠兄弟所开的同行不幸倒盘，引发群众错觉而发生过一次"大洋票"挤兑风波。钱庄外围被焦虑、恐慌的民众围得水泄不通，叫嚣着立刻兑现，否则就冲进去砸店。

那天正好是星期天，银行本不营业。罗氏兄弟饭也顾不得吃，靠着罗家积累的口碑和人脉到处疏通、周旋，才破例让中国银行和汇丰银行开仓拨现，短短半天时间，风波即告平息。虚惊一场后，罗氏钱庄在商界的信誉和声望不降反升，亦算因祸得福。

除了钱庄生意外，罗家还涉足进出口、百货业、木材、茶叶、质贷等几大行业。罗家的罗坤记进出口行设于下杭路，主要业务是向浙江、江苏

采办纱、布、棉及绍兴酒等，和向大连、天津、青岛等地采办豆、油、水产、干货等；福州运往东北的则有各种土纸、竹筷、笋干等。罗坤记的生意"向北不向南"，专注北方特产，并自备大型木帆船"金元和"和"银元和"号，雇佣专业的航海船员进行商品运输。商品品类众多，吃穿用度无一不包，盈利颇丰。

罗家还开设了"允孚""恒孚"两家当铺。"允孚"设于上藤路，时间较早。"恒孚"原是福州巨商张秋舫所有，后因破产欠下罗家和黄家（黄恒盛布庄）债务，就拿此当铺抵债。罗家拥有2/3的股份，黄家拥有1/3的股份，罗家具有绝对优势的控股权。

至于木材行业，罗家其实本是外行，对其中经营的门道不算熟悉。为少走弯路，便与木业大亨郑宝铭合作，合股开设恒记木行。郑宝铭被任为经理，统管各项事务。罗家的均和钱庄主要针对木商放款，并设有很多优惠政策，以此吸引更多木业买卖。均和钱庄和恒记木行强强联手，相辅相成，生意蒸蒸日上，建宁、泰宁等地的大型木材贸易几乎被罗家统揽。

罗家在罗筱坡带领下，在台江、仓山等区还购置了大量房产。房产项目单单登记就需要厚厚几大本记录。罗家善贾多金的形象已深入人心。

清光绪二十九年（1903），清政府为"保商情，通商利，有联络而无倾轧，有信义而无诈虞"，鼓励各地成立商会。《福州市志》记载："清光绪三十一年（1905），福州旅沪富商张秋舫、罗筱坡等人从上海回到福州，联合福州商帮人士，成立福州商务总会。"张秋舫出任第一任会长；罗筱坡担任第三届总理。"南山有鸟，北山张罗"，当时人们引用《搜神记》中的这句话形容福州商务总会创始人张、罗两家的商界地位。

当年，张秋舫和罗筱坡为讨个好彩头，特意择址张真君祖殿举办福州商务总会成立仪式。张真君祖殿位于下杭古渡口的"葫芦穴"处。闽江涨潮时，江水从两个水关同时涌进，恰好汇聚于殿前，被认为是"涌出黄金"的风水宝地。当日，烧香礼拜、锣鼓齐鸣，商界、政界翘楚悉数到场，罗筱坡交际于来宾之间，有礼有节、儒雅谦和，仪式进行得顺顺当当，隆重又喜庆。经此宣传造势，福州商务总会名声大噪，已无人不晓。

在张秋舫、罗筱坡率领下，福州商务总会除了"联络同业，开通商智，和协商情，调查商业，提倡改良，兴革利弊"外，还发挥了更为广泛、深远的作用。比如积极响应上海总商会号召，掀起抵制美货浪潮，并制定了抵制美货的八条公约；参与阻止法商魏池拐卖近2000名闽工至巴拿马运河做苦工，坚决捍卫民工权益，抵御不法侵害；在大庙山成立"福建去毒社"总社，城内宫巷设分社，勒令烟馆、土膏行改业，打击售毒的洋商、奸商。缉获的烟土、烟具被一担担抬着，敲锣打鼓游街过市后在海关埕集中销毁，现场万头攒动，群众欢呼声久久未散！

罗筱坡克己奉公之余，谨记"损有余而补不足""汝辈不得以私废公""积金不散，仿如收藏废品"家训，亦特别热心社会公益和慈善。清末民初灾难频仍，民不聊生，每逢疫病荒歉必解囊捐助，尽微薄之力。他曾捐赠万元于清政府，获得光禄大夫、三品衔候补道台的封号表彰。多次出资支援同行，让其免受挤兑破产之难。此外，他还出巨资创建福州商立小学堂（即现在的福州四中），捐资5000大洋助建福州基督教青年会，并投资创办福州电力、电话两公司，捐款救火社，修桥补路，以一族之力造福一方百姓，垂范子孙。

1915年，72岁的罗筱坡因病逝世，结束了其丰富、厚重又跌宕的一生。他育有8个儿子，其家族产业主要由三子罗觳侯、六子罗梓侯、八子罗勉侯继承。其中，罗勉侯掌管罗家众多公房生意，成为名副其实的新一任当家人。罗勉侯正值中青年，精力旺盛，除了承脉父亲和祖父精明强干的商业风格，还玲珑练达、弘毅宽厚，颇具口碑和声望。兄弟几人公推最年幼的罗勉侯为"领袖"，期望他能带领罗家步入新的辉煌。

罗勉侯显然没让家族失望。他大刀阔斧、雷厉风行地进行产业提升、改良，任人唯贤，稳定、深拓现有营生外，在茶叶、百货业和锯木业亦多开创新局，并投资了南星澡堂和延福泉汽车公司。罗家的建春茶厂除了福州主店，还在天津、营口、大连各地分设茶庄。其茶叶味正色浓，价平质优，曾受邀去菲律宾参展，广受好评。云章百货商店是罗勉侯一手创办的。店址在繁华的台江路，占地面积500多平方米，后又不断扩展至瀛洲桥边，主要经营百货、绸布、鞋帽、土特产，品类齐全、服务周到，尤其一些高档名牌，优质精巧、包装考究，备受名流显贵钟爱。

老福州人或许还记得，云章百货大门玻璃上曾画有一幅闽剧大师郑奕奏扮演"黛玉葬花"的美人图，肩扛锄头，手提花篮，似悲似怨，栩栩如生。当年，郑奕奏拿手剧目《黛玉葬花》场场爆满，福建省财政厅厅长的女儿看罢演出后，竟痴迷地抱病不起，其父特备车设宴邀请郑奕奏上门做客，女儿才病情好转。为表谢意，厅长特地定制一把金锄头赠予郑奕奏，此事传为佳话。罗勉侯以此事为宣传噱头，招揽顾客，收效斐然，其经营手法应时应景，可见一斑。

因云章百货的盛名，其旁侧有一条长80米、宽1.5米的巷子被命名为"云章后"。后因"章"同"昌"音近且寓意更佳，"云章后"便改名为"云昌后"，再后来又改称"云章下巷"。2006年，因拆迁改建，此巷已不复存在。

罗勉侯把家业经营得如火如荼，在亲情面前却又呈现出包容、良善的一面。那时，罗勉侯的妻弟吴权是回春药店的掌权人。可惜此人不谙营治，又耽于游乐，挥金如土，甚至还染上了鸦片。回春药店生意一落千丈，陷入极度困难。罗勉侯恨铁不成钢，亲自登门把吴权教训、臭骂一顿后，不忍吴氏就此没落，还是心软决定进行帮扶和资助。罗氏钱庄贷款十多万元给回春药店，替其购进贵重、稀有药材以撑门面，并专派一位资深账房参与回春药店财务管理，掌控收支。吴权本人用度被严加节制，每日只能支五元零花钱。经过一番整治，回春药店确实有了"回春"迹象。不过，罗勉侯也为此承担了很大风险和压力，巨额贷款亏空甚至让钱庄根基发生动摇，一些股东对其做法产生异议和指责。罗勉侯只得咬紧牙关，奉茶致歉，耐心地进行多方安抚。

回春药店刚有起色，却时运不济又逢战乱。日本货源如太极参、高丽参等断供或被抵制，仓库遭日机炸毁，成缸成缸的招牌高粱酒毁于熊熊烈火中，几乎断了生计。吴权深受刺激，精神失常，经常出门招来十多辆黄包车，自己坐一辆，其余都跟着他在街上疯跑，惹得行人指指点点。罗勉侯无计可施，从此不再插手回春药店事务。不过，此事一直让他耿耿于怀，每每提起便唉声叹气，深感痛惜和愧疚。

战乱波及的不仅仅是一家回春药店，罗家产业以及整个福州商界都遭受了毁灭性动荡。

　　罗勉侯分别于1919年和1932年两度任福州商务总会会长,任期长达十多年。1919年,日本侵略行径让全国掀起抗日风潮。罗勉侯率领福州商会积极响应,"抵制日货,提倡国货"。福州商界爱国志士不顾个人损失,销毁手上大量倭货,并合资建"国货碑",以示警醒。众多福州人弃用时兴的洋花布,改穿粗糙的土纱国布;放弃轻便的火柴,宁用打火石;不用洋油煤灯,改用昏黄的烛灯。

　　"国货碑"后来移置南门兜大榕树下,"文革"期间下落不明,有幸寻回后被福建博物院收藏。福州台江现今仍有"国货路",似在记录那段历史。

　　日方怒于中国抵制日货,便处心积虑制造事端。日本驻闽总领事馆捏造日商货物被截事件,在台江大桥枪杀中国群众十余人,并继续在台江汛、瀛洲道等地追击殴打学生,动用兵舰驶入闽江口耀武扬威。

　　日军残虐暴行如火上浇油,再度激燃福州民众强烈的爱国愤慨。福州商务总会积极呼吁商户罢市,本地自发的罢课、集会、示威游行亦得到全国人民的声援和支持,"力救福州同胞""血可流,福州不可丢"等口号响彻全国,震耳欲聋。经过一年时间的讨伐和抗议,终于迫使日方调换领事,公开道歉,并赔偿抚恤金。此次"台江事件"后,福建各地抵制日货运动持续高涨,甚至有些学生砍断三指、割耳,以血沥书铭志,"提倡国货,誓雪国耻"。

　　1931年"九一八"事变后,全国抗日情绪已呈白热化。福州商务总会快速行动,于9月28日召集500家商号在抵制日货的宣誓书上签字,双杭地区各钱庄带头停止日元兑换业务。1937年,抗日战争全面爆发,福州商务总会号召捐钱捐物,积极支援、慰问抗日军队。民族大义面前,罗勉侯等商会领袖及千千万万的普通商户,慷慨解囊,主动、踊跃地做出了应有的表率和贡献。

　　"国家兴亡,匹夫有责",罗勉侯忧国忧民、知大义,很好地平衡了家与国的情怀。他把更多精力放在抗日救亡上,为军队建设、救济难民、募集捐款等到处奔波。1938年,罗勉侯因身心俱疲、积劳成疾和郁郁寡欢,最终病逝于上海租界里。临终前,仍告诫子孙:"爱家须先爱国,爱国即以爱家。"罗勉侯积极抗日的义举得到福州社会各界的敬仰。爱国将领萨镇冰为其题写讣告，社会名士陈培锟为其撰写传略，林志纯为其写回忆录，以真挚情感、质朴文字，高度赞扬他的德行和功绩。上海和福州分别为其举行追悼会，陈培锟为其撰写的挽联如下："小别遂山邱，何论居行关定数；徽诚共霄汉，不因生死异交情。"

在日机的轰炸下，罗氏的众多店面、商船、商线都被摧毁得零落不堪。罗勉侯的次子罗郁坦苦苦支撑着岌岌可危的家业，但家族人多口杂、各怀心思，早已拧不成一根绳、一条心。性命尚且不能完全保全，金钱又怎能留存得住？

家族衰败、没落，罗家各房因生活所迫，开始变卖房产，最后一道财富防线也终于决堤。公房生意中最后仅剩昇和钱庄，而这唯一的支撑因货币贬值亦在1948年停业。罗家漫长而辉煌的商业版图就此结束。

罗家诸多厂房、旧居，或被拆迁，或变换主人转为他途，成为民居、塑料厂等。仓山区上藤路25号原为罗家标志性产业昇和钱庄旧址，亦消逝于滚滚现代建设洪流中。

罗氏印记随着岁月流转不断淡化、模糊，那些繁盛过后的残壁断垣，仍会在犄角旮旯里冒出几株植物和野花，青绿和净白的细碎，虽然比不得玉兰花和三角梅的典雅、热闹，却也还散发着淡淡和畅花香。淡青天色下，知晓那段风云故事的路人，无意间经过，难免驻足片刻，轻叹唏嘘。百年多几代人拼搏的荣华兴盛，终是物非人亦非，唯有过往回忆还残留着余味……

尤恒盛：闽都商界写传奇

野 石

三坊七巷的文儒坊，因历代文儒辈出而闻名。来这里参观文化名人故居的一拨又一拨游人，未必会想到，这个坊巷里房子最多的家族，并不以舞文弄墨著称，而是清代至民国期间四代经商的尤氏家族。

自清乾隆年间起，尤氏家族先后在文儒坊闽山巷营建3座宅院，在文儒坊尾北侧购得一座旧宅进行重修，在文儒坊拐弯处新盖一处庭院。这些房产加上在衣锦坊的7间排大院，尤氏家族拥有6座大院，共13进100多间房。这些宅院互开门户，内可通行，几乎占去半条坊巷，人称"尤半街"。如今，虽然有些建筑已被改造，但从尚存的那些建筑里，依然可以感受到当年的气派与精致。其中位于文儒坊17号的尤贤模旧宅，建筑面积达2633平方米，坐南朝北，四面风火墙，穿斗式木构架。厅两侧厢房的门扇、壁扇、窗门、花格全用楠木，精刻龙凤、松鹤、灵芝、蝙蝠、香牡丹、寿桃、如意、宝鼎、花瓶等各种吉祥图案。厅外有亭台、楼阁、假山、鱼池。底层有雪洞，深10多米，曲折盘旋，冬暖夏凉。"家声开石里，儒业守梁溪。""东冶开新第，西堂溯旧家。"曾经题刻在故宅的对联，透露出这个经商家族对传统的珍视与对文化的尊崇。与周边那些文人雅士的宅第一样，尤氏建筑所展现的文化格调与文儒坊的儒雅气场非常合拍。

在改造后的三坊七巷，尤氏家族的部分房产已被辟为福船博物馆。在参观博物馆的同时，有兴趣的人们还能领略尤氏古民居的建构特色。上了年纪的福州人，或许还会勾起对尤氏家族的更多记忆。当对"尤半街"暗自惊叹之时，你可会想到，在福州，尤氏家族当年的房产，并不止于三坊七巷那"半街"？

三坊七巷，奠定发家基业

以尤孟彪为庞大家业创始人的尤氏家族，据说是明末清初苏州著名诗人、戏曲家尤侗的后人。这样的祖脉，尤氏家族发达之后也许会被常常提及，但那个曾被顺治皇帝誉为"真才子"、被康熙皇帝誉为"老名士"的老祖宗，对尤孟彪来说隔得有点远。苏州乃古时有名的繁华富庶之地，尤氏的这一支族人却南迁来闽，其间似有难言之隐。最初他们在罗源县鉴江居住，后又迁到闽侯甘蔗一带以养蚕缲丝为生。家族先祖当年的荣耀，似乎没有给来闽的后人带来福泽。尤家的家境本不富裕，尤孟彪的父亲又很早去世，一家人的生活陷入窘境。年轻的尤孟彪因家庭穷困，只好辍学去福州春育亭缲丝铺子学艺。

缲丝，从蚕茧中抽出蚕丝的工艺。从事这项手艺需要气沉心细，动作敏捷。出身贫苦的尤孟彪，耐得艰苦，甘于寂寞，心无旁骛，勤于钻研，很快掌握了这门手艺。没过几年，这个年轻人就在南街安民巷口摆了个摊子，靠制售丝线谋生。

尤孟彪为人和蔼，制售的丝线质量又好，很快就积累了一些资金，开了一家尤恒盛丝线店。和蔼的待客态度与公道的经商方式，使他的生意顺风顺水。每天清晨，店铺还没开门，就有很多农民和刺绣制花的手工业者在门前等待购货。有了更多收入后，尤孟彪与人在南街合开了一家鼎盛布店，还与人合开了一家盈丰钱庄。赚得一笔钱之后，考虑到丝线业务前景广阔，尤孟彪果断从布店与钱庄抽身，集中精力经营丝线生意。随着生意的扩大，尤恒盛从零售转入大宗批发零售业务，批发地区从福州本地扩展到闽东、闽南及莆仙地区。

1817年，尤孟彪结婚，那年他已经30岁。在结婚年龄普遍十七八岁的当年，一个有钱的生意人如此晚婚，可见他对自己的生意有多上心。

这个晚婚的男人不但奠定了尤氏家族在福州创业的根基，还生下一个传承其商业基因的儿子。在尤孟彪的五个儿子中，尤贤模排行老五。尤贤模出生不久，尤孟彪就去世了。最初，尤恒盛业务由长子尤贤赞接替，三儿子尤贤坡、四儿子尤贤建也参与店里的经营管理，但最终将父业发扬光大的却是这位老五。当年，黄巷口与锦巷口以"五"打头的"五云楼""五福""五都"等商店，就含有彰显这位老五之突出作用的用意。

上下杭，又一片生财旺地

尤贤模像父亲那样聪明肯学，在店里跟大哥学艺，不仅掌握了丝线加工的整套技艺，而且熟悉到只要鼻子一嗅、手指一捏，闭着眼睛也能辨识出丝的产地、品种与质量。为扩展尤恒盛的业务，他与兄弟一道，在丝线染色加工的基础上，扩展了代客染布、殡殓用的刺绣寿衣、棉纱、棉布等业务。不过，业务扩大后，尤贤模还是负责管理丝线业务，尤恒盛的总管仍然是老大尤贤赞。由于尤贤模善于经营，丝线店是各类业务中利润最多的。

几年后，全面掌管尤恒盛的尤贤赞去世。经过重新洗牌的尤恒盛，由于家族成员的经营理念分歧、经营模式僵化，一度陷入窘境。尤贤模不忍祖业零落，接过负债累累的尤恒盛丝线店。他继承父辈诚信经营的理念，生产的丝线色泽鲜艳，坚固耐用，以货真价实、童叟无欺的商业道德为人所称道，重新赢得顾客信任，很快扭转了亏损局面，并逐渐拓展其他业务，涉足洋布栈、染坊、钱庄及土特产。此后，又开设了燃料加工厂、五云楼百货店、五都百货店。

在福州城区，上下杭是商号云集的旺地。作为近代福州的商业中心和航运码头，大量货物在这里中转、批发。聚集了大量财富的尤氏家族，自然得在这里占一席之地。清朝末年，尤家在上杭街开设了一家尤信记商行，由尤贤模的四个儿子合伙经营。这家店经营百货、药材、南北土特产的批发业务，仅在1911年就赚得利润10万元。

清光绪年间，福州市场银圆紧缺，当地钱庄发行"台伏票"代替银圆使用。"台伏票"为直式大票，是福州地区的一种以票换票、不能兑现的票币，流通使用达25年之久。20世纪20年代初，尤氏四兄弟在上杭街开设泉裕钱庄，不久又在潭尾街及南街开设泉裕分庄，经营台伏票业务。泉裕钱庄发行的台伏票票额，每年一般都达到30万元，按1.65分利息计算，仅利息收入就有4万多元。钱庄获得的大量利润，又为尤氏家族提供可观的流

动资金，促进了尤恒盛丝线店和其他商行业务的发展，并拓展了更多新业务。不久，尤贤模的儿子分别在南街锦巷口再开一家百货店，在城内南街开设专营贷款业务的祥益钱庄，在南街开设一家从事百货批发业务的益记苏广栈。

凭借三坊七巷与上下杭的两片旺地，尤贤模与他的儿子创造了尤氏家族商业发展的鼎盛时期。他们的全部财产，一度达到200多万元。按当时的货币价值，这是非常傲人的经营业绩。也正是那个时期，尤氏家族购置与兴建了大量房产，在三坊七巷形成"尤半街"格局，在上下杭也拥有自己的商铺与住宅。

大桥头，开拓百货经营新模式

尤孟彪创始的商业家族到了第四代，时局的动荡加上尤氏德字辈中有人开始不图进取，挥霍家财，经营出现滑坡现象。不过，尤家优秀的经商基因还是有人传承下来。从尤家公房分产之后，尤德鑢、尤德钤、尤德锜兄弟三人，承接五云楼复记百货商店、信诚苏广纱布栈（主要采办洋布），另有在上海设立的信源采办庄、汇兑庄。此外，尤家公房未分家时，尤德钤委托良友百货商店老板放贷一笔游资，后来，这位老板将该店转给尤家以抵账。设在福州中亭街大桥头的百龄百货，因原老板经营不力导致倒盘，尤氏三兄弟又花4500元接手该店，并按市价六折承接店内所有商品。百龄招牌加上"颐记"两字，以示该店已换新主。

百龄百货位于台江大桥头，是当时台江建筑群的标志性建筑。至今，该建筑在台江路与大桥头的弧状墙面、铁花栏杆、浅阳台、牛腿、装饰壁柱及女儿墙上的巴洛克纹饰，仍令人不时驻足观赏。作为当年福州最热闹的地方，尤氏三兄弟对这里的商贸优势格外珍惜。此前，百龄百货的主要销售对象是洲边街一带的妓寨。为迎合妓寨需要，旧百龄着重销售花色货、化妆品、高档商品。尤家承接百龄之后，首先扩大经营范围，增加鞋部柜台，并新购周边的一些店面，着手扩展营业场所，满足广大市民的消费需求。"你有，我也有；你没有，我有"是新百龄所采取的经营方针。他们在上海设立百龄分号，专司采购苏沪杭名品，并将百龄销售定位在经营百货精品上。苏州的化妆品、沪杭的绸缎、广州的小五金，是百龄经营的特色精品。在福州负责百龄经营管理的尤德锜，十分重视对市场行情的了解与对消费者心理的把握。当时的百龄分百货部、棉布丝绸部和鞋部，其鞋部所售的福州魏南林皮鞋、南后街国贡布鞋、绣花女鞋亦十分畅销。由于尤德钤常驻上海，信息灵通，新百龄善于吸纳各地先进的商业理念，仿照上海先施、永安两公司叫价不二的做法，避免了旧式商店讨价还价的烦琐与不便，深受顾客欢迎。百龄的布料柜台还为顾客提供"计料"（估计服装用材）服务，请来的"计料"师傅能根据顾客的身材与服装需求，精准估出需要购买的布料，避免用料浪费。为了扩大商店的社会影响，凡出售的商品，一律用印上"百龄"的包装纸包裹，鞋子也统一换上百龄的包装盒（不含上海产的雨鞋）。对所经营的商品，百龄区分不同品类，制订不同的营销利润计划。如鞋套、帽、瓷盘之类少赚甚至不赚钱，重在吸引人气；牙膏、牙刷之类面向大众的日常生活用品，可赚20%左右利润；化妆品及衣饰的花边之类利润则在50%。经营策略改变之后，百龄的顾客络绎不绝，利润大增。当时的台江一带有"国货""永光""家庭""永昌""上海"等百货商号共计56家之多，百龄因其独树一帜的经营方式，成为福州百货的后起之秀。"到福州必到百龄"，当时的福州及南平等地，皆以买到百龄的货品为荣。

20世纪90年代，中亭街改造前的百龄百货

卢沟桥事变后，国内形势严峻，人心惶恐。不久川石沦陷，日本飞机时来福州骚扰，台江的营商环境遭到严重破坏。风头正健的百龄百货与这里的众多商店一样面临困境，股东星散。为避免商品被轰炸损毁，百龄在顺昌洋口租了分店，将部分物资疏散，勉力支撑危局。福州首度沦陷期间，往日热闹非凡的大桥头行人稀少，店铺零落，百龄的生意亦一落千丈，店中货品还遭到日本军人的强买强取，部分货品转移途中又遭截劫，累计损失近4万元。1944年，福州再度沦陷，百龄在经营极度困难的情况下，还要支付各种摊派税捐和壮丁费等，一度连店员工资都无法支付。

1945年5月，日军再次从福州撤退，流亡各地的市民纷纷归来，社会秩序渐渐恢复，市面呈现复苏迹象。日本宣告无条件投降后，百龄将疏散

在洋口等地的物资运回，不但重新开张原来的店铺，还扩展营业场所，另辟店铺专营鞋帽业务。只可惜时势不济，过不久内战爆发，法币贬值，市场混乱，百龄亏本严重，困难重重，难以再振雄风。

1949年福州解放，1956年百龄百货实现公私合营。

传续四代的尤氏商业世家，融入新的时代大潮。尤恒盛家族的探索与开拓，在福州的近现代商贸史上留下精彩的一页。

尤家与百龄百货公司

管柏华

孟子说："君子之泽，五世而斩；小人之泽，五世而斩。"意思是任你是君子还是小人，家族的流风余韵，据说只能传到第五代。福州的大工商家族尤家亦未能免俗。尤家相传是清初辞章大家尤侗的后人，自江苏吴县南迁入闽。历经孟、贤、庆、德四代四世弥昌，风光了近百年。（另有一说祖籍浙江吴兴，迁福建罗源和侯官洪塘，明末清初又迁城内兰荷里）早年尤家初聚于闽侯甘蔗，以养蚕缫丝为业。尤孟彪生于嘉庆年间，三兄弟中居次。其父亲早逝，家庭生活困难，尤孟彪只好辍学去春育亭缫丝铺学艺，学好手艺后，就在安民巷口摆丝线摊养家。由于他的丝线质量好，为人厚道，口碑又好，很快就在文兴里开设了丝线店，后移安民巷口开设"恒盛"丝线庄，正式打出了"尤恒盛"的旗帜。尤孟彪的店开在南街旺地，当时业务繁荣到什么程度呢？每天未开店前，就有许多郊县农民及市区榕绣手工业者，在店门前排队等待。尤孟彪一度与高文灿、许长康合开钱庄，最后因为心有旁骛，与丝线正业不逮，急流勇退。而丝线庄这边，却是水涨船高，业务迅速扩大到全省。尤孟彪30岁才结婚，生有五子，即贤赞、贤良、贤波、贤建、贤模。孟彪产业后传长子尤贤赞，贤赞晚年双目失明，而二房贤良中举后热心功名，三房、四房皆早逝，只余侄辈，企业就由五弟贤模打理。贤模具有经商天赋，从小跟随大哥在店里耳濡目染，学到一整套的生产工艺和管理技能，熟练到只要用鼻子一嗅、手指捏一下，闭着眼睛就能判别丝线的产地、品种以及质量的好坏。后增设钱庄、百货、化工、药材、南北货、进出口等十余家企业，遂成为百万富翁，跻身福州十大工商家族之列。

尤家在尤贤模手上，除了为家族挣下厚实的家底外，培养四个儿子皆出类拔萃。清末，尤贤模主持在巨商云集的上杭街开了一家尤信记商行，由次子庆桐管理。该行生意兴旺，仅在1911年就赚了10万元。1920年初，四兄弟又在上杭街开了泉裕钱庄，发行台伏票纸币，紧接着就在双杭潭尾街和南街开设泉裕分庄。后又设祥益钱庄。这些钱庄一年仅利息收入就有4万多元，同时发行纸币又为尤氏企业增加了流动资金。商界有人赞誉道"生子当如尤家子"。此时虽然二房只专营钱庄业，但其他三房却已向各业发展，先后开设了"五云楼百货店""五福百货店"和"五都百货店"，之所以都以五字打头，其寓意在突出第五房尤贤模。尤家在其全盛时期，单单尤贤模的四个儿子的财产就有200多万元。

五四运动后，全国抵制日货，请用国货成为时代潮流。尤家响应号召，烧毁了各号库存日货。尤庆樾想出一个金蝉脱壳之计，将3个五字头百货店出接给本店店员，限期两年，牌号加集记字号。两年后，果如尤庆樾所料，抵制日货运动进入低潮，尤家如期收回自营。将"集记"拿掉，"五云楼"加上"复记"，"五都"加上"聚记"，"五福"加上"来记"，以表示"复聚来"的含义。

再说尤贤赞早年购得文儒坊清四川总督苏廷玉大宅，该宅称旧尤。尤贤模发家后也在该处廖鸿荃旧第盖起3座大院并附设花厅。后其次子尤庆桐又在坊北购得陈懋侯旧宅。其四子尤庆樾也在文儒坊左拐弯处盖房。再后来，尤庆潮之子在衣锦坊庄景珂旧居处建起了7间排的建筑。于是，从文儒坊、闽山巷至衣锦坊，一连串院落，被称为新尤。从旧尤到新尤，总共6大座、13进、100多间的尤氏房产，几乎占去半条坊巷，被人称为"尤半街"。尤家有的大厅可办100桌酒席，尤家与官绅张经、甘国宝、苏廷玉、陈承裘、梁鸣谦、陈季良、陈衍、何振岱比邻或隔邻，很能体现身份和地位。尤府的第一进厅堂、厢房的门扇、壁扇、窗门、花格全部是用楠木精雕细琢。尤府在20世纪50年代成为省公安厅宿舍，20世纪60年代在花厅处盖起两层楼房，唯余一大假山，且大部分岩石已搬走。底层雪洞深10余米。洞壁以石灰与糯米液搅拌糊壁，上层假山坪仍在，上有一神龛，祀照天君。假山前鱼池已填平。

尤家德字辈也不全是个个"橘脬"（福州方言，指优秀的人、红人），如尤庆桐之子尤德权，曾传一夜豪赌输掉三十几万元，引起尤家泉裕钱庄挤兑风潮。尤庆桐急忙以私款将漏洞补上，又宣布与尤德权脱离父子关系，既算是亡羊补牢，又为后来尤德权在福州第二次沦陷时充当汉奸未雨绸缪，使尤家免遭拖累。另外尤家子孙背地里经营企业也都是同床异梦。如当时有一家信昌钱庄，就是尤家人内部出资用亲信替身经营的。还有分别将企业折股自营或改组合营的，在兵荒马乱的年月都淹蹇收盘。

尤氏家大业大，企业知名度最高当属百龄百货店。这里还有个"尤氏代欧"的故事。早年有个林伙俤靠走单帮为主，他在双杭洲边河墘街纺织毛巾，名谓"百龄机"毛巾，以区别于水部生产的兴化巾。林伙俤经商颇有噱头，雇人用现代铜管乐器吹打扛着广告牌招摇过市，以吸引顾客。当年的河墘街就像南京的秦淮河一样，是著名的红灯区，在这里开店是包赚钱的。后来黄恒盛绸缎店一个名叫谢秀文的掌柜跳槽出来，相中洲边这家老店，就从林伙俤手中盘来开了"天孙绸布店"，林伙俤只得另起炉灶。当时万寿桥头是福州最热闹的地区，这里有个水亭厘金的征税卡，后来停征了，公告标卖，由汀州会馆买去改建成三层楼出租。林伙俤资金不足，就与德太厝妓家老鸨的妠头欧某某合作，在此开了三层楼的百龄百货。随着业务扩大，林伙俤无力经营，也就"三国全归司马懿"了。

欧某某的百龄，和尤家本来是风马牛不相及的，但欧本身外行，放手给掌盘使林连登。结果林连登在外赌博输去巨款，造成企业危机，最后由尤德钤承接。招牌加上店面作价4500元，货物以市价六折计算，由尤德锜主持，原百龄招牌加上"颐记"二字。

据百龄原经理陈承椿总结，新中国成立前尤家对百龄的经营管理总共有8个阶段。

第一阶段是在企业内清理他人附居，以"贴搬钱"将三楼"池尚开理发部"收回。

第二阶段即加强企业内部管理。尤德锜3岁丧母，寄养在天津舅家，在书宦门第的熏陶下，洁身自好。17岁从父命回榕经商，先在上海办袜厂，后又从事中介服务。人说"一狮一法门"，自打尤德锜接手百龄后，仿佛枯木逢春，企业一下子兴旺起来。尤德锜采取了一系列扩展营业措施，提高

百龄的知名度。如注重商品质量，实行明码标价，货真价实原则；注重服务态度，无论顾客是本埠商民，皆一视同仁；在换季前，已提前准备好货源；区别不同商品的利润率，以薄利多销，取悦顾客；不论商品大小，均有印有百龄图案文字的纸张包装，以广招徕。同时，派人坐镇时尚源头上海，直接向各领袖厂家批发进货，做到既便宜又抓住商机。他还实行拿来主义，吸收上海广州同行经验，特别是上海"先施""永安"公司的经营特色。

第三阶段是抗战爆发前后。"横着站"，前面与云章的罗家，新奇春的叶家，中国国货公司的方、卢两家的商战，尤家虽后起，又不占天时，但以尤家兵强马壮绝不畏惧。不过主帅尤德锜是适龄壮丁，为避征兵只得避居香港，而将企业由经纪人代管。在这一阶段后期，卢沟桥事变爆发后，百龄股东星散，只得将货物转移到南平和洋口开设分店。

第四阶段，福州首次沦陷后，货物被日军截获，总共损失4万多元，百龄此时奄奄一息。

第五阶段，尤德龙新股的加入。此时日军在占领福州5个月后，撤军他向，经理人提出尤家兄弟推一人回来匡扶，尤德钤、尤德锜皆不愿意回来，就鼓动尤德龙参股并担任管理工作。尤德龙投资仅1500元，企业实权仍然操在尤德钤、尤德锜手中。这时，百龄增加了绸布柜。

第六阶段，福州二次沦陷，企业极度困难，工资发不出，店员只能领回一些粮食度日。

第七阶段，1945年5月，日军撤退，闽海重光，接着日本无条件投降，台江又呈现出繁荣气象，百龄在这时扩大铺面，承租了隔壁沈家的逢香堂香店，并以这个新址专营鞋帽业务。

第八阶段，新中国成立前夜，百龄朝不保夕，经营极其困难。尤德钤想携眷去香港，而尤德锜则想去上海当寓公，尤德锜还卖掉家中红木家私。尤家准备结束百龄营业，并开始解雇了部分店员。

福州解放后，尤德锜变卖私产为百龄增资，增设了百龄分号。1956年工商业改造，他带头申请全行业公私合营，担任福州百货公司副经理，并被选为福州市民建秘书长，先后任省市人大代表，可以称得上有始有终的闽商代表人物之一。

百年兴衰细说 "美且有"

林丽钦

　　作为传承百年的福州近代糕饼老字号，"美且有"留给福州人的诱人风味至今让人念念不忘。雪片糕、咸南炒米、礼饼、猪油糕、杏仁酥、花生糕……华美精致的糕点惊艳过无数人的味蕾。对于许多人来说，"美且有"不仅是熟悉的味道，还是红火的年景，是明黄的团月，是难以磨灭的乡愁。有人仍记得过年时吃的"美且有"灶糖和灶饼——小心翼翼舔着红纸包，最后卷起红纸将剩下的碎粉往嘴里倒，一不小心就留下满脸白粉，或者不小心被呛到。有人会说起中秋节前到"美且有"排队买的礼饼——酥到掉渣的外皮，裹满喷香饱满的白芝麻，甜咸口味的内馅，膏脂厚腻，一口下去肥膘的油香会顺着嘴角溢得到处都是。为了这舌尖上的乡愁，他们会执着地从中亭街寻到下杭路，然后追到隆平路，再寻往南园路……一路看着"美且有"从繁华闹市的7层大楼变成偏狭陋巷不足20平方米的破旧小店……

一

　　清光绪七年（1881），一个叫陈鸿昌的秀才决定弃学从商。他和堂弟陈鉴泉及堂弟的岳父洪庆云共同集资约3000银圆，在双门前（今东街口）200平方米的店面内，一边开设"春光怡"茶庄，一边开设前店后厂的"浙绍美且有糕点京果绍兴栈"。

　　绍兴栈主营糕饼，兼营绍兴酒等批发，聘请技艺精巧的福州糕点师傅和绍兴籍技工，将当时大热的浙江嘉湖名点与闽式糕点结合，生产出适合福州人口味的美味糕点。闽式糕点历史悠久，元代就有著名的"水陆轩"糕饼作坊。至清代，福州糕饼业已十分兴盛。嘉庆年间，"宝来轩"饼店、"谢

万丰"饼店相继开业。至咸丰以后，又有"美且有""观我颐""亦丰有""宝来轩""南轩村"等店号问世，规模较大的就有几十家。

"美且有"能在众多驰名远近的糕饼店中占一席之地，离不开口口相传的上好口碑。它生产的雪片糕独树一帜，用料考究，由精选北岭糯米粉、砂糖、熟面粉掺入绿豆、胡桃肉，经多道工序精制而成。每片厚度仅为0.9毫米，糯润细软，入口易溶，味美香甜，被称为"美且有"雪片。其产制的月饼皮薄馅厚，花纹玲珑。有以福州特产副食品作为馅料的莲蓉月饼、冬蓉月饼、肉松月饼、火腿月饼等；有蓉馅制成的月饼蛋黄（咸）莲蓉月饼、豆沙素月饼、豆蓉素月饼等；还有著名的五仁月饼、咸肉月饼。清末民初，著名海军将领萨镇冰之侄、世居福州的民俗学家萨伯森在《垂涎录》一书中对早年品尝过的"美且有"雪片和月饼充满褒美之词，认为"美且有嫩饼店所制（雪片）特优"，"谢万丰、美且有等糕饼老铺所制月饼亦佳"。

当时，从官家富户到市井百姓都对"美且有"赞誉有加，"美且有"也因此声誉日隆。为扩大产销，"美且有"先后在台江大桥头中平路口和台江与仓山之间的中洲开设分店，并将春光怡茶庄迁到中亭街。

二

陈鸿昌有五个儿子，第四子陈吟帆从小在店中帮忙。他机变灵活，顾虑周详，对各种情况应对自如，因而被股东共同推举为负责管理各家业务的掌盘使（经理）。其他股东因为各种原因选择提现退股或将股票折价按月取息之后，"美且有"便成为一家独资经营的企业。1926年左右，陈鸿昌将财产分为五份留给五个儿子。其中"美且有"店的股权由陈吟帆继承。陈吟帆就是"美且有"的第二任掌门人。也是在他的手上，"美且有"步入鼎盛时期。

当时全店职工50多人，记账、采购、保管等后勤人员有七八人。陈吟帆正式负责管理后，制定了有条不紊的工作章程和奖罚制度，糕饼的产量和质量也进一步提高，单是灶糖和灶饼的种类便多达二三十种。当时的普通月饼只是简单地用"厚洋纸"包装，再压一张招牌纸，但"美且有"等大糕饼店可以用上考究的玻璃盒包装月饼。享誉海内外的名牌产品雪片糕、礼饼、猪油炒米以及各色月饼、灶糖、灶饼等，成为"美且有"的特产，除供应本市外，还销往沿海各县及台湾，享誉东南亚等地，在福州和海外都拥有大批忠实的消费者。

"美且有"店铺柜台上的各色食品铺锦列绣，总能引得往来客人垂涎。除了售卖闽式糕点，他们还发展了西式糕饼和中式糖果，更有"白糟带鱼""碎蟹""糟虾""肉松""肉脯""火腿""腊鸭"等产品的精制加工，后来还兼营鱼翅、鱼唇、竹蛏、蛏干、蜜枣、兰枣等南北京果类商品，除供应市场外，也满足菜馆、酒楼的进货。萨伯森对"美且有"的风鳗念念不忘，在《垂涎录续录戏咏》中称赞其"不愧名称美且有，回思滋味尚垂涎"。

"美且有"不仅经营范围广，手段更是灵活。旧时婚俗，年轻男女定亲，男方要订购上百斤甚至二三百斤的礼饼（又称"龙凤彩饼"）送给女方用来分送邻里亲友。到了结婚那年还要送礼饼数十斤。"美且有"为方便客人选购，直接向市民售卖"美且有"饼票（后称礼券），先收款，之后凭票取饼。对聚春园的进货，"美且有"则采取先记账、后分期结算的办法给予优待。

随着业务的迅速发展，其绍兴酒的销量占到福州市场的2/3以上。回春药铺配制的名牌产品"周公百岁酒"和"虎骨木瓜酒"所用的高粱酒也是由"美且有"供应。

到1930年，"美且有"的自有资金已累积至五六万元，于是就将中平路6号改建成4层钢筋混凝土的楼房作为总店，双门前店便成为分店。"美且有"店东还曾被推选为"福州市面饼业同业公会"理事长。1929年，近代福州民族工业先驱"电光刘"的"福建电话股份有限公司"增资至15万元后开始发行股票，认购股东中即有"美且有君"，即当时经营"美且有"的陈氏家族。

1935年4月，54岁的陈吟帆病逝，年仅16岁的长子陈泽民弃学接手经管店铺。实际上的大事决策和具体问题处理仍由其母和伯父陈永庆负责。

三

20世纪30年代的福州商业图卷中，有一大批名牌产品和名店，其中有以经营名优日用品而著称的百龄百货，有南方"同仁堂"之称的回春药铺，

有经营中国工艺品"三宝"之一的沈绍安脱胎漆器店，有闽菜发源地之称的聚春园菜馆……还有50多家钱庄，20多家金铺，20多家银行，50多处温泉澡堂……它们和"美且有"一起，构成那个年代福州城独特的风景线。

直到抗日战争全面爆发。

1937年，年仅18岁的陈泽民因为风湿性心脏病突发病逝。在上海读书的陈吟帆次子陈德民刚好高中毕业，便回到福州接管家业，具体店务则主要由陈德民的堂兄陈鼎藩任经理负责。

1938年，福建省会由福州内迁永安，大批政府机构、学校、工厂、银行及有钱人家也挈家走避随迁闽北。1941年，为控制台湾海峡交通要线，切断中国军队的海上运输，日军出动2000多人和30架飞机对闽江口两岸轮番轰炸，福州第一次沦陷。1944年福州再次沦陷。战云密布的福州在外侵中生灵涂炭，工商业受到沉重打击。市场萧条、民生凋敝，加上海上航运受阻，闽江通海之口阻塞，绍兴酒、高粱酒等省外货源中断，"美且有"的生存也举步维艰，只得将双门前和中洲两处分店关闭，只保留经营中平路总店，仅靠糕饼产销维持生活。

1945年，抗日战争胜利，机关、学校、大商号等纷纷回迁，开始灾后重建。转移到南平、永安开分店的聚春园重回福州。"美且有"也在复苏的海运中恢复了生产，糕饼供应日渐回暖，并恢复了绍兴酒和高粱酒的购销批发业务。

然而国民党政府在抗战胜利后随即发动了全面内战，福州的地方经济又被拖入内战的深渊。1947年，福州零售物价指数上涨1344%。1948年，物价又上涨5378%。福州商会只能自己发行"福州商业临时流通券"，以替代仅推行数月便宣告破产的金圆券，社会经济近乎土崩瓦解。陈德民试图远赴香港拓展业务的计划也只能被迫搁置。"美且有"的业务在艰虞时局和恶性通胀中勉力挣扎。

四

1949年8月17日，福州解放。此后，"美且有"迎来了经营模式上的巨大变革。

1955年，福州市糖果糕点公司成立，福州各糕饼厂店，包括"宝来轩""美且有"等都统一划归该公司领导管理，陈德民任公司经理（后来成为福州市工商联常委、副主委）。

1956年，社会主义改造和公私合营让众多老字号迅速完成了身份重组。"谢万丰"并入福州饼干厂。"民天""观我颐""开芳斋""老人房""亦丰有""宝来舒""南轩村"等并入"美且有"，成立"公私合营美且有糕饼厂"。新成立的糕饼厂成为一家国有工厂，归属福州市糖酒副食品批发公司。并入的几家名店均有悠久的历史和各自的名优产品，但规模不及"美且有"。并入"美且有"后，这些商号就不复存在，但各自的经典产品都得以保留，比如"南轩村"的麻糍、"宝来轩"的猪油炒米和"亦丰有"的咸南炒米、什锦肉糕等都作为主要产品得以保留产销。

作为品牌的"美且有"比其他老字号更幸运地得以保护存续，但同时，作为家族企业的"美且有"也悄然落幕。

糕饼厂在"文革"时，改称"福州地方国营第一糕饼厂"。改革开放之后才恢复原名，重新焕发生机。

1983年至1986年，经过三年施工，在今天的中亭街中段，一座厂房兼商场的七层"美且有商业大厦"拔地而起，附楼三层，总建筑面积7145平方米。大厦一层至三层为商场，四层为饼干车间，五层为糕点车间，六层为办公室，七层为职工生活福利区。职工图书室藏书3000多册。大厦还附设糕点门市部及西点厅。

20世纪八九十年代的美且有糕饼厂是一家风光无限的国企，在全市多处设有连锁门店，职工达200多人，年产糕点达1000吨。产品有中西糕点、生日蛋糕、饼干、面包、中秋月饼、年糕、年饼等7大类200多个品种。其中，雪片糕、麻糍糕为省优产品；猪油炒米、咸南炒米、什锦肉糕、奶油月饼、礼饼、中秋月饼、年糕年饼等是福州市名牌产品。20世纪90年代初，产品供应福州地区的数量占糕饼市场份额的20%~30%，许多品类远销海内外。1991年，"美且有"被对外经济贸易部认定为"中华老字号"。

每逢年节，"美且有"各处门店柜台的光亮橱窗里总是适时出现八月中秋的月饼、腊月祭灶的灶糖和灶饼。橱窗里的甜美温煦和柜台前摩肩接踵

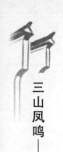
抢购的人群一起延续着传统年节的热闹场景。

五

市场经济大潮铺天盖地涌来，国企的护身符不再坚不可摧，"美且有"在糕饼界也无法再傲视同侪。1997年，中亭街改造，"美且有"和许多老字号一起搬离了福州传统商贸黄金旺地。改造承诺会有50%的老店有机会回迁，并会优先考虑传统老字号。但"美且有"没能重回故地。

中亭街店面关门以后，怀旧的老顾客依然会四处打听寻问。有十几名老员工也因为同样的情怀留了下来。在美且有糕点厂工作了大半辈子，年届60的施玉英与两位老职工在中亭街附近的下杭路开起新门店，继续经营厂里的糕点。虽然制作工人还是原班人马，但一些工艺因为成本和传承的原因渐渐消失，售卖的糕饼种类已大为减少。

售卖的糕饼沿用原来的配方，店里也还挂着当年对外经济贸易部颁发给"美且有"的"中华老字号"牌匾。但很少人注意到，因为版权问题，包装上的"美且有"三个字已经变成了"美日有"。

2014年，下杭路拆迁，施玉英几经比较，在下杭路附近的隆平路46号以600元的价格租下一家20平方米左右的小店面继续营业。

2018年，因为隆平路店面租期到期，小店又迁往不远处的南园路。店牌上"原下杭美且有糕饼店"几个紫红大字分外醒目。

只要有人问起"美且有"，局促小店里面目沧桑的老店员会指着墙上"中华老字号"的牌匾不厌其烦地告诉你："我们店里的营业员都是原来美且有糕点厂的老职员，这里的糕点也都是原来的老师傅做的，绝对都是老味道。""现在有几款很好吃的蛋糕已经做不出来了，因为老师傅老了，年轻学徒没跟上，以后可能都不会再出了……"

一百多年，是"美且有"浮沉摆荡的漫长一生，但在盛衰兴替的历史长河中也不过一瞬。只是就算时移物换，有些东西也会长久地被人们惦记，因为它和我们以及我们生活的土地产生过情感的联结。

以茶为业的洪氏家族

郑　芳

　　2005年3月25日，79岁的洪植城老先生带我们去看位于福州江滨路苍霞洲附近的一栋老宅子。这栋4层楼的宅院曾经占地3亩，没有中式宅院的进、厅结构，西式的楼房划分为工厂、仓库、实验室、住宅4个部分。如今宅院已经做了同春医药公司存放医疗器材的仓库，靠近路边的一部分因为马路扩建被拆，未修整平的残垣处还清晰可见是一般墙壁4倍厚的外墙切面，因为结构牢固，这栋房子一度被用作躲避轰炸的防空洞。屋内的梁上仍然保留着建房时特意设计的木条，目的是方便存放茶叶。南面的居住部分，则仍然可以看到当年空中小花园的残景。

　　这栋修建于1930年左右的西式住宅，在当时商贾云集的台江算得上是一个奇迹，那时是苍霞洲一带最大最高的楼房，据说建楼房的砖都是从国外运回来的。

　　这栋宅院的主人是福州市《台江区志》中记载的"刀牌香烟洪家茶"的洪家。只是，这是关于洪家的仅存记录。鼎盛时期在福州拥有怡和、洪春生、福胜春三家大规模茶厂的洪家，早已成过眼云烟。因为曾经主要做外销生意，福州已经没有多少人知道曾经影响了中国茶叶行业标准的茶叶巨头。如果不是看到这栋保存下来的房子，很难想象福州曾经有这样一家大规模的制茶世家。

从兼营航运到专营茶叶

　　在缔造洪家商业集团的四代历史中，洪家子孙都不约而同地遵循着一条祖训——从商不从政。这是让人难以理解的，因为在任何商业史上，"权"

与"贵"的关系如同唇齿。其实，在洪氏的早年家史上，为官者不在少数。洪家的第一位商人洪天赏在朝代更替、社会动荡的当时提出这一家训不无道理，只是这一家训在让洪家子弟避开政治风波，专心经营家业的同时，也让逐渐壮大的洪家生意失去了获得政府保护，更快发展并成为民族资本大家的机会。

洪氏祖籍金门，在其700多年的家族史上，洪天赏是第一位来福州创业的。因为早年做航海船员的便利，他兼带做些南北土产的生意，随航船往返于金门、厦门等地。不久，洪天赏遭遇海难，在海上漂浮两天后得救，这使他决定退出航运事业全力经商。此时，中国社会正处于清朝末年，外有列强海盗，内有贪官污吏，社会极其动荡。洪天赏在此时嗅出专营商品的资本之味，于是开始分析如何起步。当时，茶叶、木材、笋、纸是福建的特产，而茶叶居首位，一家小规模、手工作坊式的茶厂就在福州台江一带诞生了，这家店成为日后洪家庞大茶叶制售链的雏形。

洪天赏开始专营茶叶生意时，他的儿子洪发绶已经16岁。这个刚成年的年轻人不但聪明好学、才智过人，而且颇有几分心计，在他还没进自家茶叶厂涉足经营时，便以学徒的身份在附近几家大型的茶叶作坊学艺。几年后，制茶技艺胜过老行家。

作为福州茶叶产业化的发起人，洪氏家族体现了他们的与众不同之处，他们曾经在同行还不知道中国之外到底有多大的时候，就将洪家的茶叶送往世界博览会，并从那里捧回一枚银牌奖章；他们成立研究室和机械化生产筹备策划组，成为中国第一家实现手工与机械化生产相结合的茶厂，而洪家茶叶厂也因为独一无二的机械化厂房，一度成为政府拍摄电影的基地。

洪家的研究室还利用制茶过程中产生的茶碎茶末，提炼出各种食用的花香精和茶精，计划生产制造各种即冲即饮的方便茶，这恐怕是中国最早的袋泡茶。由于洪家的茶叶大量销往全国各地，其价格和质量等级一度成为行业标准。据说，若不是赶上接二连三的动荡期，洪家茶也许早就进入美国市场。据洪植城回忆，在其父亲管理洪家茶叶的产销时，美国驻中国领事馆曾经派人上门联系过把洪家茶叶销售到美国的事。

作为民族资本家，洪氏家族在福州商界的尊贵地位也日益彰显。洪家家业的二代掌门人洪发绥因为规模庞大的生意、不错的商誉以及乐善好施的性格，一度被推选为福州商会会长，后因行事低调，退居常务委员位置。福州第一次沦陷前，日本人为了控制当地商业，一度试图找人劝说洪发绥进入"维持会"，洪家为避开匆匆去了香港、鼓浪屿。由此可见洪家当时在商界的地位与声望。

洪家生意的几任接班人

在洪家茶叶生意的发展史上，除洪天赏的创业外，洪家之后两任接班人更着力于扩展茶叶生意的枝蔓。

1902年左右，从外姓茶作坊学艺回来的洪发绥跟随父亲发展洪家茶。这是洪家家史上的一个关键人物。在其执掌洪家生意期间，洪家茶的市场逐渐扩大。尽管随后中国茶叶公司、扬子公司等官僚资本插足福州，民间工商业受到挤压，本地茶叶经营一度陷入困境，不少小茶厂或改行或倒闭，但洪家茶仍在困境中发展。洪发绥的日记中曾经记载："民国二十二年（1934）年终结账自有资金621万元（不包括不动产及上海康元厂、福州电灯厂股票等），超过经营所需资金，应谋扩大经营或另谋资金出路。"

如洪家后代洪植城所言，"一个家族企业可以发展，必定会有人有专门的才干"，洪发绥这方面的才干表现得尤其明显。日后接班并在商界风云一时的洪植城父亲洪汝方，时常和他的孩子们谈起："我不如你们的祖父。"洪发绥似乎天生具备生意人的精明基因。他思维清晰，行动干练，经常能准确无误地同时处理几件事情。据洪家后人回忆，洪发绥常常一边接待客人商谈业务，一边接电话处理业务，一边回复商业信函。他对数字十分敏感。在洪家茶工厂，每天都需要称量花制茶，这个头脑灵活的商人经常自己完成这项工作。称量时，他不用笔记，不用算盘，就能立即口算出应付多少钱，与旁边伙计计算的丝毫不差。

设计独特的洪家茶楼也能显现这个商人的出众才能。洪家茶楼的天花板分为两层，里层为玻璃材质，外层则是可以推动的木窗，通过移动木窗可调节光线，辨别样品茶的品质。这样的茶楼在当时的福州是独一无二的。

洪发绥的另一过人之处在于善于识人。这位洪家老板有8个儿子，在这几个儿子陆续长大成人的过程中，他已经为性格不同的儿子们选择了适合各自发展的位置，除开养病的、想继续读书的，他看长子汝端性格沉静，便将家业中的家政和房产部分交给他管理；性情活跃的四子汝正则负责洪家企业的对外交际事务；观念保守、行事谨慎的五子汝直获得了财务会计的职务；思维开阔的次子汝方则担起了家族企业中产销经营的部分。

巨商后人的日常生活

在洪发绥的8个儿子中，次子汝方继承了其识人的能力。这个豪爽、好酒、善交际的商人，对于自己的几个孩子虽并未手把手地调教，但潜移默化中的影响足以见其用心良苦。

洪植城，洪汝方的长子，1926年出生于福州。这个洪家的长孙虽然一直在学校读书，并没有机会真正介入家业的管理经营，但洪汝方心中早已将他定为洪家事业的接班人。

1945年之后，洪植城进入厦门集美念高中。这个年少的洪家少爷往返厦门的交通工具是飞机。20世纪40年代，汽车这样机械化的交通工具才成为中国普通大众对现代化生活的想象与寄托，而飞机往返厦门这样的方式、这样的交通费用绝不是一般人家能够承受得起的。在洪植城不多的福州同学里，也只有他能够这样来回。据说，当时单程机票价格是一钱多黄金。当然，这里更值得一说的是洪家为后代传输商业基因的方式。实际上，洪汝方当年也只是支付了儿子第一趟往返机票，之后的交通费基本都靠植城自己赚回。至于怎么赚钱，洪植城老先生回想起来似乎也并不难。洪家在厦门有众多的生意伙伴，洪植城可以直接从他们那里买黄金带回福州卖，不用立刻支付现金，只需要开一张支票，对方日后可以带着这张支票找洪家兑换现金。福州和厦门的秤有新旧区别，一两黄金的差价与往返厦门的机票钱相当。

在洪植城老人的回忆里，尽管当时洪家家业已经出现颓势，尽管洪家的勤俭祖训一直严格承袭下来，但洪家植字辈的生活，仍然优越得让一般人家的孩子艳羡。当校园里的多数学生还在以拥有一支国产的"民生"牌钢笔为满足的时候，这个洪家少爷正在用着正宗的"派克"笔和同是舶来品的航空手表。同样能说明一些问题的是晚自习后的小点心。局势动荡时的经济危机，让学校里的学生困于简陋的食堂伙食，而洪植城时不时的点心宴则让他成了同学中的明星。

战乱中"洪字茶"的颓败

1937年，卢沟桥事变。当年10月，日军入侵福建沿海。福州市场陷入极度混乱，商店昼关夜开，有钱人家和政府部门陆续迁往南平、永安。

洪发绥也带着洪家大小迁往当时是万国租借地的鼓浪屿及香港等地。福州的家业只剩下汝方一人打理。此时，洪家在十四桥附近购买的原计划用以建设机械化新厂的百亩地，也因为战争影响而搁置。1943年，从鼓浪屿回到福州的洪家像其他家族企业一样，已是元气大伤，资金不足，难以维持原有的生产规模。此时洪字茶的年产量已经不到1万担，各种形势的变化让洪家的经营处于极其被动的位置：销往省外的茶叶，茶款没法及时汇回；法币开始贬值。1945年8月14日，抗战胜利，但不久内战即爆发。国民政府以增发纸币维持开支，法币继续贬值。洪家资本在国民政府的几次货币变更中逐渐流失。至1948年，洪家茶叶年产量只剩下3000多担。因为资金周转困难，洪家企业开始以自营为主，代客加工为辅。1946年，洪发绥去世。为适应当时的市场变化，洪家兄弟决定采取快进快出的多种经营方式，按个人所长各自分业经营。当时，看到农村普遍缺少肥料，洪汝方开始兼营建丰豆饼厂及胜春仓储公司；洪汝端则在福州下杭路上开办了一家建平商行，开展代客代理业务；汝正、汝直两人成立了一家宏发茶行，业务转向广州、香港、台湾。

只是，洪家兄弟试图重振家业的梦想最终并没有实现。

1949年8月17日，福州解放。一夜之间，之前流通的银圆券成为废纸。海峡两岸断航，福州与外地的来往隔断。洪家原已运往广州、香港、台湾、南洋一带的茶叶和其他货物，在战乱中无人管理，落得个钱货两空、血本无归。至此，洪家盛极百年的茶叶生意已到濒临破产的境地。此时，洪家的生计只能靠厂房、店屋的有限租金维持。

新中国成立后，在校读书的植字辈洪家子孙陆续大学毕业参加工作。工资收入逐渐成为洪家的收入来源。1955年1月20日，国民党台湾飞机投下的燃烧弹，在台江区烧掉大片房屋，洪家在坞尾占地9亩的洪春生厂房、住宅、家祠，以及在江滨路上一栋三层房屋、台江路上几处出租的店屋都化为灰烬。洪家茶的家族史也就此画上句号。

"标本世家"的世纪传奇

刘登翰

一

1979年，初夏，年过花甲的唐瑞干作为武夷山自然保护区综合科学考察会议的特邀代表，又来到他一家三代都曾为之付出心血的世界著名的生物新种模式标本产地的武夷山区。三天学术性的发言后，来自全国各地的百余名生物学家和科学工作者，分成三组出发到实地进行为期一周的考察。他没有和大家结伴同行，只是带着简单的行装，肩背一支西德产的双管猎枪，独自走了。他来到萦系着家族几代人追寻和思念的挂墩，看望了与父辈和自己共过患难、于今尚留存下来的深山老人和他们的后代；再继续南行，到达保护区南部海拔1835米的高峰猪母岗。他梦幻般地在密林溪谷中走着，每一步都仿佛踏着昨日的记忆。他又见到了多少年来只在梦中相逢的"嘟嘟嘟嘟"连续叫着的四声杜鹃，能用尖长的细喙从花蕊吮吸蜜汁、浑身绿光闪闪的叉尾太阳鸟。可是，当他把枪口对准这一只只唱歌的小精灵时，却发觉自己的食指在微微颤抖。他就这样陶醉在这欲发未发的紧张状态间而久久不忍扣动扳机，每每都让一片泪花把枪口的准星模糊了……谁能料到，这个说打眼睛就不打翅膀的世代猎手，一周归来，竟没有像那些初进山门的兴奋的采集者那样，带回来几十几百号标本，他这是怎么啦？

是的，这是怎么啦？连他自己都感到这次重返武夷山，平素的铁石心肠忽然变得柔情似水了。特别是听到国务院批准建立武夷山自然保护区的喜讯时，他更想抱住这里的每一座山、每一棵树，痛痛快快地哭一场……

武夷山，有自己的骄傲，也有自己的伤心和屈辱。近代生物科学飞速发展的100多年来，武夷山这块生物圣地来不及为祖国吐露胸藏的奥秘，却首先被那些充满冒险精神的异国探索者敲开了大门。1873年，第一个异国探索者、法国神父大卫（David）从这里采走了第一批珍贵的标本，次年就发布了挂墩鸟类若干新种，并把某些新种的哺乳类动物标本交给其他人研究。从此，挂墩成了国外生物界竞相追逐的对象。20年后，继之而来的是英国人拉土奇（La Touche）。此后，美国纽约自然博物馆两栖、爬行类学者波普（Pope），德国昆虫学者克拉帕利希（Klapperich）等人相继前来。现在当你走进伦敦、柏林、纽约、夏威夷那些举世闻名的博物馆，琳琅满目的是从这里采集去的标本。在国外生物界，不知道福建省不奇怪，不知道挂墩和大竹岚，则将被传为笑谈。

爆竹声和锣鼓声在密林崖谷中震响，四山八岭传来的回声仿佛也在欢呼这一天的到来。坐在庆祝会场上，唐瑞干悄悄抹去眼角垂挂的一颗泪珠，他仿佛又回到遥远的岁月……

二

大约在公元18世纪末，唐家从闽侯南屿迁到这依山傍水的福州郊区魁岐落户。河道宽阔的闽江供给了他们简朴的衣食。他们渔猎为生，春夏捕鱼，秋冬打鸟，传到唐春营，已是族谱上可以查见的第四代了。唐春营也成了闽江口上声名赫赫的渔猎好手。

1842年，福州划为五口通商口岸之后，闽江航道更加繁忙起来，依水为生的唐家也开始涉足一种新的行业，为那些不谙闽江航道的客商引港载货。到唐春营，便直接受雇于英商义和洋行，在马尾到台江的闽江下游航道上驾驶汽艇。不过，他没有放弃祖辈相传下来的那杆火铳和渔网，因为仅靠义和洋行的一点佣金，是难以养活他有着6个儿子、4个女儿的偌大家庭的。只是这时他们的渔猎生涯也有了新的变化，他们捕打江上栖息的白鹭，它的背脊上顾长疏松的白色蓑羽，是巴黎、伦敦上流社会那些娇娇淑女们的一种高贵的装饰品。每根羽毛的价值与黄金等同。后来他们还捕打各种娟秀的小鸟，剥制成标本装在玻璃盒中，作为一种工艺品，经英商义和洋行和德商禅臣洋行销售到欧洲去。

唐春营把一批白鹭翎毛送到义和洋行，恰遇老板宴客。席间一位风度翩翩的英国绅士，见到他手中娟秀如玉、一缕绒羽未损的白翎，惊喜地叫了起来，接过手中端详了半天，哇里哇啦说了些什么。老板把唐春营介绍给他，原来这是海关新来的税务司长拉土奇先生。

几天以后，拉土奇走访了唐春营建在闽江沙洲上的那幢低矮的木屋，并且请求唐春营划着小船领他到闽江口去打一次猎。船行在两岸如绣的闽江下游，一群群水鸟翩飞。唐春营稳坐船尾，让他的长子唐旺旺划桨。船过一块礁岩，上面栖歇着一群鸥鸟，唐春营冷不丁一声哄喝，一刹那枪随声响，那才从礁岩上惊飞起来的鸥鸟，又扑跌下来。这神速而精到的射技，简直是门艺术，把拉土奇看呆了。他当下就决定请唐春营做他的助手，帮助他在这一带采集鸟类标本。

唐家，这个在我国生物界享有"南唐北刘"盛誉的标本世家，就从唐春营开始了绵延一个多世纪的生物标本采集史。

原来，这个对生物学素有研究的税务司长，作为不列颠帝国的一名驻外官员，他的兴趣依然在生物方面，尤其是鸟类。福州任上三年，唐春营随他到过江苏、浙江沿海，并跟着海关运送粮食的船只登上了沙卫山等岛屿。三年之后拉土奇调到汕头，便要求唐春营的长子、已是二十郎当岁的好射手唐旺旺与他结伴同行。等到汕头任满，重返福州，已是19世纪90年代中期了。其时拉土奇从法国文献中读到大卫关于挂墩若干鸟类新种的记载，便对这个神秘的生物圣地极为垂涎。不过大卫的文章里没有写明挂墩的详细地点，只知它在福建北部。然而，茫茫的闽北大山，哪里去找这人迹罕少的小小村落呢？他只好又来求助于唐春营。这年唐春营刚做五十大寿，不愿远行，便把寻找挂墩的事交给长子唐旺旺、三子唐启锐和四子唐启秀了。

1896年，他们吃了元宵之后从福州出发，溯闽江而上。兄弟几个划着一只小船，带足干粮、弹药，走走停停，遇到山林繁密处，便把小船缆在岸边，肩起火铳进山打鸟问讯。这样山一程，水一程，走了一个多月，才到水口、南平一带。他们在这里耽搁到端阳水发才回福州。这一年虽未探问到挂墩消息，却采集了不少标本，满载归来。

第二年他们又依时出发。这回直溯闽江上游三水汇流的南平，沿建溪直寻到建瓯城下。除了带回另一批同样珍贵的标本外，挂墩仍然是个未解的谜。

第三年他们船走富屯溪，从这里直抵邵武，上岸做了更深入的探寻。3月的闽北，下了一场春雪，满山皆白。在山上打了十几天猎，他们来到邵武和建阳交邻的黄坑乡，准备在这里赶一场圩，拿他们打的山雉野鸽，换一点粮食就往回走。黄坑是邻近几乡的一个大集，他们吊挂在猎枪上的山雉野鸽招来了不少围观的人。有人羡慕地抚摸他们的枪管，打听这玩意儿哪里可以买到，怎么使……过了午，他们卖了野味，想找个小店吃饭。那个迷恋猎枪的山民也跟在身后，在饭桌前坐下。都是年岁相仿的小伙子，一上饭桌，话就多了。那山民说："你们要打鸟，上我们挂墩山去，那儿什么鸟都有。"

"挂墩！"唐旺旺简直不相信自己的耳朵，这个花了三年时间寻找的挂墩，竟然无意间就来到跟前了。

小伙子名叫傅银亮，和唐家一样也有6兄弟，几十年以后也是生物界中另一个以制作昆虫为主的"标本世家"。当下他们付了饭钱，唐旺旺几人就跟着傅银亮上了挂墩山。偌大的山林里只住着傅姓和詹姓两户人家，隐藏着无限神奇和奥秘的森林，似乎还未受到外界的多少干扰。

挂墩，这个被历史长河淹没了多少年，只偶尔随着浪花的翻涌和人们打过几次照面的生物圣地，此刻，在唐家兄弟顽强的追索下，又袒露在一代代生物探索者的面前了……

三

1931年，拉土奇最后完成了他两卷本的《中国东部鸟类手册》的写作。这部长达1000多页的著作所依靠的大部分材料，主要来自唐家两代人采集的标本。辉煌著述的基础是中国劳动者默默无闻的贡献。因此，拉土奇把他为唐家拍于1897年的合家照，放在扉页，尊称他们为中国著名的狩猎家和标本采集家。作为一个生物学家，拉土奇的探索精神是值得称赞的，但作为一个伴随殖民主义者入侵而来的异国人，当他回国时，唐旺旺眼睁睁看他把唐家两代人历尽艰辛采集积累起来的千百号标本，大箱小箱地装走，心里像被剜了一刀。在那个年代，一个政治上丧权、经济上贫弱的中国，所遭受的掠夺，或许不是当时的唐旺旺所能完全理解的。但是，随着时间的推移，当唐家几代人生活在标本世界里，常常为某些已被带走而再难采到的标本感到遗憾时，这种感受便愈加强烈。

他们决定不再为外国人采集标本了。

20世纪20年代，随着五四运动科学与民主思潮的冲击，西方近代生物科学开始被广泛介绍到中国来。许多大城市有了博物馆，一些著名大学设置了生物系。在生物采集界颇有名气的唐家，便从他们居在闽江边上的小木屋里，走向全国各地。上海亚洲文会博物馆、北京静生生物调查所、南京中央研究院、北京大学、武汉大学、复旦大学、中山大学、厦门大学、福建协和大学……纷纷都来聘请他们。谁能数得清他们的足迹曾经印遍祖国多少名山大岭、江河湖海？从东北的小兴安岭到云南的西双版纳，从新疆的戈壁滩到南海的东沙群岛，四川的峨眉山、广西的大瑶山、青海的祁连山、湖北的神农架……都留下他们的采集记录；无数新种和新亚种的发现，唐氏白背啄木鸟、棕翅狂鸟鹰、峨眉白鹇、傅氏髭蟾……都和他们的名字联系在一起。1927年，唐家第三代——三房的长子唐瑞金，作为著名鸟类专家常麟定的助手，参加南京中央研究院组织的科学考察队进入广西，当他们的马队路过大瑶山歇息在一个无名小镇时，邂逅了他的四叔唐启秀。原来唐启秀参加中山大学组织的另一支考察队也正准备进入大瑶山。这种趣闻在唐家数代的野外采集生涯中并不少见。

和他们比起来，唐瑞干的大半生却更幸运地和挂墩联系在一起。

唐瑞干是唐家三房的幼子，1917年生。他10岁跟父兄学会装药打鸟，16岁就随大哥唐瑞金到南京中央研究院采集标本。那时唐家的境遇已稍有好转，家里希望他多读点书，但他的悟性似乎仍在这家传的职业上。他从南京被叫回家只读了一年书，又随叔叔到厦门大学去采集海洋生物标本。刚18岁，便在新建立的莆田博物馆独当一面了。

这时候，他三哥在协和大学采集标本。坐落在闽江畔上的协和大学是国内较早设置生物系的一所大学，培养了像郑作新这样著名的生物学家。这

里依山傍水，宫殿式的校舍掩映在一片亚热带的阔叶林中。1930年，20岁的郑作新从美国密歇根大学获得博士学位归来，回母校当了教授，每天清晨便在这片树林里观察鸟类活动规律，从此数载不懈。这天清晨，郑作新照例来到树林里，江面上晓雾迷茫，早起的鸟儿一片啁啾。猛然间听得一声哄喝，受惊的鸟儿哗地飞出树林，就在这一刹那，枪声震响，来不及穿入江雾的鸟儿就扑跌下来。这哄鸟出林的射技他是多么熟悉啊，这是谁呢？

郑作新寻出树林，是一少年正弯腰捡起江畔上的落鸟。郑作新一下就猜出，有这手绝招的一定是唐家人，而且当即喜欢上这个腼腆而机智的少年。就这样，少年唐瑞干来到协和大学，当了著名鸟类专家郑作新的助手。

1937年，日寇的炮火烧到了闽江边，协和大学准备内迁邵武。这年冬末，已经当了系主任的郑作新随同协大校长等几个人，带着唐瑞干，先去查勘校址。他们是在建阳城关过的春节，准备从这里翻山去邵武。举世闻名的挂墩就在他们途经不远的山坳里。一行人在黄坑歇息时，他们便提出折进挂墩看看。天寒地冻，又是战乱年月，这样的时候去挂墩，疯了吗？是的，是有点感情冲动，一个生物工作者，没有这一点冲动，怎能写出充满激情的生命的诗来呢？

他们来到挂墩。高高的崖坡上，还是父辈描述过的那几间竹篾编墙、杉皮当瓦的房子，几十年岁月，除了进出几批异国的探索者，时间仿佛是静止的。这时傅银亮已经不在了，剩下的是他们的后代傅启发、傅友发等兄弟。深山主人听说他们就是唐旺旺、唐启锐的后人，格外高兴，端出了温热的水酒、家腌的腊肉和新打的山麂……他们在山里住了两天。这是怎样兴奋的两天啊！他们翻过一座又一座山头，踏看了覆遍山峦的原始森林和繁衍在这里的各种鸟类。大雪封山，饿得嗷嗷叫的鸟儿都飞出林外来觅食，他们很容易就捕打到一批。

两天后，郑作新不得不先走。他把两支猎枪都留给了唐瑞干，决定让他独自留下来。

山里的生活十分清苦。三餐下饭的是傅家送的酸笋，夜里睡在竹棚里，雪花会从洞开的门窗飘进他从傅家匀来的一床又硬又薄的棉絮上。有一次，为了追踪一群活动在高山顶上的红嘴蓝鹊和山椒鸟，带了点干粮，找到山头上一座不知多少年前烧炭人遗下的破草棚住下，忘情地一住五六天。第七天，做饭的老依姆找上山来，见唐瑞干胡子拉碴，眼眶凹陷，肩头膝盖都被荆棘刮破了，还高兴地指着他采集到的珍贵标本冲着她笑，才硬把他拉下山来。

5月，郑作新专程来黄坑接他。唐瑞干由傅家几个兄弟陪同，400多号鸟类标本大筐小担地挑下山来，其中有30多号是福建的新记录。郑作新兴奋得眼眶都红了，是的，这是中国学者第一次从挂墩获得的大批鸟类标本，它们是我们自己的，再也不会流散到异邦去了……

<h2 style="text-align:center">四</h2>

20世纪30年代、40年代、50年代……唐瑞干几度进出挂墩，特别是新中国成立后，他活动的范围更宽了。"文革"时，他曾被下放到闽东一个偏远的山村。行前，他和即将退休的大哥来给那些标本装箱。合并了协和大学的福建师院奉命解散，财产也将被瓜分。他不知道这些与他朝夕相处的4000多只鸟类标本——其中95%以上是唐家几代人心血的结晶，将被发配到何处，他也不知道自己此生还能不能回到这钟爱的工作岗位上来。他含泪把这些标本送到渺茫的远方……等到历史回到正常的轨道，他下放回来的头一件事就是去把遣送到几百里外的几百箱标本找回来。坐在师大新盖的生物大楼落地长窗明亮的标本室里，他把那些受损伤的标本一翎一羽细心地修补起来，让它们重新张开翅膀飞翔，他的心也在飞翔。他有多少事想做呀！当他准备再次向武夷山进发的时候，疾病却把他羁绊住了。

他不得不退休，让自己的小儿子唐兆和接班。

唐瑞干过不惯闲适的日子。他主动来到中国标本公司服务，被福建分公司聘为顾问；他又回到学校的标本室来了。他还有许多工作可做，制作标本，培养新人，把唐家几代人的学识、经验记录整理下来。他在唐家流传的《集鸟册》基础上，孜孜不倦用中文和拉丁文写出了长达30页、包括543种、比较完整的《福建鸟类名录》，接着又完成了《武夷山自然保护区鸟类名录》和几篇有关鸟类福建新记录的论文……

20世纪初期，随着新文化运动的蓬勃发展，生物科学也在我国建立起

来。如果从唐春营算起，一个世纪来唐家有多少人为我国生物科学的发展贡献出自己默默无闻的劳动呢？20世纪初，唐氏后代广泛受聘于全国高校、研究所、博物馆，专业从事标本制作工作：一脉由唐启旺和唐启敏及其儿子在上海亚洲文会博物馆（上海科技馆前身）工作；一脉由唐春营四子唐启秀在中山大学担任著名鸟类学家任国荣助手，后随之赴武汉，成为唐家最早一位现代生物学者，并与其子唐瑞昌在武昌创立全国最早也最具规模的动物标本馆；另一脉，唐春营三子唐启锐随父亲留在福州，其长子唐瑞金在福建省研究院动植物研究所协助王震教授采集制作动物标本，二子唐瑞斌赴中山大学任技师，三子唐瑞荣在福州博物文会，四子唐瑞干任福建协和大学技师、我国著名鸟类学家郑作新院士的助手；1946年，唐启敏之子唐瑞玉带着侄儿唐兆铭、唐子英、唐子明赴常州制作标本，新中国成立后这些标本并入文化部，唐瑞玉随之任职于北京自然博物馆；唐启秀之子唐瑞惠早期受聘于厦门大学生物系、福建省水产研究所，于20世纪50年代与子唐兆铭、唐宗敬在中科院动物所工作；之后，唐瑞金长子唐兆亮任职于北京大学，唐启发之子唐瑞耿曾在中科院西南动物所和武汉大学任职。当时几乎国内所有的生物研究机构里都有唐家子弟的身影。多年前访问唐瑞干时，笔者曾看到两份极为珍贵的资料：一是贴有照片的唐氏家族分布于全国各地制作标本的谱系图，已经算到第五代，计30余人，分布在北京、上海、武汉、广州、福州、厦门等地的研究机构和大学，其中不少是技师、工程师和高级工程师；二是他的先人在1916年用旧式账簿毛笔竖行抄写的《集鸟册》，其中记载了我国东南七省的659种鸟类的土名、学名以及分布情况，这可能是历代积累下来的唐氏家学教本。可惜这两份珍贵的资料，在20世纪末的一次火灾中，连同唐家在闽江边上的老屋一起化为灰烬。

被列入福建省非物质文化遗产名录的唐派动物标本制作技艺，在中国标本制作界独享盛誉。1985年，国家颁布《中华人民共和国野生动物保护法》，唐氏家族野外采集标本的工作便渐渐停了下来。他们主要为动物园或由于某些原因死亡的动物制作标本，同时转向更高层次的标本保养、维护、整理和研究工作。在唐家的第五代、第六代中，许多都是经过专业训练的本科生、研究生了。

林则徐家教家风探微

啸　马

1785 年 8 月 30 日，中国诞生了一位历史巨人——林则徐。

林则徐站在中国从古代向近代转折的时代风云前端，在中西方政治、经济、文化的激烈碰撞中，以伟大爱国者、民族英雄的光辉形象屹立在世界东方。

矗立在北京天安门广场的人民英雄纪念碑上，第一块浮雕展现的就是林则徐领导的虎门销烟。毛泽东把这一震惊寰宇的壮举，看作是中国人民反帝斗争和民主革命的伟大起点。

林则徐崇高品德的养成，得力于良好的家教家风。

林则徐出生于一个清贫的读书人家。父亲林宾日是一个很有学问、品行高尚的知识分子。尽管他"家无一尺之地、半亩之田"，靠在私塾教书勉强维持生计，但却始终孜孜不倦地教诲子弟，把读书进取的理想寄托在下一代身上。林则徐 4 岁那年，父亲就把他带到罗氏私塾，抱在膝上，开始了启蒙教育。林则徐追忆父亲对他的教育方法是：谆谆教诲，循循善诱，善于启发学习的乐趣；讲授儒家经典史籍，重视言传身教；对书的内容，一定要讲到儿子领悟为止，但从不责打，连大声呵斥也极少。

林宾日富有同情心，生平讲义气，把他人的困难当成自己的一样。家境虽然贫穷，但亲友有困难，他总是慷慨解囊。林则徐儿时，就亲眼看到父亲把米送给揭不开锅的三伯父，自家夫妻却忍饥挨饿。清代考秀才需廪生保送，有人想用重金请廪生身份的林宾日出面保送，林宾日断然拒绝了。又有一次，邻里一个富豪以优厚的薪俸请林宾日给他儿子教书。林宾日鄙视他人品卑污，坚决不肯应聘。当时福建吏治腐败，闽浙总督、福建巡抚、

福建按察使等人贪赃枉法的丑闻，引起林宾日强烈愤慨。他教书回家时与妻子谈论，常常怒形于色。

林则徐的母亲陈帙是一位勤俭持家、相夫教子的贤妻良母。林则徐在《先妣事略》一文中，回忆儿时家贫以至断炊，母亲常饿肚子，还不让父亲知道，靠针绣、制花贴补家用。林则徐深夜就寝，常看到母亲带着姐妹辛勤劳作，忙到鸡鸣还不能休息。林则徐心里不安，要求替母亲分劳，推让饮食。母亲严肃教育他：好男儿要成大事，要把目光放远，不能把琐碎小事当作孝道；读好书，建功立业，才不负母亲的一片苦心。及至林则徐任浙江杭嘉湖道（杭州、嘉兴、湖州三地的行政首长），接母亲到杭州官署奉养，陈帙仍保持勤俭善良的本色。她不享用珍贵的食品和华丽的衣服，把节衣惜食省下来的钱救济穷亲友；她平日济困扶危，做到尽心尽力、推己及人；即使对仆人，她也体恤备至，未曾凌辱苛待。

在父母充满爱心的教育下，在美好的家庭道德氛围中，林则徐的思想品行深受熏陶。他回忆童年的贫苦生活："每际天寒夜永，破屋三椽，朔风怒号，一灯在壁，长幼以次列坐，诵读于斯，女红于斯，肤粟手龟，恒至漏尽。"艰苦磨炼了他的意志，他发愤苦读，学问大有长进，13岁便中秀才。在应试文章《仁亲以为宝》中，他提出"君臣之合本人为，自古原无独私之国；父子之情本天性，天下更无可代之心"，民本思想的幼芽由此萌发。

1797年，林宾日把13岁的林则徐送进鳌峰书院学习。一直到20岁考中举人，前后达7年之久。鳌峰书院是当时福建的最高学府，主持学院的山长（院长）郑光策，是进士出身的著名学者，性格耿介。在郑光策的教导下，林则徐开始深入学习中华民族优秀的传统文化，眼界大为开阔。他的读书笔记中有一些警句抨击了"矫饰虚声，潜纳贿赂""竭小民衣食之资，供官司奴隶之用"等官场腐败现象，以及"岂为功名始读书"之句，说明经过鳌峰书院的培养，青年林则徐开始树立爱国爱民之志。

林宾日交往的朋友，多是志高行洁之士。林则徐善于从长辈的嘉言懿行中吸收道德精神的养料。林宾日有一位好友林雨化，字希五，为人耿直敢言，不怕触怒权贵。乾隆末年，他曾因揭发福建按察使钱士椿徇私办案，被陷害下狱。钱士椿逼他认"罪"，他严词回绝说，自己只知道伸张正义，不讲个人利害，结果被流放到新疆。获释归来，他仍不改初衷。林则徐少年时常听父亲谈起这位同乡前辈的轶事，深表钦佩。后来，他亲聆林雨化的教诲，并在拜读其文集后，写了一篇爱憎分明的序言，赞扬这位前辈不畏权贵的骨气，为他含冤下狱、万里流放的不幸遭遇而鸣不平。

林则徐从父辈那里传承的家教家风又用于教育子女。他最关心的是子女的学业。子女们经常把诗文习作和书法寄给父亲评点，林则徐无论公务多忙，总是抽空复信给予指导。例如，他有一封家书给三儿子林拱枢："枢官此次寄来文字，比前次却有进境，其字句累赘不清者固多，然遇题尚能生发，不至十分干窘，阅之颇喜。"同时也细心地察觉林拱枢的文章是别人誊写的，批评他懒惰，说："年轻之人写字岂是难事？""果有志向，首以戒懒为要。"

在教育儿子处理个人仕进与服务国家的关系方面，林则徐更有意味深长的箴言。长子林汝舟为翰林院庶吉士时，林则徐写信给他特别强调："有一言嘱汝者：服官时应时时作归计，勿贪利禄，勿恋权位；而一旦归家，则又应时时作用世计，勿儿女情长，勿荒废学业，须磨砺自修，以为他日之用，是则用舍行藏，无施不可矣。吾儿其牢记之。"

林则徐的清廉自律，也处处为子女作出榜样。1847年初，林则徐在西安的陕西巡抚衙署写给三个儿子的《析产阄书》（分家文书）中，说自己做了30多年官，没有时间经营家业。历年供养父母的俸银，老人除了帮助亲友外，舍不得享用，添置些房产，只值3万两银子，每个儿子只能分到价值1万两的房产，至于现银则无可分。

这封带有遗嘱性质的信还告诫："凡我子孙，当念韩文公'辛勤有此，无迷厥初'（韩文公，唐代文学家韩愈。这句话的意思是：辛勤劳作才挣下这份家业，切勿迷惑心智，忘记了当初创业的艰难）之语，倘因破荡败业，即非我之子孙矣！"曾国藩对这件事很有感慨，他在写给弟弟曾国荃的信中说："督抚二十年，家私如此，真不可及，吾辈当以为法。"

林则徐曾撰写楹联"师友肯临容膝地，儿孙莫负等身书"，表明自己是以诗礼传家，而不是以钱财传家。他认为对子孙来说，"贤而多财则损其志，愚而多财则益其过"，教育后代保持清白家风，勤俭度日。

　　林则徐去世前一年，在云贵总督任上，写信给女婿刘齐衔，谈了养老的想法：旧屋所在的文藻山，年年涨洪水，又不够住，修缮也是一大笔费用。他的大儿子和两个女婿是京官，本想在北京买房，一家能团聚，但在北京购置一座住宅，要万两银子，只能望而却步。林则徐信中还说了另一个顾虑，就是北京的生活费用、人情应酬比外省要多花销几倍，粮食又贵，负担不起，进京的念头就冷了下来。林则徐为国家奔波30多年之后，告老还乡。当时在福州，他的官阶最高，但他的养老之处，不是达官贵人会集的三坊七巷，而是父亲留下的位于平民百姓聚居的文藻山的旧屋。林则徐的长眠之地，也不是什么豪华的陵墓，而是和父母兄弟6人合葬在一个墓里。

　　特别值得大书一笔的是，1839年9月，林则徐以钦差大臣身份在广东领导禁烟斗争时，针对世风日下的时弊，以54岁的人生阅历，综合民间流传的谚语，写下"十无益"格言："存心不善，风水无益。父母不孝，奉神无益。兄弟不和，交友无益。行止不端，读书无益。作事乖张，聪明无益。心高气傲，博学无益。时运不济，妄求无益。妄取人财，布施无益。不惜元气，医药无益。淫恶肆欲，阴骘无益。"这些格言，既体现了林公的伦理文化观，也可以视为普遍的家风家训、治世良方。

　　林则徐的家教家风给后代留下了宝贵的精神财富。林则徐的曾孙林轼垣曾任北洋政府驻新西兰和加拿大等地领事，抗日战争时期过着颠沛流离的逃难生活，经济艰难。南京"汪伪政权"的"外交部长"梁鸿志知道林轼垣的外交才干，企图拉他入伙。林轼垣不为高官厚禄的诱惑所动，严词拒绝："林文忠公（林则徐谥'文忠'）的子孙不当汉奸。"

　　林则徐玄孙辈，许多人在外敌入侵之际奔向抗日前线，英勇杀敌，有的秘密参加中国共产党，坚持地下斗争，以至壮烈牺牲，献出了宝贵的生命，体现了林公"苟利国家生死以，岂因祸福避趋之"的伟大精神。

　　时至今日，每逢清明节，在榕的林公后人便会集体前往祭扫林公陵墓。慎终追远的心祭，说明林则徐家族的家教家风，正以林公精神为核心一代又一代传承弘扬。

福州坊巷间的林则徐后裔

郑　芳

　　澳门路上的林则徐纪念馆——这座 1905 年开始修建的建筑，在春天的暖阳下显得如此清净。只是，和很多几经修缮的纪念馆一样，简易的钢筋水泥融合物透出来的东西总是不能企及人心。塑像、碑文只是个建筑标志，展览柜里的各种文书也仅仅是记载历史的物体。

　　时间的作用总是非此即彼地相对存在着，可以用来传承，也可以用来遗忘。这些房子里的时光是固化的，在林家祖谱上体现出来的是流动的。

　　2004 年，笔者曾在福州见到两位林家的 80 多岁的老人。林子东，林则徐三子林拱枢的曾孙女。林桢墉，林则徐二子林聪彝的曾孙。姐弟俩的第一次见面是在 1985 年之前。不久，两人被林则徐研究会列为联络组成员，共同筹备纪念林则徐的系列活动。两位老人见面前的各自一段人生，用两种不同的方式见证和维系着林则徐第三代至第七、八代的世事变迁。

出生

　　1921 年，北京一座四合院、一个政府小官员家庭。这是林子东关于自己出生的所有记忆。

　　关于北京四合院的清晰记忆，从子东 3 岁开始。"我们家当时还可以，一大家人住在一个很大的四合院里。前后有三个院子，这在北京不算最大的。我的生父母（林步随夫妇）一家、继父母（林轼垣夫妇）一家，还有一个伯父灏深住在这。我们家没有大宅门那么大，也算得上小号的了。"

　　那时候，子东与家人出门可以坐自己家的车。这个四合院里有三辆车，两辆是人力车，一辆马车。当然，子东坐的多半都是自家车夫拉的人力车，那辆马车是她生父的。子东生父是当时的国务院秘书长。

幼年，在北京生活的林子东对故乡福州知之甚少，自然也不会知道福州林家几栋宅子里的故事。实际上，20世纪20年代是林则徐第五代出生比较集中的一个年代，而孩子的哭闹声最多的是林则徐二儿林聪彝的宅子——福州宫巷一座四进大宅子。这里住着聪彝膝下11个孩子的三世林氏后裔。

1922年，住宫巷大宅子头进花厅的林闿章家又添了个儿子林桢墉。

童年

林子东能记起的童年生活都和继父母一起。继父母实际上是她的养父母，也就是子东的伯父伯母林轼垣和钟锦棠。

子东的生父林步随考中进士后就留在了北京。民国成立后被派往美国，一边做留学生监督，一边自学英语。这一待就是9年。9年后，林步随回国结婚生子。

子东的英语启蒙老师不是这个生父，而是继父林轼垣。林轼垣早年上的便是洋学堂——北洋水师学堂，学英文，毕业后就开始外交生活。毕业那年去了伦敦，在中国驻伦敦大使馆做随员。之后，先后在加拿大、新西兰做使馆领事。

1924年，子东的父亲将3岁的林子东过继给了没有孩子的伯父林轼垣。

跟着继父母的生活是幸福的。子东记得，小时候调皮时，亲戚们便会吓唬她："你要是不听话，就让你回去和你姐姐一样，做个小丫头。"后来，子东听说生母是个相当传统的女人，保留着封建社会的所有习气，比如重男轻女。

领养子东的时候，林轼垣夫妇从国外回来，在福州住了一段时间。

5岁时，子东随继父母重回北京。"那时候已经很乱了，继父也没再做外交，也没再做官，他们好像不相信北洋政府，可能也还有别的原因。那时候开始，他想在经济上做点事情，包括我的生父也是这样想的。我的生父从国外回来，就在国务院做秘书长。我记得他们投资过银行、通州运输企业，还有什么电厂之类的，但是后面都失败了。这些都是文人，文人经不了商。"

经商失败的直接结果就是破产。"家道中落也就是从这里开始。"子东记得，那时她还不大，是20世纪20年代末的事情。

破产之后，同住在北京四合院里的林家三兄弟分家。留在这个院子里的只剩下子东的伯父林灏深；林步随一家在北京另找了一处住处，再也没离开北京；林轶垣一家带着子东回了老家福州。

到福州的时候，子东并未住进曾祖父，也就是林则徐三儿子林拱枢在中山路的林宅（今天的林则徐故居）。

"过去考进士都要去北京，从福州到北京是很辛苦的。我父亲的几个兄弟赶考以后基本上都没回来，老宅子里住的也都是其他人了。"

子东与继父母在福州租了一套房子住，直至1933年"福建事变"发生，一家人又迁往上海。

在福州住的那段时间，子东对林家的其他宅子没有任何印象。在林家另一座老宅子里，同样上演着动乱时候的悲喜聚散。

林桢墉出生后，因为父亲在京浦铁路局工作，全家搬到了南京。在那个军阀混战年代，南京是孙传芳的管辖地。传说，孙传芳曾经相当赏识桢墉父亲的小楷毛笔字。只是，桢墉父亲无心于政治，不久就辞掉工作去了上海。没住多久，因为想念老家，1929年深秋，桢墉随父母搬回福州。

在桢墉印象中，儿时的日子快乐，也还算宽裕。一个宅子里，不是所有的孩子都有钱上学，但他一直读了下去。读福州一中的时候，还因为在一次省级比赛里拿了一等奖，用奖金10元钱买了辆自行车。自行车在那时候还是稀罕的东西。桢墉记得，那时，在学校一个月的伙食费也不过5元钱。

成年

到上海后，子东和继父母定居下来。在那个动荡的年代，子东上小学、中学，直至大学。

"1940年，我考进沪江大学念教育。那时候，上海因为有租界，形势

相对稳定。才念一个学期，日本人进入租界了。那时候，听说燕京（大学）会好一些，毕竟那是美国人的地方，司徒雷登当时是燕京的校长。我就又考去燕京了，念历史。"

燕京的平静也只是暂时的。林子东在燕京大学念了一个学期，"珍珠港事件"爆发，日本人把燕京大学封了。司徒雷登被抓，燕京的很多教授被抓，学生也都跑回家去了。

无书可念的林子东在北京生父家里小住了一段之后，还是回到上海继父母身边。

那时，上海的家已经有些拮据了，靠当一些细软维持生计。其实，到上海之后，子东就不记得继父还做过什么，似乎家里就靠着以前剩下的家当过活。"那时候只有有钱人有大房子，穷人都是租房，而且总是想换看起来好一些、再便宜一些的。"子东的继父母就一直辗转于上海的各种平房，直至1955年、1978年相继去世。

不过，子东继父林轼垣是个颇有骨气的人。子东记得，抗日战争后，"汪伪政府"的"外交部长"梁鸿志与林轼垣私人关系很好，梁写信要他去南京政府工作，被他婉拒。"我继父以前跟我说过为什么不能去，他说我们是文忠公（林则徐）的后代，不能当汉奸。"

那时，20岁的林子东的身边已经有一群进步的革命青年。在学校的时候，子东曾经为私底下传阅的那本斯诺的《西行漫记》兴奋非常，也曾经对革命向往不已。"同学里面有一些就是地下党的联系人，谈话间，我们都能分辨出来谁是，谁不是。"

在上海待了一段，子东计划跟其他几个同学一起，走抗战这条路。

"那次是骗出来的。我跟我继父母说，有个去苏州当老师的机会。他们看着政局这么乱，当老师也还可以安稳赚钱，就答应了。其实从家里收拾行李出来我就去我姐宿舍了，把那些不能带的箱子都放在她那儿。后来又去另外一个同学家，化装，换上脏兮兮的破衣服，装成乡下人，这样才能过日本人的关卡。我和我的一个通讯员装成夫妻，还带着同学的妹妹。到关卡，我们基本都不说话，我们的口音不对。这是事先都讲好的，即使被抓了，也绝对不能说出和地下党的关系。"

这样，子东去了苏北革命根据地，参加了新四军。

在福州，林桢墉的祖父林钧泽在仓山对湖买下了一套湖山别墅。桢墉一家也跟着搬了过去。"那是一座联排五进的别墅，我们住在中间一排。"

桢墉的父亲林闰章因为小楷写得好，被交通银行招去做文书主任。银行职员在那时候已经是中等阶层的收入。那时，桢墉在福州一中念书。

1941年，福州第一次沦陷。桢墉一家搬到了临时的福建省省会永安。在永安，交通银行总行招收员工，桢墉通过了考试，在银行做起助理员。桢墉自此开始了和父亲一起在银行工作的生活。

"我刚进去的时候，25元钱一个月。算是还可以的了。那时候家里条件还好，因为哥哥姐姐也都工作了。哥哥在（省）盐务管理局，姐姐在糖烟酒公司，都还算是不错的单位。"

因为和父亲一样写得一手好的小楷，银行的宣传工作就一直是桢墉分内的活。

新中国成立

新中国成立后，子东回上海见继父母。这一次见面藏着7年的相思。

"那7年，一年寄几封信，而且是我写给他们。我在游击部，是没有固定地址的。"见面的时候，继父母很喜欢和子东聊共产党的事情。"继母对解放军的印象特别好，说是解放的第二天，开门一看，路上睡的都是军人。他们的纪律真好，一点都不打扰老百姓。"

之后，子东离开继父母，在福州一直做着和媒体相关的事情。先是在《厦门日报》，再到厦门广播电台，再是《福建日报》、新华社、省人民出版社。

和老人聊天，并不难想象一个善言、思维敏捷、行事迅速的女记者形象。

福州宫巷那座连着三个门牌号的林家老宅子后来卖给了省侨委。

"卖了4万元钱，6亩地呀。也说不清楚是怎么卖的，谁卖的。那时候，住在这里的11房，手头上都没有什么钱了。大家把卖房子的钱都分了，我家分了3000元。以后，也就分家了。"

说话的时候，桢埔老人好像有些落寞。

"十年动乱"

"'文革'一开始，就确定'黑五界'，文艺界、新闻界都被定在内。那时候，我是省出版社的头，很自然就被揪出来。回想一下，那时候我倒是不害怕，刚开始也不知道到底出什么事了，后来看到文化单位的头都被揪出来，就只觉得可气、可笑了。检查天天做，批斗会、游街也没什么新鲜的。不过，毕竟还是文人，单位也还没那么狠。我绝对不会自杀。我要看看这到底是怎么回事。"

"1957年，我到上海参加完一个银行系统的全国宣传会议回来，就被定为'右派'了。后来我才知道，银行要报'右派'的名额，可是又凑不齐，他们看我是民盟成员，就把我报上去了。"林桢埔说。

被定为"右派"后，林桢埔从19级降为22级，实行机关管制。

"那时候，我和行长、书记每天都要挂着一块很大的木排，在毛主席画像前请罪。我记得很清楚，牌子上写的字很大，'右派分子林桢埔'。"

桢埔的女儿林祝光记得，机关管制那会儿，父亲很晚才能回来，高帽要用纸包好，带回家，早上很早再抱着帽子去银行。因为，这帽子是要随身携带的。而包帽子的纸张也有讲究，绝对不许用报纸，因为报纸上多是当时领导人的头像。

团聚

"十年动乱"结束后，林子东去了省社科联。

林桢埔从下放改造的周宁回到福州，女儿祝光顶替，补上了在人民银行的工作。不久，省人民银行将林桢埔聘去做宣传。

20世纪80年代初，林子东通过林纪东（林则徐五世孙）等辗转联系上了失散多年的兄弟姐妹，其中包括林桢埔。

之后，各种林则徐研究机构陆续成立，林家后裔被林则徐研究会邀请进来，成立联络组，筹备各种纪念林则徐的活动。

时光倒流几道巷

孟丰敏

　　仓山区阳岐村几道巷外，在一条河的深处，两棵榕树盘虬卧龙，浓荫努力撑开成伞。小村的古老溪流阳岐浦蜿蜒而行，静静地淌出小村，向外借一条路到达乌龙江。阳岐浦历史上是福州西郊的水路交通要道，溪流的出口直接注入乌龙江（闽江下游一段），为永泰县到福州必经之处，为闽侯县以南方向到福州必经之处。唐至北宋，福州向南的主驿道从这里经过。而阳岐村位于福州南台岛西南部的乌龙江边，曾是福州城郊的码头港口重镇，也是进出福州市区的一条交通要道。这个古老的村落引起人们注意的重要原因是诞生了中国近代史上里程碑式的伟人——严复。严复（1854—1921），原名宗光，字又陵，后改名复，字几道，近代著名的思想家、翻译家、教育家。

　　从福州市区出发，上南三环，至湾边立交桥，桥下有个转入阳岐村的巨大指示牌，在指示牌前方有段斜坡公路上去即是严复的祖居地阳岐村，即今日仓山区盖山镇上岐村、下岐村所在。严复曾作诗《梦想阳岐山》："门前一泓水，潮至势迟迟。"此泓水必是阳岐浦。《严几道年谱》言及阳岐："溪山寒碧，树石幽秀，外临大江，中贯大小二溪，左右则有玉屏山、李家山楞严诸丘壑。"可见阳岐村风景之优美。站在几道巷外的河旁，刚好涨潮时分，潮水把小村衬托起来，仿佛一叶秋色轻浮在云端。假如时光倒流一百年，那时潮涨，卧龙般的榕树、河对岸的玉屏山庄倒映在江河里，道旁满院落花随风卷，是怎样一番美景呢？最是惊艳人间无限好吧。

　　"世事了如春梦过，夜潮还与故乡通。"在严复的《和寄朝鲜金泽荣》诗里，故乡、明月、河流都是一场春梦般的世事，遥远得恍如隔世，却令他

魂牵梦绕。因为他长期居住在津京两地，自然怀念故乡。严复9岁到11岁期间在祖居地阳岐村几道巷的"大夫第"跟随五叔父严厚甫秀才学习。14岁父亲病故后，他又随母亲回到祖居大夫第生活。这诗里的故乡、家园，自然是这阳岐村和大夫第。祖居地的童年时光对严复来说一定是一生最难忘的，何况阳岐村人文历史底蕴深厚，值得玩味的地方太多了。

以水运为交通要道时代，阳岐在福州的地理位置特别重要，宋代就十分繁荣，保留了不少古渡口，还密布各种保佑水上航运、人行水上平安的庙宇，如尚书祖庙、忠肃祠、临水娘娘陈靖姑的毓麟宫、凤鸣寺、观音阁、北极玄帝庙、薛太师祖庙等。还有严复晚年住过的玉屏山庄、严复主持重修的尚书祖庙、严氏宗祠。如今保留下的与严复有关的重要古建筑是今人全面了解严复的重要渠道。

阳岐以一条溪水为界，分为上岐与下岐，横贯阳岐浦上的一座建于宋元祐四年（1089），青石板铺就的小桥东西走向，名"午桥"，东头一棵古榕遮天蔽地。据说，桥栏上的"午桥古迹"系北宋蔡襄所书。

过了午桥，寻几道巷到严复祖居"大夫第"。阳岐古村在严复先祖从河南中原迁居到此时，是一座繁华小镇，距离福州城区虽有距离，却保留着乡绅的气派。所以，即使今日阳岐村呈现一副衰老风霜面貌，却无法使人错漏那些曾经华丽的深深庭院。它们有的与严复祖居毗邻，有的隔岸相望。当地村民说附近某户高氏府邸、陈家大宅曾经风光不可一世，还有午桥旁耸立的一栋欧式建筑风格的两层小楼未知具体来历，也由此可见一斑。

严复始祖严怀英曾官居朝议大夫，故严复祖屋常年悬挂一块"大夫第"的匾额。"大夫第"是国家级文物保护单位，曾于明代翻修过，依然保持原有的砖木结构。房屋两进，前面有一个天井，后面是一座庭院。门外立着一块石碑，上书"阳岐严复故居"。严复当年随五叔就读时，私塾就设在"大夫第"前座，严复就住在后座西边的一间披榭中。福州老建筑古屋中经常出现披榭这样的建筑名称。榭是我国古代一种很美的建筑形式，凭借周围风景而构成，形式灵活多变。其实这披榭却是祖屋墙外的破旧木屋而已，而非水上亭榭楼台。可见严复回到祖居的生活是相当艰难的，而且那时也已成婚生子。严复孙女严停云在其著作《吾祖严复的一生》中写道：他绝不愿意因自己缘故把已住在那儿的族亲赶出去。这便安于那两间小木屋，靠母亲和妻子为人绣花、缝纫所得的微薄收入过日。常常早上出门没吃什么东西，经过卖"鲭仔"（家乡特产，生腌的一种小鱼，奇咸无比）的小担子，给贩者一个小钱，两个手指头拈起两三尾小鱼仰面往嘴里一丢，一面咀嚼着一面昂首阔步地走着去。祖父成名后，那介于祖居和破屋之间的小弄道被称为"几道巷"；至于他住过的那两间小屋，则因年久失修倒塌而被拆除了。"几道"福州方言即"石阶"，音译成普通话就变成了"几道"，一说这是严复自称"几道先生"的由来。此几道巷原有阶梯通往后山的严氏宗祠的，如今已夷为平地，但仍与严氏宗祠道路相通。

严复13岁离开阳岐村，以第一名的优异成绩考入沈葆桢创办的福州船政求是堂艺局，与阳岐村一别就是50年，但一直梦中萦回阳岐村，所以晚年曾回到阳岐下岐李坨山中的玉屏山庄居住过一段时间。山庄属同村清末邵州知州叶大庄所有，有20多间房屋，村河环护山庄，景色宜人。叶大庄去世后，玉屏山庄被分割出卖。严复购了其中一座单进住宅，作为他的晚年住房和三儿子严叔夏结婚的洞房。玉屏山庄至今整体保存完好，是清朝末年、民国初年难得的中西合璧住宅。严叔夏曾任福州市副市长，分管文教卫生工作。去玉屏山庄参观严叔夏婚房，也是当地村民津津乐道的趣事。

严复后来写诗回忆在阳岐的生活：

> 我生十四龄，阿父即见背。
> 家贫有质券，赙钱不充债。
> 陟冈则无兄，同谷歌有妹。
> 慈母于此时，十指作耕耒。
> 上捲先人骸，下养儿女大。
> 富贵生死间，饱阅亲知态。
> 门户支已难，往往遭无赖。
> 五更寡妇哭，闻者颦心肺……

100多年过去了，严复留给我们的是一道遥远而光辉的历史背影。漫步

阳岐村，看看那人世变迁后的古旧模样，孩童从午桥嬉笑走过，仿佛看到了少年的严复及其少年时代苦难生活的历史背景。正因为少年时期的艰难困苦，使他能在简陋破屋中发愤图强，思想早熟而深沉，内心对国家民族的繁荣复兴产生了强烈的家国责任感，日后才能发展出复杂却超前的思想轨迹。也是这样的乡间生活，培养了他一种闲适从容的性情，而致力学问、精益求精，成为一代大学者、大思想家。

清宣统二年（1910），严复为归葬亡妻王氏，令长子严伯玉选址监造，墓园建在阳岐村上岐的鳌头山，即现在南三环路北与建新镇福湾工业园之间，属于国家级文物保护单位。1921年，严复病逝后葬于此。陈宝琛为其撰墓志铭，曰："旗山龙渡岐江东，玉屏耸张灵此钟……文章光气长垂虹。"

严复在世时为自己的身后做了如此安排，说明他对祖居、故园深情难忘，怀着落叶归根的传统理念，而且依然是和原配夫人葬在一起。我由阳岐严复纪念馆的馆长严孝鹏带路，来到了位于鳌头山的严复墓园。关于鳌头山，严复在《怀阳岐》诗中如此描写："鳌头山好浮佳气，崎角风微簇野航。"说明严复挑选此地作为安生地，是认为此处风水极佳。当然，严复在世时鳌头山是离福州城区非常偏远的一座山丘。古代为军事信号台，因山顶有巨形怪石如海龟而得名。墓园四周风景因时代变迁而变化较大。

严复墓园造型像鳌头的额，面朝东南方向，与盖山隔江相对的是闽江出海口五虎山。墓园为风字形，土石结构，五层墓埕，占地面积1680平方米，环以围墙。墓前石墙设有两个铁门。进入墓园，拾级而上，第三层墓埕中立一石条横屏，阴刻"惟适之安"四个楷体大字。石头横屏后及拱顶墓前立着青石墓碑，碑面楷书——"清侯官严几道先生之寿域"。作为中国近代最重要的启蒙思想家、大翻译家，严复留在墓碑上的便仅有这样一行文字。一个丰功伟绩者至死仍如此谦卑，可见其胸怀正如林则徐的名句"海纳百川，有容乃大"，其著作思想才能被永久地镌刻在历史的不朽丰碑上。严复的光辉思想在历史上空闪耀如星，使得古老的阳岐村像那绵绵不绝的阳岐溪流，时而安静，时而奔涌，从来不会被世人和光阴遗忘。

与近当代中国共命运的严复家人

夏　雪

　　"夏雪，你知道作为福州人最值得骄傲的是什么吗？"问这句话的是台湾艺人凌峰，时间大概是1990年，那时凌峰正在大陆制作电视纪录片《八千里路云和月》，这是台湾第一部介绍中国大陆风土民情的电视纪录片。而我，当时正在采访他。

　　说实在的，凌峰的问题让我的脑袋一时出现了空白。"最值得骄傲的？"我的大脑如搜索引擎般快搜，却无法定格。大概是见我沉吟，或者更是不想难为我，凌峰一改艺人的玩世不恭相，说道："福州的三坊七巷出了很多影响中国近代历史的人物，像严复，像林纾，还有陈宝琛、萨镇冰、沈葆桢。""林纾，一个完全不懂英语的人，翻译了世界名著《茶花女》。我最敬佩严复，他翻译的《天演论》，让我们知道了'物竞天择，适者生存'……"

一

　　三坊七巷中，郎官巷现在的长度最短，100多米，但据说当年它的长度列七巷之首。郎官巷其实是严复晚年的住处，他的家乡是福州郊区盖山镇阳岐村。严复从小入私塾读古文，14岁那年，父亲染病去世，家境变得困难，只好中断了学优致仕的道路。1866年，像当时许多贫家子弟一样，严复报考了福州船政学堂，并以第一名的成绩被录取。经过5年的学习，1871年严复又以最优等的成绩从船政学堂毕业。1877年，严复与方伯谦、萨镇冰等船政学堂毕业生一起去了英国皇家海军学院学习。

　　1880年，从英国回来不到一年，严复即被洋务运动的领军人物李鸿章招至北洋水师学堂任总教习，其教学能力得到李鸿章"造诣精进"的评价。但由于没有科举的正途出身，严复在北洋水师学堂迟迟得不到升迁，思想主张难以实施。

1897年，一部注定要影响几代中国人思想发展的文化巨著——《天演论》破茧而出。一经发表，便迅速在维新人物中间流传，乃至整个中国近代社会都弥漫着严复《天演论》的思想。《天演论》从翻译到正式出版，经过4年时间。这4年，即1895年到1898年，是中国近代史上不平常的4年，甲午海战惨败，民族危机空前深重、维新运动持续高涨。《天演论》的出现，引起思想界强烈的震动。以文名世的同治进士吴汝纶看到《天演论》译稿后，赞不绝口，认为自中国翻译西书以来，无此宏制。这位五十几岁的老先生，激赏之余，竟亲笔细字，把《天演论》全文一字不漏地抄录下来，藏在枕中。梁启超读到《天演论》译稿，未待其出版，便已对之加以宣传，并根据其思想做文章了。向来目空一切的康有为，看了《天演论》译稿以后，也不得不承认从未见过如此之书，此书"为中国西学第一者也"。青年鲁迅初读《天演论》，也爱不释手，一位头脑冬烘的本家长辈反对鲁迅看这种新书，鲁迅不理睬他，"仍然自己不觉得有什么不对，一有闲空，就照例地吃侉饼、花生米、辣椒，看《天演论》"。《天演论》问世以后，"天演""物竞""天择""适者生存"等新名词很快充斥报纸刊物，成为最活跃的字眼。有的学校以《天演论》为教材，有的教师以"物竞""天择"为作文题目，有些青少年干脆以"竞存""适之"等作为自己的字号。

《天演论》之后，严复又马不停蹄地翻译了另外7本西方著作。这些书令严复声名鹊起。辛亥革命后，京师大学堂改名为北京大学。1912年严复受袁世凯命担任北大校长之职。但几个月后，因为身体的原因，严复即辞去了北大校长一职。

1920年，严复回到了福州。他想在晚年时候落叶归根，于是选择了福州，入住郎官巷。当时严复已经60多岁了，身体状况非常糟糕。1921年10月27日，严复在郎官巷住宅与世长辞，终年68岁。在确知自己将不久于世时，严复留下了遗言，其中包括为未来出世的孙女起名"倬云"。

"倬云"取自先秦《诗·大雅·云汉》一诗中"倬彼云汉，昭回于天"。

这首诗记载了周宣王仰天求雨的祷辞，目的是要体现王"有事天之敬，有事神之诚，有恤民之仁"。

弥留之际的几道先生，是否在祈望子子孙孙勇于探索，能如阳光穿越浩瀚的银河，让思想穿越中外古今呢？

二

严倬云为严复的三公子严叔夏和台湾板桥林家林尔康的二女儿之女，上有哥哥严侨，下有妹妹严停云，即台湾女作家华严。

关于福州三坊七巷严家和台湾板桥林家、辜家等的婚姻，若展开就是中国近代望族的一部错综复杂的婚姻关系画卷。简单地说，大概是：居住在三坊七巷、时为末代帝师的陈宝琛赴台公务，与台湾板桥林家大家长林维源一见如故，当下决定两家联姻，陈宝琛做主将妹妹陈芷芳嫁给了林维源的弟弟林本源的儿子林尔康。林尔康和陈芷芳育有三子二女：林熊征、林熊祥、林熊光和林慕安、林慕兰。

林尔康和陈芷芳的大女儿林慕安嫁给了林则徐外孙、清船政大臣兼办台湾海防事务沈葆桢的儿子沈林策；二女儿林慕兰则由陈宝琛保媒嫁给了严复的三公子严叔夏。长子林熊征娶了盛宣怀（晚清尚书）的五女盛关颐，育有女儿林倩，林倩后来成为严侨的妻子；次子林熊祥则娶了陈宝琛四女陈瑜贞，他们的儿子即台湾学者林衡道，他曾为家族纪念亭题对联曰："淡江水连闽江水，龟山云接鼓山云。"

厦门鼓浪屿的"菽庄花园"（也叫林家花园）和福州杨桥巷的"林家大院"见证了那一段历史。

1946年，严倬云的大舅林熊征在台湾去世，同时，二舅林熊祥与辜振甫等人涉嫌"共同阴谋窃据国土"被捕，他们兄妹随母亲林慕云赴台奔丧、探亲，并留在了台湾。未一同前行的严叔夏则留在了福州，继续福建协和大学的教书生涯。新中国成立后，严叔夏历任协和大学校务委员会主任、福州大学校务委员会副主任兼教务长、福州市副市长，还先后担任福建省人民代表大会代表，福州市人民代表大会代表，省、市政协委员。后在福建教育学院任职。1962年9月病逝，年65岁。也就是说，自1946年严叔夏与妻女分离后，再无相见。

严倬云说，他们家的孩子都是在外婆家长大的，陈太傅家的家规严格，是从宫里学来的。"妈妈小时候早上要向外婆请安，吃饭的时候一定要等人来请，晚上也要请安后才能去睡觉。我小时候也是受的这样的教育，觉得要长幼有序，不能没有礼貌。"在她的印象里，外婆很慈善，很爱自己的乡亲，冬施棉袄夏施暑汤。她很为外婆骄傲，因为外婆很爱国，一生都做中国人。

林熊祥被释放后，极力向妹妹林慕兰力荐难友辜振甫，于是严倬云在舅舅的陪同下跟辜振甫见了面。一见面，就觉得他文质彬彬。辜振甫别出心裁带她去打高尔夫球、看画展、听交响乐，终于赢得美人芳心，约会8个月婚姻就定了下来。新婚夜，辜振甫作诗一首："并肩携手举金觚，此夕联欢天玉成；信誓百年双宿鸟，彤楼华烛照三更。"

婚后差不多十几年，严倬云与辜振甫一共养育了5个孩子。她待在家里，照看孩子，伺候婆婆。有时带着孩子出去玩玩，有时跟朋友见见面。因为不会打麻将，她唯一的娱乐，是在辜振甫得空的时候，等孩子睡了，一起出去看电影。极少的出行中，严倬云与宋美龄互动密切。辜振甫"商而优则政"，从台湾工商协进会会长，到"总统府"国策顾问与资政，到后来的海基会会长。这里面还有严倬云的热心公益与广结善缘。辜氏夫妇长年深受蒋介石及宋美龄的关爱。在孩子们陆续长大后，严倬云走出深闺，1992年被宋美龄任命为台湾妇联会总干事。宋美龄在世时，她是宋美龄最得力的助手，与宋美龄情同姐妹。当宋美龄希望将妇联会交到她的手上时，她要求宋美龄允诺，妇联会的核心价值是妇女的公益团体，必须完全远离政治。宋美龄离台前夕，她还要求宋美龄签"不干预政治"的条子，宋美龄不但不生气，还开心地签了字。

回忆那一段历史，有一件事情严倬云记忆深刻。她说：辜振甫有一个穷画家朋友开画展，他带我去看，我看见他悄悄地包了一个红包，趁人不在，把他那个朋友叫到旁边，把那一包的钱塞给了他。这温情、细腻的一幕，触动了一旁佳人心底最柔软的一隅。记忆深刻的，还有辜振甫求婚时用英语唱的那首英文歌《当我们年轻时》，那是好莱坞经典音乐片《翠堤春晓》的主题曲：当我们正年轻，五月风光令人迷醉，你对我说你爱我，当我们年轻时⋯⋯

正如歌中所言，半个世纪来，他们彼此扶持，鹣鲽情深，谱出人人称羡的家国情缘。

三

严停云到台湾的时间较母亲和姐姐迟些。

1947年，她从上海圣约翰大学毕业，已经谋得了留校当助教的职位，原想趁暑假之机将母亲接回上海。但她到台湾不久，就发生了"二二八事件"，母亲林慕兰就劝她留在了台湾。

在姐姐严倬云与辜振甫交往的同时，她与叶明勋相恋并于1949年缔结良缘。叶明勋为福建浦城人，是"中央通讯社"第一位台湾特派员，为台湾新闻界大佬级人物。他毕生从事新闻传播与教育工作，又关心国是与社会公益，以诚恳诚实为处事原则，与当权者保持"清清爽爽"的关系，说实话、做正事，不忮不求，因此获得普遍敬重，被台湾新闻界尊为"明公"。

叶明勋秉性温和，幽默风趣，能饮善谈，轻利害而重然诺，人缘极佳。也正因此，当辜振甫想从香港回到台湾发展时（应严倬云的外叔祖、板桥林家的林柏寿之邀，1949年底辜振甫带着新婚太太到香港，一住3年，3年中长女、次女相继出生，其间辜振甫曾以笔名发表小说），叶明勋代向当局试探辜振甫返台安全与否，终获蒋介石批准，辜振甫才得以返台。辜返台未久，叶明勋又力荐辜振甫负责"台泥""台纸"等四家公司民营化事宜。辜答应8个月内完成，后来他提前完成，自此获台湾当局的肯定，并以"台泥"为据点，展开纵横政界的生涯。

和姐姐一样，婚后，严停云也专心在家，成为家庭主妇。她与叶明勋育有三女一子。长女叶文心是美国加州大学伯克利分校教授，任该校东亚研究所所长。儿子叶文立曾任联太国际公司总经理、联广公司总经理、和信国际传播公司总经理、凯络媒体服务公司董事长，是安吉斯媒体集团大中华地区董事长。

严停云的创作是在生完4个孩子，忙完家庭琐事后，再关起门来完成

· 183 ·

的。第一本作品《智能的灯》花了3年才完成。笔名取自佛学经典《华严经》。受祖父与父母亲笃信佛教的影响，她的作品常常呈现佛家的智能与慈悲精神。她说，人的一生，需要静下心来面对一切。小说写好后，叶明勋拿给《大华晚报》的耿修业，一连连载了120天。在报纸上连载时，胡适正在住院，每天都看，但不知道是严停云写的。他后来写信告诉严停云，这本书刚出版时，他向出版社预订了5本。1962年，他将其中一本送给了李敖，内页有胡先生题字："小说一本请姚从吾先生转李敖。"

严停云从此开始了她的写作生涯。她的创作以小说为主，从侧面反映了20世纪现代中国的历史和50年代后台湾的社会变迁，以及在变迁中人的心灵激烈的内在冲突。她擅长描写人的七情六欲及生老病死，忠实呈现人生的不完满，也提供智慧的心语。她先后撰写了《生命的乐章》《神仙眷属》《不是冤家》《兄和弟》《出墙红杏》等20多部作品，其中多部被改编成电影和电视连续剧，主演有秦汉、萧蔷、马景涛、焦恩俊等人，深受观众欢迎。她还为自己的连续剧唱歌，《七色桥》中的《渔歌》、《花落花开》中的《燕子》以及《燕双飞》中的《红豆词》，都是由她演唱的。

严停云可谓是台湾文坛的常青树，从1958年开始，至今耄耋的她，仍笔耕不辍。2006年6月，广东省社会科学院哲学与文化研究所举办"华严文学创作学术研讨会"，海峡两岸的作家学者聚焦羊城，严停云也回来了。在接受记者采访时，她说：回大陆，是因为我很久没有出门了，而且为的是那一片天空、那一片土地，我一直深深怀念那一片天空。为了这份感情，我一定要回去的……

宫巷沈家大院的后人们

黄益群

行走在熙熙攘攘的人流中，在宫巷沈家大院前驻足。这座承载了沈葆桢辉煌与荣耀的宅院已斑斑驳驳，褪色的厚重大红木门内有多少欢乐与忧愁共存，还有多少悲欢离合上演，沈家的后人们好吗？

我趁沈葆桢的第六代嫡孙沈丹昆先生从上海来福建参加林则徐诞辰230周年纪念大会的机会，数次应约到宫巷26号沈家大院旧屋和他倾谈，听他介绍这座大院的历史和在这里住过的他的父母的故事。

父亲沈祖牟是个大藏书家、书法家和诗人

沈丹昆的父亲沈祖牟是船政大臣沈葆桢第五代嫡系孙子。沈祖牟的祖父沈翊清是沈葆桢嫡长孙，长期在马尾船政效力，累迁至船政会办大臣。沈祖牟的父亲沈觐平，曾任马尾船政局秘书，母亲陈瑟如是陈宝琛的侄女。在这样一个充满书香的官宦世家里，少年沈祖牟在家延师课读，家传渊源让聪颖好学的他长于古文、诗词，深得师友赞许。少年时代的沈祖牟便自编自印《四声月刊》，搜集家乡文献、古代掌故、风味食谱等，不仅自己撰稿，还向堂、表兄弟们征稿，做得有模有样。小荷才露尖尖角，掩抑不住的才华备受亲友瞩目。

在福州英华书院就读的沈祖牟受到五四新文化运动的影响，思想进步，有强烈的爱国之心，16岁便考进上海著名的教会大学圣约翰大学。因为"五卅惨案"，义愤填膺的圣约翰大学学子们抗议帝国主义屠杀无辜的中国人民，悬半旗追悼，而美籍校长卜舫济卸下中国国旗的无情之举，令师生们愤而离校，另办光华大学，沈祖牟就在这转校的500多个师生中，也进入

光华经济系学习。虽然学的是经济系，但酷爱诗文的他依然是学校文学会的骨干，他的许多文章包括诗话和译文都在当时名噪一时的《诗刊》上发表。20世纪30年代正是沈祖牟创作的兴盛时期，受到徐志摩和闻一多的赏识，他的诗作不仅有徐志摩的缠绵委婉，更有闻一多的爱国激情。他在诗作《刀红的赞——纪念喜峰口奇迹》中写道：

　　那红，不似天际的明霞，或女人嘴上一抹的胭脂，输它温柔，但得有人相信，那喷血的，曾立过樱花的艳。那红，一万个容忍中，一次火山的裂，健儿身手的凭据，另一个孤孀的，眼中的泪，一片片闪着银光，雪的白，大刀的风，我思量，异国的红，永远在大刀的锋。

当年抗战部队在喜峰口歼灭日寇，打了一次胜仗，消息传来，沈祖牟壮怀激烈，喷涌着对祖国的挚爱和对侵略者的愤恨，写下此诗。

从小耳濡目染，沈祖牟和父亲沈觐平一样嗜书如命，热心收藏，除了养家所需之外，他的薪金几乎都花在购书上。每个月发放薪水的日子，沈祖牟来到福州各旧书店、旧书摊细心搜寻，即便是破损不堪的，只要是有保存价值，他都毫不犹豫买下来，雇辆人力车载书，自己则气喘吁吁地扶着车子跑回家。有年夏天，沈祖牟正患胃病在家歇息，有人来告知，北门有书贩子要将几件有价值的文献走私出国，他心急如焚，不顾病痛的折磨，抱病前去抢购。狡黠的书贩子看出他的急切心情，趁机索取高价。他囊中有限，只得把心爱的怀表抵押，急急忙忙筹款去了。奔波的汗水把全身湿透，还要咬牙忍住阵阵胃痛，可是什么都比不上抱回心爱之书的快乐心情，他觉得自己是做了好事，自己不遗余力地搜集抢救的文献资料比黄金还要宝贵呢。

沈祖牟因为爱书，珍藏了许多古旧善本，成了福州著名的藏书家。柳亚子曾写信请他代收集南明郑成功史料，沈祖牟为人慷慨义气，即将自己珍藏的资料和照片寄赠给柳亚子。"南京才子"卢前对沈祖牟的藏书极为欣赏，相谈时，沈祖牟总是从书架上取出书来，传阅评点，兴致盎然；卢前对元曲、杂剧素有研究，沈祖牟就把自己的珍藏割爱相赠。他觉得，把书送给爱书的人，书得其所，是件很好的事情。

沈祖牟为人厚道，乐于助人，广交文化界人士。他敬重鲁迅先生，曾登门求教，和陈梦家、卞之琳、方令孺、方玮德常有书信往来。志趣相投的朋友则有当时的福建省图书馆馆长萨士武、报人寇冰华、《异军社》主编陈揖旗，以及陈矩孙、章振乾、陈敏淦等人，情谊深厚的他们常常谈论着，争执着，在烟雾弥漫中，笑语连连。1936年2月，大文豪郁达夫来福州工作，沈祖牟以福州文艺组织"福州友社"社长的身份举行欢迎会，邀请郁达夫欣赏闽剧，并撰写论文发表；南后街旧书摊的书香吸引着郁达夫流连忘返，沈祖牟和郁达夫经常不期而遇，相视而笑之余，"一对嗜书虫"更加深了情谊。沈祖牟曾邀请郁达夫到沈宅做客，请了林汾贻和陈几士两位藏书家作陪，他们交流藏书经验，气氛融洽，郁达夫也经常以书法作品相赠，留下佳话无数。

沈祖牟更是一个仁慈的父亲，养育四女一男，爱若珍宝。他喜欢用胡子楂儿去亲孩子，倾听孩子欢快的笑声，那是他最幸福的时刻。沈祖牟把自己喜爱的笔名"璎"字给了几个女儿。他的几个女儿分别为沈孟璎、沈亚璎、沈叔都、沈季璎。为了不忽略在外人眼中显得多余的四女儿，沈祖牟经常把季璎叫到身边嘘寒问暖，关怀备至。沈祖牟经常买儿童画册给儿女们，循循教导他们学习。沈祖牟的胃病纠缠着他，坐卧难安。当他疼痛难忍时，会让女儿坐在胸口上压痛，稚子哪里懂得病痛的滋味，坐在父亲的身上觉得好玩，像骑马一样上下晃动，跳来跳去。即使被病痛折磨得有气无力，沈祖牟依然不忍心责备孩子，这是多么深沉的爱呀。

沈祖牟一生致力于地方志和福建先贤著作的搜集，倾注了大量心血。他把紊乱的古籍进行编卡分类、考订、校对、编纂，凡有破损的，还请人修缮、裱糊，为之殚精竭虑，耗费心智。《谢钞考》是沈祖牟研究福建先贤、明代文学家谢肇淛遗著的力作，为了整理、研究，他博览群书、遍读资料，细心收集谢肇淛存卷，相互比勘、考证和校释；还研究明代思想家、文学家李贽的《李卓吾文考》《福建文献述概》《峝斋丛书》《清代乡会朱卷齿录汇存》《闽中文献录》等。如果不是天不假年，沈祖牟还能为福州的文化界多做许多贡献。这是他为后人留下的一笔精神财富，家乡人民不会忘记他。

母亲张瑞美温良博爱，大义捐书

张瑞美出生在鼓浪屿一个基督教家庭里，小学和中学分别在鼓浪屿毓德小学和毓德女中就读，1928年考入福建华南女子文理学院。从小皈依基督教的张瑞美有着良好的文化素养，待人温良谦和、彬彬有礼，她总是戴着一副精巧别致的金丝边眼镜，知性、优雅。美国华人建筑艺术家林璎（林徽因的侄女）的父亲林桓，是沈祖牟的表弟，而母亲张明晖是张瑞美的亲侄女。张瑞美还是林璎父母的牵线红娘。

1935年，沈祖牟在厦门和张瑞美自由恋爱喜结连理，两人情投意合，感情甚笃。张瑞美嫁进沈府，上敬长辈，下爱幼稚，与家人相处融洽。她每每教导孩子要懂礼节、讲礼貌，严禁孩子吃饭发出"吧吧哑哑"不雅的声音，坐着时不许抖动双脚，客人来了要起身招呼，出门进门要和长辈打招呼。这些言传身教，让孩子们学会了敬重长辈。孩子们放学回家，一定先到沈家大厝的第三进向祖母问安后才能回到"新厝"自己的家。

亲人间有什么难处，张瑞美总是伸出援手。新中国成立后，沈祖牟的叔父、书法家沈觐寿因为"历史问题"失业在家，只有刻蜡板的收入。全家十口人，入不敷出，只得变卖衣物度日。沈祖牟的姑姑沈佩莢忧心忡忡，到处替人织毛衣来贴补生计。在处境艰难的时候，张瑞美拿出五个儿女看过的小人书，交给沈佩莢出租，增加一点收入。沈佩莢在宫巷口摆摊，一边织毛衣，一边出租小人书，一举两得。这一份真情如雪中送炭，胜过千言万语。张瑞美经历了福州沦陷、逃难、亲人分离和接踵而至的种种苦难，好不容易迎来了抗战胜利与亲人团聚的日子，丈夫却英年早逝，留下无尽的遗恨和悲痛。张瑞美没有忘记丈夫的嘱托，要把五个未成年的孩子抚养成人，要让孩子们都上大学。她克勤克俭，先后变卖首饰、衣物、家具。孩子们还依稀记得，家中的电风扇不翼而飞，三件套的丝绒沙发被人抬走了，沈祖牟的皮袄、西装也成了商品，家里贵重的东西只剩下沈祖牟的藏书了。为了让孩子吃饱穿暖，张瑞美总是把仅有的一点荤菜分给孩子们吃，自己仅吃点鱼头、鱼骨，还掩饰说，她生来就爱吃鱼头。

不管生活如何艰辛，张瑞美始终坚守着丈夫留下的藏书，小心呵护。

曾经有人出高价收购沈祖牟的藏书，但被张瑞美婉拒。那是一笔珍贵的文化遗产，张瑞美深知其中的价值，她没有把藏书高价售出，却在1956年把这些宝贝全部捐献给福建省图书馆，因为她明白丈夫为之奋斗一生的藏书，应该发挥更好的作用。其中有明王樵的《尚书日记》16卷，明朝万历年间刻本；汉毛苌传的旧抄本《毛诗》20卷；清叶大庄的《考工记协韵考一卷附退学录》1卷；明刻本、宋吕祖谦撰、陶珽汇辑的《吕东莱先生左氏博议》6卷；明刻本、宋娄机的《班马字类》5卷等珍贵文献。这批以闽人著述和地方文献为主，以稿本、缮本居多的珍贵图书共1476种4586册。有一批沈祖牟的崇斋藏书，现已入选《国家珍贵古籍名录》，成为福建省图书馆的镇馆之宝。

沈丹昆和他的兄弟、姐妹们

张瑞美是不幸的，中年丧夫，历尽艰辛，但她又是幸福的，因为她的五个儿女长大成人，均受到良好的高等教育，事母至孝。大女儿沈孟璎是南京师范大学文学院教授，现代汉语专家，著述等身，代表著作有1987年出版的《新词·新语·新义》、1999年出版的《现代汉语理论与应用》、2002年出版的《实用字母词词典》、2009年出版的《新中国60年新词新语词典》等。

二女沈亚璎夫妇均是福建教育学院英语系副教授，是口碑很好的优秀教师。

三女沈叔都出生在鼓浪屿，直到初中毕业，都跟着外祖母。老人家培养沈叔都从小学琴，钢琴成了她的最爱，也成了她终生的职业。沈叔都曾任中国音乐家协会钢琴考级高级评审。

四女沈季璎文理俱佳，是福建省石油化工设计院原工艺室主任工程师，曾获国家科学技术进步奖殊荣。

沈祖牟离开人世时，小儿沈丹昆还不到3岁。沈丹昆是家中唯一的男孩子，又是老幺，备受宠爱。他是上海自行车行业非标设备设计工程师，尤善设计各式悬挂输送机，是《自行车标准化通讯》《中国自行车》刊物的编辑。沈丹昆在上海邂逅了美好的爱情，娶了貌美如花的孔氏后裔、中学

历史教师孔丽君，婚姻幸福美满。

沈丹昆身在上海，但心系福州，时时记挂着年迈的母亲。妈妈喜爱平湖糟蛋，沈丹昆没有出差平湖的机会，但他走遍上海商店，终于在南京路邵万生老字号买到了正宗的平湖糟蛋。他如珍似宝地捧回家中献给母亲，看到母亲洋溢的笑脸，安慰极了。儿女的优秀和孝顺，补偿了张瑞美一生的辛酸，让她的晚年过得满足、平静。

妈妈喜欢吃家乡厦门的土笋冻，90岁后，她只能吃半流质食物，但还是会告诉沈丹昆想吃土笋冻。沈丹昆千方百计地满足母亲的心愿。他从福州牡丹大酒楼买回土笋冻带回宫巷，亲手将土笋冻切碎，静静地坐在母亲身边，看着母亲带着满足的笑意咽下土笋冻。

母亲爱美，喜欢茉莉花，喜欢夏士莲雪花膏，喜欢穿缀满彩珠的拖鞋；母亲酷爱文学、音乐，沈丹昆记着母亲的每个细节，点点滴滴，永远也无法忘怀。母亲离世后，沈丹昆整理了母亲写给他的几百封家书，用心保留着母亲的大量手稿和剪报。每次凝眸自己和母亲的合影，仿佛能听见母亲深情的呼唤："昆哥！昆哥！"

张瑞美育儿有方，不仅五个儿女优秀上进，孙子孙女们更是长江后浪推前浪。沈孟璎的儿子沈力男任职媒体时，曾获"福建省十佳记者"称号；沈亚璎独女欢欢在加拿大；沈叔都独女若波是闽江大学英语副教授；沈季璎独女立枚在澳大利亚；沈丹昆独女诗云在上海世界五百强的外资企业任职。沈家开枝散叶，发展壮大，家族越发兴盛。

作为沈家的长房长孙，沈丹昆义不容辞地承担起弘扬与传承船政文化的重责，他往返于福州和上海之间，出席每一场和沈葆桢有关的纪念年会。他热心于和海峡东岸的堂叔、堂兄妹的联络，促进两岸文化交流。2000年是沈葆桢诞辰180周年，在台湾的叔叔沈祖湜关怀下，沈丹昆协助邀请堂妹、台湾大学教授沈冬到大陆做学术报告；与堂弟沈达先、沈旭东出资修缮了沈葆桢墓，还出版了修墓特刊，获海内外宗亲一致好评。近年沈丹昆还积极参与船政文化系列丛书出版，出版了《沈翊清沈觐宸纪念文集》《沈葆桢家书考》《沈葆桢手迹》以及《相约回忆里》等书，让后人在缅怀先人的丰功伟绩中感受民族大义，增进爱国情怀。

一
脉
馨
香
忆
母
亲

一脉馨香忆母亲

沈丹昆

　　茉莉花是母亲最爱和最熟悉的花，它花色纯白、香味浓郁，有单瓣和双瓣两种。

　　福州盛产茉莉花，但是，茉莉花正式成为福州市的"市花"，印象中那是我参加工作很久以后的事了。小时候，我只听母亲说，茉莉花是菲律宾和印尼的国花。母亲的姨妈叶宝玉以及许多表亲和同学都住在菲律宾和印尼。茉莉花在那里是人民心目中纯洁、热情的象征，是爱情之花、友谊之花。青年人将它作为献给女友的礼物，向对方表达忠贞的爱情。当有贵宾来访时，好客的主人则将茉莉花结缀成花环，挂在客人颈项，表示尊敬与友好。每当母亲在电影和电视中看到菲律宾和印尼人头颈挂着茉莉花环载歌载舞时，她总是眼睛闪烁光芒，很兴奋地重复说着她在海外异乡的亲友也总是这样。当时，出国探亲和旅游对于母亲都是遥不可及的幻想，母亲直到逝世也没能出国亲历她从小就耳熟能详的茉莉花环串联起的异国情调，我想她心中一定是遗憾的。

　　母亲最爱茉莉花的芳香，由于福州宫巷老宅围墙太高，缺乏日照，不适合盆栽茉莉花，母亲就经常买新摘下的茉莉花。记得小时候，夏天茉莉花大量上市时，花"贱"不值钱，大街小巷的卖花姑娘和卖花依姆是以每分钱可买十几朵的价格串门卖花的。母亲最爱在夏日的夜晚将茉莉花蕾放在盛有少许清水的瓷盘中，她尤其特地挑选几朵带绿叶的花蕾作为"点缀"，再将瓷盘放在床头橱和钢琴的上方。母亲多穿大襟的中式衣服，她还很喜欢在自己衣服纽扣甚至在蚊帐钩子上挂几串可人的茉莉花串花镯。

　　宫巷的老宅破落而且潮湿，但母亲都把它收拾得整整齐齐。每年暑假，我从上海回到福州家里，推开房门总是闻到一股清香扑面而来，哇！原来是来自床前案头的茉莉花盘！我蹲下身去，端详着家乡这清新淡雅的小白花，那细小的花瓣、嫩黄的花蕊，冰清玉润，玲珑剔透，好像羞于见人的家乡小姑娘，躲在青翠欲滴的叶片中间，散发着沁人肺腑的清幽香气，浓而不浊，香而不腻。这位与母亲终日亲密相伴的家乡花姑娘，她并没有嫌弃宫巷老宅的衰败，没有计较环境的优劣，依然散发着她的清香。最令我难忘的是暑假睡在老宅挂着蚊帐的古老木床上，到了夜阑人静之时，母亲亲手放置的茉莉花盘、花串、花镯在驱蚊消暑的同时，叫你神清气爽，梦中浸入幽香，给人一种似醉非醉的感觉，这真是"一卉能熏一室香，炎天犹觉玉肌凉"啊！

福建终年气候温暖，到处可见茉莉花，福州盛产的茉莉花多作为福州名特产"茉莉花茶"的原料。"娉娉婷婷茉莉花，熏出盏盏香香茶"，以茉莉鲜花窨制的茉莉花茶，茶汤明净，茶香纯正，滋味清醇，香而不浮，淡雅可口，饮之香入肺腑，饮后余味无穷，实为茶中之上品，母亲和我都很爱喝。犹记得小时候母亲经常泡着浓浓一杯花茶品尝，幼年的我不识茶滋味，只觉得朵朵花儿散开，好看得很。我还记得，每逢寒暑假过后我从福州返回上海，母亲就常常叫我捎茉莉花茶作为馈赠亲友的礼物。当时家境不宽裕，根本买不起大筒的精装茶叶，经常是每家只送几两纸包装的好茶叶表表心意而已。长大以后，我不抽烟，多用喝咖啡来提神，作为盛产茶叶的福建人，我却没有成为"茶博士"，也谈不上"一日不可离君"酷爱饮茶，我生活工作的上海几乎是西湖龙井、太湖碧螺春、黄山毛峰茶的天下，又常有亲友馈赠我故乡盛产的乌龙茶和茉莉花茶，家中的茶叶从来没有断过。如果在许多"好茶"中只可选择一种茶的话，我会毫不犹豫选择茉莉花茶，因为它最香最好喝，如果母亲尚在，喜欢茉莉花香的她一定会做出相同选择的。听说改革开放后有几年，家乡名产茉莉花茶的销量曾一落千丈，原因是"茉莉"与"没利""毛利""无利"谐音，这正是追求财富、天天都在"恭喜发财"的人们的大忌。几十年过去了，茉莉花仍然是花"贱"不值钱，在福州最热闹的南街，不用多少钱就能买到长长的花环。茉莉花呀茉莉花，这真是你的大悲哀，"茉莉"即"无利"，小时候哪里听说过这种无稽之谈呀！

我曾经看过印度大诗人泰戈尔的诗《第一次的茉莉花》：

啊，这些茉莉花，这些洁白的茉莉花！

我仿佛记得我第一次双手满捧着这些茉莉花，

这些白的茉莉花的时候。

我曾喜爱那日光，那天空，那绿色的大地；

我听见那河水淙淙的流声，在漆黑的午夜里传过来；

秋天的夕阳，在荒原大路转角处迎我，如新妇揭起她的面纱迎接她的爱人。

但我想起孩提时第一次捧在手里的白茉莉，心里充满着甜蜜的回忆。

我生平有过许多快活的日子，在节日宴会的晚上，我曾跟着说笑话的人大笑。

在灰暗的雨天的早晨，我吟哦过许多飘逸的歌谣。

我颈上戴过爱人手织的醉人的花圈，作为晚装。

但我想起孩提时第一次捧在手里的白茉莉，心里充满着甜蜜的回忆。

优美的诗句，道出了茉莉花色、香、气、神、韵等独特的风采。是茉莉花内在的灵性激发了诗人的灵感，还是诗人的感悟赋予了茉莉花思想和灵魂？我说不清楚，或许二者都有吧。

我的心里也和泰戈尔一样，充满着孩提时代对茉莉花的许多甜蜜的回忆，充满着对最爱茉莉花的母亲的无穷思念。天点繁星，夜幕重重，茉莉花开，香气深浓，人生斯短，去无归程！观花思亲，泪落零零，长相思痛，难尽情衷！就是这些柔弱的纤细的东西深深感动着我们，远远地超越于一切貌似强暴的现实的残酷力量。我感谢这小小的茉莉花，她让母亲和我的世界多了一份美丽，多了一份清芬，也多了一份恬静和淡定。我想，在母亲的内心深处一定繁殖着大片雪白的不谢的茉莉花丛，在她最困窘和最不如意之时，小小的茉莉花及时地奉献了满怀不散的清香、淡雅、沁心、素洁、脱俗、质朴，母亲已经将茉莉花和她所钟爱的文学、音乐一样，当作她的一种精神寄托了。有人说"几乎所有的白花都很香，愈是颜色艳丽的花愈是缺少芬芳，就如同做人，愈朴素单纯的人，愈有内在的芳香"。在我眼里，茉莉花，这有着淡雅清香的洁白的小花，就是美到极致的花。在我心里，那热爱着这种淡雅清香洁白小花、质朴善良的可爱母亲，就是美到极致的人。

陈宝琛家族的五代传奇

郑　芳

1908年的一个冬夜，清宫卫队长敲开了醇亲王府的大门，按慈禧太后旨意把3岁的溥仪接进宫中教养，准备接位。

在香烟缭绕的坤宁宫内，即将咽气的慈禧接见了溥仪，告诉他要即日登基。在太和殿上隆重举行登基大典时，溥仪在大臣陈宝琛身上发现了一个装着蝈蝈的小笼子。他对蝈蝈的兴趣显然要超过几千名跪在他脚下的文武大臣。

这是电影《末代皇帝》中的一幕，因为这一幕，人们将一个叫陈宝琛的清朝官宦与末代帝师的身份联系起来。

实际上，这并不是这位历经清道光、咸丰、同治、光绪、宣统五朝直至民国的老人唯一的身份。

在福州南台岛畔的螺洲镇，陈宝琛这个名字有着更多的意义：清道光年间刑部尚书陈若霖的曾孙，"父子四进士、兄弟六科甲"的领头人陈承裘的儿子，"海外中文电视之父"陈立鸥的父亲，革命志士陈矩孙的祖父……这些相关联的名字，组成了这个临江小镇上最有名望的家族——"陈宝琛家族"。仅从明朝至清末，这个陈氏家族就出了21名进士、108名举人。

第一次寻访"螺洲陈氏"是在2004年。6月13日，在螺洲镇卫生所，所长陈天培和他的妻子向我们絮叨，"五楼塌了，不应该让它塌……"陈天培是镇上螺洲陈氏宗祠的理事，和陈宝琛同族，是螺洲陈氏第20世。他持续20多年整理撰写关于这个家族的文章，并且收藏着唯一一套20世纪30年代用活字排版印刷的螺洲镇陈氏族谱。

陈天培所说的五楼是陈氏五楼，螺洲陈氏至14世陈若霖开始修建居住

的府邸，也是陈宝琛故居。

2004年，因为年久失修，这座昔日的园林宅院部分坍塌，院子里满是碎石和垃圾，但透过大院高墙、回廊曲径、长满青苔的小池塘、二楼过道上残留的木制美人靠，一个世代簪缨家族曾有过的荣光，还依稀可见。

之后不久，在2005年和2008年，政府分两期对陈氏五楼这座福州著名的古典园林建筑和最大的私人藏书楼做了修复。如今，赐书楼、还读楼、沧趣楼、北望楼、和晞楼已全部修缮重现，虽然不少结构细节未能还原，但整组建筑的风貌仍在。这座占地4000多平方米，集南方私家园林和北方庭园风格于一体的建筑，墙外是小镇嘈杂的居住区，围墙内是另一景象，鸟语花香，气定神闲。

"斩皇子"的陈若霖

修复前，在荒废的陈氏五楼建筑群中，有一栋楼已经完全坍塌，废墟上横竖着一些折断的残木和砖块，残垣断壁上长出些青苔和野草。这座被叫作"赐书轩"的楼，是陈氏五楼中修建最早的，记载着陈氏家族由平凡转向富贵的历史。

"赐书轩"的始建者是陈若霖，清道光年间的刑部尚书。这个唐朝末年随王潮、王审知兄弟从固始迁入福建的家族，从第13代孙开始，逐渐显贵。

清嘉庆十三年（1808），陈若霖因为"资深超"，提为四川盐茶道。以后，任官按察使、布政使、巡抚总督。道光四年（1824），入为工部尚书，兼管顺天府事，旋转刑部。道光皇帝曾屡赐御书给陈若霖。陈感恩涕零，便在家乡的府第内建起一座"赐书轩"，收藏"御书"，以报皇恩。

这个历经清乾隆、嘉庆、道光三朝的元老虽然颇得朝廷赏识，但却有些个性，并不愚忠。

如今，镇上的人说到这个清朝官宦，总会提起一出闽剧：清朝皇子洪杵见宰相之女李雪娇有羞花闭月之美、沉鱼落雁之貌，便假传太后"懿旨"，将其骗进宫中，欲行非礼。雪娇不从，自缢身亡。刑部大臣陈若霖不畏权势，屡经曲折，判清冤案，斩了皇子。

不过，这出1945年首演的闽剧《陈若霖斩皇子》并非史实，戏里的陈若霖是许多民间传说虚构的形象。螺洲镇上、福州城里的百姓们，将这个清廉刚正的清朝刑部尚书比作了神灵，他们用这样的方式纪念陈若霖，是希望在风雨飘摇的黑暗时刻，找到心灵的支撑。

辞官孝子陈承裘

陈承裘在中国历史上并不出名，往上比不了他爷爷陈若霖、爸爸陈景亮，向下比不上他儿子陈宝琛。陈承裘虽也是进士出身，但做官只到刑部主事，而且早早就回家养亲，但在螺洲陈氏的族谱中，他却是最出名的孝子。

1852年，陈承裘赴京会试，中了进士，以刑部主事用，在浙江司行走。所谓"行走"，指入值办事，是清朝创制的一种官职称呼，凡调充某项职务即称在某处或某官上"行走"。陈承裘中进士后被派为刑部主事，这已为他的仕途发展奠定了一定的基础。当时，离尚书陈若霖去世还不到20年，京都公卿都是陈若霖的旧同事，随便托个关系，仕途"进取"乃至飞黄腾达都不是难事，而且，在那个买官盛行的时代，这也并不是什么丑事。可他不这么做，而是假借回家伺候亲老的名义辞官，终身不复出山。

在那个时代，做官难，不做官也难。这个不喜欢名利场上明争暗斗的官员只能找伺候亲老作为借口，达到辞官目的。实际上，伺候亲老并不只是借口。陈承裘的孝顺，在这个小镇上流传已久。

据说，为了服侍积劳成疾的母亲郑夫人，他夜不解带，随侍在侧，达两年之久。在医生都束手无策时，为了治好母亲的病，这个中年男子竟尝试各种自戕的方式。先按术士指点，在夜深人静的时候诵读《北斗经》一个多月。发觉没有效果后，又效法孝经所推崇的孝子典型，先割臂为药引，无效，再割右股肉为药引，而且还要"裹血强起无怠容"，以此瞒住母亲。

帝师陈宝琛

陈承裘的最大功劳应该是生了七个儿子（一子早年夭折），六个儿子都登科第。

陈承裘在父亲陈景亮病休后也跟着弃官回家，在家专心督课子弟，济

贫乡里。也许，如果陈承裘一路仕进，就没有后来"六子科甲"这回事儿了。

这六个儿子，宝琛、宝缙、宝璐中进士，宝琦、宝瑄、宝璜中举人。更奇的是，宝缙、宝璐再加上宝瑨的儿子陈懋鼎，三人同一年中进士，被称为"父子叔侄兄弟同榜进士"。声名之隆，文运之盛，一时无两。可惜的是，陈承裘只看到了长子陈宝琛的官场得意。

陈宝琛在官场上最受恩宠的时期应从巡抚改授帝师时算起。

宣统三年（1911）5月，6岁的宣统皇帝溥仪入学，陈宝琛被招进宫给这小皇帝做师傅。在几位汉文师傅中，溥仪对陈宝琛最有好感。这个身材矮小、略显富态、精神矍铄、面貌慈祥的长者，在英国人庄士敦到来之前，在溥仪心中简直就是一尊完美的偶像。溥仪最喜欢看到的是这个陈师傅笑得开心时，眼睛在老花镜片后眯成一条缝，一只手慢慢地将着雪白而稀疏的胡子时的神态。

陈师傅学识渊博，带着福州乡音的官话也并不难听懂。他阐发经义透辟入里，但溥仪更喜欢听的是他的闲谈。差不多每天早晨，陈宝琛都向他传播一些民国的新闻，比如南北不和、督军火并、府院交恶等，大致都是些令遗老们高兴的民国丑闻。

陈宝琛对溥仪的一言一行、一举一动都注意诱导匡正，就像一名称职的导演。觐见溥仪的人，常常称赞"皇上天禀聪明"，其实很多都是陈宝琛教的。

在溥仪的那本《我的前半生》中，有这样一句："陈宝琛本来是我唯一的灵魂，不过自从来了庄士敦，我又多了一个灵魂。"

"海外中文电视之父"陈立鸥

1919年11月9日，70多岁高龄的陈宝琛晚年得子——陈懋随（立鸥）。当时，正值张勋复辟失败，陈宝琛的心情相当低落，而这个上天不经意赐给他的男孩是否给深受封建传统思想影响的陈宝琛些许的安慰，已无法探知。不过，成长后的陈立鸥应该是值得陈宝琛骄傲的。

"我对陈宝琛他们家还是比较熟悉的，陈宝琛一共有六个儿子，最小一个儿子叫陈立鸥，很厉害，是美国旧金山大学的教授，还在美国旧金山创办了一个中文电视台。他曾经回过福州，拿出10万美元给福建师大创立了一个陈宝琛教育基金。可惜前几年遇上车祸，去世了。"曾任林觉民故居馆长的李厚威先生后来在接受采访的时候说。

陈立鸥，早年留学美国，之后当过南京政府的外交官，后来在旧金山加州州立大学任中国语文和日本语文系主任。

1974年，陈立鸥在美国旧金山创办美亚电视传播公司，成立海外第一家中文电视台——"美亚电视"，传播中华文化。20多年来，历经艰辛，起起落落，终于拥有了自己的一片天空，被中文新闻媒介誉为"海外中文电视之父"。

能在一个以英文为主的国家办起了中文电视台并拥有自己的发射台，全天24小时播出近三分之二的中国节目，这不是一般人能够做得到的。

地下党员陈矩孙

在螺洲陈氏这个世代为官的封建家庭，尽管显赫一时的陈宝琛继续奉行陈家祖训上"忠君"的原则，但在社会发生翻天覆地的变化时，陈家的晚辈们开始以不同于先祖的方式，表达他们的社会理想。

其中，最具传奇色彩的是陈宝琛的孙子陈矩孙。

1933年，20岁的陈矩孙考入北京燕京大学。这个中学时就开始参加进步学生运动的青年，关于北京的理想很简单——好好读几年书，同时做个业余革命者。只是，当时的局势不可能让这种理想实现。

中国社会，日寇侵略加深，民族危机日益严重；学校里，进步的和反动的力量在激烈地争夺青年。参与斗争成了义不容辞的事，陈矩孙开始和进步同学一起做学生会的工作。

1934年4月17日，日本外务省发布"天羽声明"，露骨地向全世界宣布侵略中国的决策。那个晚上，这个年轻人哭了整晚。从那时开始，他全身心投入革命。

"一·二九"运动前夕，北平学联讨论工作分工，指定由陈矩孙起草震撼人心的宣言。这一时期，陈矩孙先后担任地下党的燕大支部书记、北平西区区委书记等职。1940年初，他从延安返回日寇占领下的北平，以燕大

研究生身份开展活动。那时，燕大校长司徒雷登的秘书、"陈太傅孙子"的身份，成为他在敌人眼皮底下拉关系、为共产党提供情报的掩护。

1941年12月8日，太平洋战争爆发，日军在当夜包围燕京大学，入校捕人，想抓的第一人就是陈矩孙。幸好，这一夜他住在城里祖父故居，通过认识祖父的日本驻北平总领事，拿到一张通行证，逃脱敌人的搜捕。

中华人民共和国成立后，陈矩孙长期担任福建省政协委员。"文革"中，被下放到浦城山区。1983年12月，有关部门决定，其党龄从1946年1月和闽浙赣省委接上关系之时算起。

1987年4月，陈矩孙病逝。

以上仅仅是这个螺洲最有名望的陈氏家族史中的几个人物、几个片段，正如曾任复旦大学历史系教授、上海文史馆馆员的陈家后人陈绛在接受《东方早报》采访时提到的，"螺洲陈氏族人在近现代还有很多著名人物，我无法一一缕述。譬如，海军首任轮机中将陈兆锵，抗日名将、解放战争中天津警备司令陈长捷，国民党海军中将陈庆甲，公路工程专家、南京国民政府福建省建设厅厅长陈体诚，中国科学院院士、天体物理学家陈彪，金属物理学家陈篪，英国皇家医学院院士陈伟，等等；黄花岗七十二烈士之一林觉民就义前写给妻子感人的诀别书，他的妻子陈意映也是螺洲陈家族亲"。螺洲陈氏的故事，也许十本书也无法讲完。

蒲天寿家族和福建的百年情缘

林本椿

一

在鼓岭避暑的许多牧师，都是医生，常替鼓岭的百姓看病。蒲天寿就是其中的一位。他是美国人，原是福州协和医院院长。蒲天寿医生的家族和福建有100多年的情缘，这首先要从他的父母讲起。他的父亲叫蒲鲁士，母亲叫蒲星氏。

最早来福建的是蒲星氏，当时还没结婚，叫Miss Elizabeth Fisher，于1884年来福建，人们叫她"星小姐"。在华南女子学院华惠德写的《华南女大》这本书中曾提到这位了不起的Miss Fisher在华南女子学院办学过程中所发挥的重要作用：

> 即便在19世纪80年代，福州毓英女校（今福州十六中）的教师们就梦想办一所女子大学。这群教师中的一位杰出代表就是Miss Elizabeth Fisher，她是1884年被委派到该校当老师的。有一天，她听说英华学校的男生以一种居高临下的态度说："女生不会唱歌。"Miss Fisher说："哦，她们不会吗？"就在第二天，她开始训练女生唱歌，让所有人都感到惊奇的是，这些女生在教堂复活节早礼拜时唱了《看耶和华躺的地方》。真是巾帼不让须眉。

过不久，星小姐便被派遣到南部的兴化地区（现为莆田）。根据她家人的传奇说法，若干年后一位在新加坡的传教士蒲鲁士向星小姐求婚，请求

美以美会派遣她也到新加坡去。星小姐没有拒绝他的求婚，但是她说："如果要娶我，请到中国来，因为我爱这里。"于是，这位年轻的传教士就来到了兴化，和星小姐结婚，做了那里的美以美会兴化年议会的长老。不过星小姐并没有失去对女子教育的兴趣，几年后，她应邀到福州年议会妇女之夜发表演讲，她说："我早已准备好这个演讲，现在讲已经迟了。你们有些人甚至还在昏昏欲睡，所以我要丢下一颗炸弹。我们要给女子多少教育？如果男孩子可以上高中，我们也应该让女孩子上高中。男孩子能上大学，那么我们也应该让女孩子上大学。男孩能接受医疗训练，我们也应该让女孩子得到医疗训练。"她的演讲给人们留下了难忘的印象。在华南女子学院办学过程中，蒲星氏始终是华南女子学院第一任校长程吕底亚最有力的支持者，为了办好这所女子大学，她们共同坚守信念，共同战斗，说她是华南女子学院的创办者之一，当之无愧。华南女子学院的创办日是5月1日，蒲星氏应邀发表演说，除了赞扬程吕底亚办华南女子学院的远见卓识，也提出了华南女子学院应该面对的挑战，她说："历史是辉煌的！但我们还要面向更辉煌的未来。"

蒲星氏在华生活65年（1884—1949），蒲鲁士26年（1890—1916），他被认为是兴化美以美教会的最早创始人。日复一日，年复一年，他们操着一口流利的兴化方言，在那里生活，传教，办医院，办学校，深受人们爱戴。1916年，蒲鲁士回美国，几个月后去世，享年53岁。

蒲鲁士逝世后，蒲星氏继续担任善育堂的院长。蒲星氏出任院长职23年，其间于1923年还兼任过涵江、笏石、平海三个教区的布道使，黄石蒲星中学校长，涵江、黄石、笏石、平海四个小学的校长，而她对孤儿的关怀，从未稍减。1934年，蒲星氏正式退休，但她继续服务到1949回美国。她于1955年3月17日逝世，享年93岁。

二

蒲鲁士和蒲星氏夫妇育有7个子女，最小的就是蒲天寿。

蒲天寿医生是福州协和医院最后一位美国人院长，1905年在福建兴化出生，从小立志学医。1931年，他在美国波士顿大学的医学系（主要研究肺痨病）毕业后，带着妻子（Dorothy Davidson，结婚后称为Mrs Dorothy Brewster）及1岁的女儿Betty，从美国夏威夷回到福建。从1933年至1944年，他被派往福建山区古田县一间美以美会创设的怀礼医院出任院长职。中国当时面对内忧，就是国共斗争。1933年11月间发生"福建事变"，战事爆发后，国民党和十九路军最激烈的战斗就发生在古田。蒲天寿不顾流弹的危险，每日奔波于自己家和医院间，救死扶伤。后来还是有一个昏了头的士兵扫射了他们家，其中一颗子弹直接落在其女儿睡觉的枕头上。

那个年代，除了内忧，中国还有外患。1937年日本发动"卢沟桥事变"。当时，从福州行船至古田只能走费时两天的闽江水道，途中随时要面对土匪的打劫。

1938年，美国教会合办的福州基督教协和医院建成，堪称当时全中国第一流的医院之一。由于缺乏优秀医资，该院从古田县调任蒲天寿来兼任院长。蒲医生每隔若干个星期就奔波于两地之间。路途的艰辛不言而喻，但最可怕的是后来的日本人，他们占领了福州，严令闽江上不得通行任何船只，否则格杀勿论。

幸好，当时还是发生"珍珠港事件"之前，日本人不敢杀美国人，只是不允许美国人在福州运输医药物资。可是古田县的怀礼医院的药房被轰炸了，怎么办？蒲天寿想了一个办法，他雇了一艘很大的船，上面装满了100多个箱子，其中有一些装着药，其他通通都装着衣服等东西。日本人把船拦下来，喝令把箱子打开来检查。100多个箱子，每一个都上着不同的锁。机智的蒲医师故意拿一串钥匙试，拖延开锁的时间。开了十来个，日本人不耐烦了，挥挥手让他过去。每一次来往古田和福州，总是有这样惊险的故事发生。

1944年，任期结束后，蒲天寿前往美国波士顿诊所工作。另一方面，他到哈佛医学院攻读公共卫生科，并于1946年再到福州，继续担任协和医院院长。1949年，蒲天寿一家人先后离开了中国，蒲天寿则回到了纽约担任卫理公会医疗部部长。

蒲天寿医生和夫人合著的书《教会和医疗布道——在非洲和其他地方》中说："当时在福州，美以美会妇女海外布道会已经办了一家很好的妇女儿童医院，医院大楼很漂亮，手术室和仪器设备也很好，但没有外科医生。而福州另一个地方，另一个布道会也办了一家综合医院，里面有受过良好训练的医生，医术高超，但设备和手术室缺乏，外科医生们常感沮丧。把这两家医院合并组成基督教协和医院是再好不过了。医院合并完成了，为新医院筹集资金的是美国公理会和其他两个美以美会。这家协和医院就成了全省杰出的医疗中心。二战期间，华东被日本占领时，福州大部分时间没有被占领，协和医院成了自由中国最好的医院之一。"后来据蒲医生的女儿惠珠回忆，当年，协和医院欧式的红砖病房大楼是福建最高的建筑，有100多张病床，有全省第一部电梯，病房有省内唯一的暖气设备，还有冷热水装置、电灯、电话、抽水马桶、送餐专用升降梯，手术室、供应室、教学手术看台等。医疗设备是从国外进口的镭电设备、X光机、显微镜、化验仪器等。医院的院长、主任、护士长都是美国专家，实行严格的美式管理、教育体制，培养了一批中国医务人员，是福建现代医学的发祥地。

在这本书中，他们还讲到一个蒲医生和病人的故事。有一天，蒲医生正沿着通往城外麻风病院的路上走时，看到一个强壮的中国人挑着120磅的担子，迈着轻快而有节奏的步伐向蒲医生走来。他看到蒲医生时连忙放下担子，跑向蒲医生，问道："你认得我吗？蒲医生，你还认得我吗？"蒲医生摇摇头说："不，我不记得了。"这人解开上衣，露出肚子上的伤疤。蒲医生仔细看后，终于想起来了。几个月前这人曾到过医院，几乎快饿死了，非常虚弱消瘦。他已经患胃溃疡几年了，并最终造成肠梗阻，无法吞食。蒲医生给他做手术，排除梗阻，不仅救了他的命，还恢复他的健康，术后他能挑120磅的担子，一天走25英里。

三

蒲天寿夫妇育有三个女儿和一个儿子，除了最小的大卫离开中国时还很年幼，三个女儿在古田和福州都留下了非常多珍贵的回忆。她们说着一口流利的福州话，蒲天寿还给她们起了虾油味十足的名字：惠珠、美珠和光珠。

蒲天寿一家很喜欢在福州鼓岭度夏，他们在鼓岭别墅的基石还在。女儿惠珠在鼓岭上度过了美好的童年，她曾回忆起幼时在鼓岭的趣事：有一年夏天，她和家人刚上鼓岭，就和几个要好的女孩子一起花了一整天时间清扫了泳池里的落叶杂物，装满了干净的水。第二天当女孩们准备来游泳时，却看到游泳池里有一头又肥又脏的大水牛，气得她们大哭。

由于语言上的便利，1956年蒲天寿去了闽籍华人聚居的砂拉越拉让江上游的加帛镇，筹备兴建一所卫理公会的"基督医院"，并于第二年由立侨医生出任院长。蒲医生还带了一位哈佛大学医学院刚毕业的小伙子Dick当他助手。没想到这位Dick竟成了他的大女婿，因为惠珠在第二年也来了砂拉越，在同一个医院当护士，并且和Dick一见钟情。

1965年，蒲天寿突发心脏病抢救不及逝世，惠珠夫妇带着三个女儿去了香港。2010年圣诞节后，近80高龄的惠珠和丈夫带着女儿、女婿和两个外孙来到福州，追寻童年回忆。

2010年4月18日，美珠和她的先生也来到福州，见到魂牵梦绕的第二故乡。她急切地一一遍访了仓前山住过的老宅，父亲在西门祭酒岭开过的诊所和工作过的协和医院，弟弟曾经任教的英华、华南校园。儿时的同伴，往事的回忆，浓浓的福州乡音，爱吃的糟菜、"碟饼"（海蛎饼）和"哈噜"（虾酥），以及当年坐着轿子走过的鼓岭小路，这一切都让她感到格外亲切，带来无尽的回味和感慨。特别看到古田县她出生地的房子——古田水库旁一座漂亮的二层小洋楼，保护完好时，她和丈夫都激动不已，非常感动。她1933年出生在古田，在上海读的中学。弟弟1938年正是出生在福州协和医院，至今家中仍保留着协和医院的出生证。1950年中美断交后，她才随父亲离开中国。中国改革开放后，1984年她与家族中多人一起回到福建莆田，庆祝祖父母来华100周年。此次，她带着丈夫是专程来福建寻根的。她的丈夫是位美国教师，曾在日本教中国历史，是共同的中国情结把两个人联结在了一起。

从半野轩到郎官巷

田荔琴

　　清明时节，族人聚餐，坐在对面的表弟说："我突然想起50年前你梳辫子的样子。""天哪，"我对他的女儿说，"你爸已经活到了一回忆就是50年的年纪了吗？"众人笑。然后我问她是哪一年出生的，她说1987年。巧了！我从手机相册里翻出一个妇人的照片给她看："吴泰，这个人比你早生整整100年。"大家凑过头来端详，只见她面容清秀，五官端正，不施粉黛，一身土布棉衫，脑后梳一髻，身子微微前倾，微笑，神态自信而又淡定，对前方似还有所向往。又都惊讶于一个1887年出生的女人，却戴一副今日依然流行的无框金丝眼镜。当听闻我介绍到这是个福州女人，生养了16个子女，个个培养成才时，表弟抢着插话，对他尚未生养的女儿说："你看，现在让你们生个小孩怎么就那么难呢？"众人又大笑。

　　吴家祖上几代都经营盐业，父亲吴祖栋（字翼岩）曾任光禄寺署正，六品文职京官，在吴泰弟弟吴涛出生不久便去世。父亲去世后，姐弟俩跟随着祖父吴维贞，在广东度过童年。吴维贞是清代光禄大夫、福建盐务道。儿时，吴泰躲在衙门的公堂后面看祖父坐堂审案，听到拍击惊堂木和衙役吆喝声，觉得十分可怕。而他看她的眼神却始终带着祖辈的心疼，偏爱有加。祖父的书案上的笔筒里还养着一只墨猴，平时躲在笔筒里，待祖父字写好后，只要轻轻叩几下笔筒，墨猴便跳出来，吮吸池中剩下的墨水，就又跳回笔筒里去待命。她也很想做那样一只小猴，可以辅助他做点事。清光绪二十五年（1899），吴泰的祖父吴维贞殁于广州官邸。是年她12岁，又由人从广东领回了福州祖屋半野轩，寄养在叔父吴继籛家。

　　这里也是堂弟吴清源的祖屋。吴清源在这生下不久，举家迁到北京投奔祖父吴维贞。吴清源的父亲吴毅也是在他12岁时病逝了，但他却得以继续留在北京。吴泰只知这个堂弟的名字叫泉，不知为何世人都称他吴清源。比如吴泰自己本名吴珠端，在报户口时，父亲不让她的闺名示人，改报吴泰。吴清源14岁东渡日本，孤军奋战，仅凭个人之力，在空前绝后的十次十番棋中，战胜了全日本顶尖棋士，从此开启风光无限的人生。

而吴泰，只是在出阁时风光了一下。

她是从半野轩娘家出嫁的。

半野轩位于福州市鼓楼区北大路136号，原是晋代的一个寺庙旧址。清初，萨氏入闽第九世祖萨容（字与相），康熙举人，步入仕途后，带着一家老小，从初到福建居住的通贤坊搬迁到北门下古埕，并辟乾元寺旧址为别墅，始称半野轩。清乾隆年间，此园归了吴家所有。到了清代的光禄大夫、福建盐务道吴叔章（字维贞），这一代在此生了5个儿子。清光绪年间，四子吴继篯继承了祖业，将其扩建成了享誉福州的园林。吴泰从广东戴孝而至，即投奔于他。当她一脚踏入这清悠之地，只见碧波未尽，万籁无声，两旁数十株梅花夹道，红白相间，几乎要窒息，既为悲伤，也为美。

吴园里的花草树木品种很多，又以菊花号称闽中之冠，只因吴维贞喜欢养菊，甚至不惜从日本引进稀有品种。每当菊花盛开的日子，吴家还开门请民众进来参观，这也许就是西湖菊展的前身吧。吴继篯在这里生活，并生有两个儿子：长子吴铎（字哲庵），福州"说诗社"诗人，是陈衍的女婿。第二个儿子吴宪（陶民），是世界著名的生物化学家，1949年前就当选为台湾中央研究院首批院士。吴继篯最小的弟弟吴毅（字邵龙），留学日本，是张元奇的女婿，吴清源便是他的儿子。吴泰在半野轩度过了她生命中最美好的豆蔻年华。山川岁月，本无常主。20世纪30年代，吴继篯破产了，半野轩转入他人之手。

在家境最好的时候，碧玉年华的吴泰从半野轩嫁到螺州陈家。这自然是门当户对，轰动一时。吴泰的婆婆即是王有龄的孙女、湖南候补知府王卿云次女王氏。王家千金嫁入螺江陈家，成了陈宝琛胞弟陈宝瑄的夫人；而吴维贞的孙女吴泰成了王有龄孙女的儿媳妇，嫁给了陈宝瑄和王氏的儿子陈懋丰。他俩年龄相仿，志趣相投，琴棋书画，才貌双全。两人也都在十一二岁上没了父亲，不仅一见钟情，还有相见恨晚之感。

螺江陈家是福州名门望族，人称"螺洲陈"，自明洪武年间始迁祖陈广定居螺洲，传到吴泰入门这一代已十八世。十四世刑部尚书陈若霖起，始为显宦。十七世陈宝琛位居太傅，"家门鼎盛，诸弟科第踵相继"。王有龄孙女婿陈宝瑄，举人，在清光绪二十年（1894）赴京参加会试时，不幸染疫而逝，年仅34岁，遗二子：13岁的懋师与11岁的懋丰。陈懋师，庠生，曾任邮传部郎中。陈懋丰，庠生，曾任度支部郎中，娶吴泰。

人都说王氏遗传了王有龄擅长理财的才干，持家有方。她从不以富贵骄人，却不由得让人仰慕尊敬。又说，吴泰也得了婆婆王氏的言传身教。与王氏相比，吴泰算不上国色天香，但秀气温婉，椭圆的脸上，眼神清澈，小巧而微微上扬的嘴唇，饱腹诗书而又识得大体。和王氏一样，五六岁开始被缠出了一双三寸金莲的笋形小脚。过门后，两个小脚女人相濡以沫，吴泰在她的庇护下，为人妇，在祝福纳吉声中生下了长子。1906年王氏去世，花样年华的吴泰从螺洲迁出，单门独户。1908年至1909年间，在福州化民营生活，在那里生下长女，后又搬到南台下渡，生下第三个孩子。时年二十出头，当属桃李年华。

彼时，中国青年掀起赴日留学潮，陈懋丰和吴泰的弟弟吴涛也一并跟随。1914年于日本大学商科毕业之后回国。有一封陈懋丰去日本留学期间吴泰寄去的第235号信，除了字迹之娟秀，还可见其感情之细腻含蓄："日来未得手书，极为念：身体当安好无恙。近日吾闽天气寒冷，东京冷尤甚，起居饮食自当谨慎。家中俱平安，勿念。惟望君保重尊躯，是为重要。孩女聪明可爱。得信之下，望多赐书，以慰鄙怀。上日寄出234号信，未知有收到否？十二月十六日夜作。"分明思念很深，然而，文字很轻，很豁达。

1921年，他们在三坊七巷南后街东侧购置一个三进大院，一门通塔巷，一门通郎官巷。门外是又宽又厚的石板路，石板的反光会跳跃在行人的身上。门槛里是天井，经历了岁月打磨的木头，泛着不同层次的金黄色，光穿过天井，又打在了门窗上。相比之前一而再，再而三的搬迁，中年的吴泰在这里安营扎寨，总算稳定了下来。1929年初，在观音诞辰的那一天，临产前的她忌荤素食，在观音像前摆起供品，烧香祷告。次日，顺产生下最小的儿子陈绛，这时的吴泰已经43岁了，青春在此做了最后的绽放。这个孩子后来一点也不比前面的8个哥哥和6个姐姐逊色，21岁时在上海圣约翰大学经济系毕业，为了年迈的父母不事远游，成为复旦大学教授、著名历史学家。和其他的哥哥姐姐一样，他三四岁时，吴泰就开始教其唐诗。她说到山就朗诵"白日依山尽，黄河入海流"，说到鸟就朗诵"千山鸟飞绝，万径人踪灭"，说到太阳就朗诵"夕阳无限好，只是近黄昏"，说到草地就朗诵"野火烧不尽，春风吹又生"。时隔80年以后，历史学家陈绛在他的口述历史中，追思慈恩，把"母亲的诗教"放在了全书之首。

1940年，陈绛小学毕业，入格致中学的时候，正值抗战时期，城内几乎所有中学都从沿海迁往内地，格致中学也迁到永泰，陈绛一个哥哥也已在此校就读高一。此时，年过半百的吴泰毅然决然陪着孩子们一起徒步到了永泰，租了间民房陪读。次年4月，福州沦陷，学校继续内迁，当时和福州家中音信不通，她带孩子们再次长途跋涉，从永泰北上徒步到了南平。途中，他们特别担心吴泰少女时戴上的一双碧绿的玉镯，由于手腕增粗，已无法脱下，若是遇上土匪，为了抢夺而砍了双手，其危险可想而知。吴泰打小随父母去过北京、广州，从鼓楼嫁到螺洲，又入住鼓楼三坊七巷。人生路漫漫，这一趟才是最艰辛的旅程。

正是这样的一个吴泰让人感叹，三寸金莲走在崎岖的山路上，苍白的瘦脸被太阳晒得通红。两个年岁相近的男孩，一路上听着母亲叙旧，嬉戏打闹，倒也不觉得有多疲劳。孩子们并不了解她内心不为人知的焦虑，而她每次快要挺不住的时候，又总会有一股莫名的力量支撑着她，不曾倒下。

几乎在吴泰进入螺洲陈家的第一时间，"六子科甲"的匾额，就已经深深地钉在了她的脑海里。陈承裘一共有7个儿子，除了一个夭折，其余6人，前面3个中进士，包括吴泰公公陈宝瑨在内的后面3个为举人。陈宝瑨在清光绪癸巳年（1893）恩科中举后，人说，陈家可以挂"五子登科"的匾额了，可他们的母亲却说："不，还有一个儿子没中举呢。"一年后，也就是甲午战争那年，七子陈宝璜也中了举人，家里厅堂上才挂上"六子科甲"的匾额。其中大儿子陈宝琛21岁就中了进士，而二儿子宝瑨却到42岁才中进士，比他哥哥迟了好几年，老太太高兴地说"石臼终于飞上天了"。老二宝瑨是和

老三宝璐、老二的大儿子懋鼎三人同时考中光绪庚寅年（1890）恩科进士，所以，那年陈家还挂出了"父子兄弟叔侄同榜进士"的匾额。

再往上推算，陈家在明嘉靖十一年（1532）六世祖陈淮第一个成为进士，从此代有人才出。从陈若霖开始显达，陈宝琛更是位居太傅。陈若霖之后，五代都有人中进士、举人。统计明清两代，陈家中进士21名，中举人108名。

那一趟从永泰到南平的求学路途中，孩子们听到最多的就是这些陈年旧事。行至浦城，吴泰还给他们讲起了他们的奶奶王氏和奶奶那位极有气节的祖父王有龄的故事：王有龄在江苏任职时期，闻太平军攻入闽北，占领浦城，重兵围攻福建延平府、建宁府等。王有龄就近调清军猛将驰援福建，连战皆捷，遂解延平、建宁之围，收复了浦城。清咸丰十一年（1861）冬，太平天国忠王李秀成率几十万大军进攻杭州，围城年余，王有龄打开城门，令平民外逃求生。自己则临危不惧，以一城当百万军，坚守达两个月之久，直至杭州城破，以身殉节。李秀成素闻王有龄清誉卓著，又敬其忠烈可风，不仅为其厚殓，还派王有龄五百亲兵护送棺木回榕，以此致敬。清廷谥"壮愍"，赐祭葬，入祀昭忠祠，并命在浙江与福建立专祠。王有龄墓在福州文山里，现留一块墓牌坊圣旨碑刻。王有龄专祠位于乌石山顶，与纪念抗倭名将黎鹏举的黎公亭对望而立。

她还给他们说戏，《陈若霖斩皇子》，这出以先祖陈若霖为主角的民间戏剧，吴泰已记不得看过几回了。

孩子们的曾祖父陈承裘，去世后封"光禄大夫"，他出生时正好陈若霖在湖广总督任上按狱，道光皇帝赏赐黑狐马褂，于是就给他取名"承裘"。咸丰进士，却不慕仕进，辞官回到螺洲，养亲课子。中法战争后陈宝琛贬官降职，陈承裘安慰陈宝琛说："我担心的就是你官升得太快。"他的6个儿子都中举，邻里熟人向他道贺，他却说："我的母亲临终时握我的手说，'你不要追慕做有钱人，能够好好读书，做个好秀才，我便瞑目了。'"这句话影响了他的一生。

吴泰和孩子们说得最多的还是陈宝琛，对此，她有着直接而冷峻的记忆。陈宝琛为溥仪皇帝授读三年，备受恩宠。他首发为"戊戌六君子"昭雪之议，辛亥革命后仍为溥仪之师，奏请降旨褒扬。溥仪在日本的怂恿下到东北去建立"伪满洲国"，他劝说："贸然从事，只怕去时容易回时难。"尽管被溥仪认为"忠心可嘉，迂腐不堪"，但他仍不顾风烛残年，冒死赴东北劝谏，差点被日本关东军囚禁。后郁郁返回天津，1935年病逝，享年87岁，归葬福州，得逊清"文忠"特谥及"太师"觐赠。

而孩子们的父亲陈懋丰在1905年科举制度废除前考上的秀才，日本留学回来住到郎官巷，也不出去做事了。王氏去世后，财产分给两兄弟。一个分钱庄，一个分当铺。钱庄在1928年的挤兑风潮（福州人称滚票）中倒闭。为渡难关，陈懋丰将祖遗田产、珍藏多年的名贵印章以及三坊七巷三进宅院抵给兄弟，让他垫款应付挤兑。当时，吴泰走了出来，自言自语说：我家子女多，以后住在哪里？族人听了，终将郎官巷7号老宅留下了一进，使得一家老少得以继续安身于此。

严复故居和吴泰家同在郎官巷，吴泰读到陈宝琛1921年写的《严君几道其墓志铭》中的"予交君逾十年，比岁京居，尤密恰"时，勾起了自己对京城童年岁月的唏嘘。由陈宝琛做媒，将外甥女、林尔康和陈芷芳的次女林慕兰嫁给了严复的三子严琥，长女林慕安则嫁给了沈葆桢之孙沈成栋。在吴泰与陈懋丰去世半个多世纪后，他们的六儿陈纯致建议将旧居中一对大鱼缸和一个略小的鱼缸（他们小时曾在缸中养金鱼）赠送严复故居，作为共同的纪念，至今一直陈列在严复故居。

在郎官巷7号第三进这个留存下来的相当狭小的天地里，吴泰看似波澜不惊地过着相夫教子的生活。家中生计，最初主要靠钱庄的盈利，后来，由几个大了的孩子工薪补贴，生活的落差已是天上地下，但她没有丝毫的悲观消沉，也从不怨天尤人。克勤克俭，挨过一生中艰难的10年，以及更加艰难的20年。她最大的乐趣就是看到每一个孩子眼睛里有着对新知的惊喜与领悟。好奇的人们如果窥探，这座老宅的天井里孩子的衣服尿布总是披挂在晾衣架上，迎风飞扬，还会听到风声雨声以及琅琅读书声。也能窥见日渐衰老的吴泰倚在门前等候送信的邮差，等待那些游学或散居海内外让她牵肠挂肚的孩子们的音信。她家的信件经常贴着美国、澳大利亚等地的英文邮票。新社会了，从螺洲带来的嫁衣和早期置办的旗袍扔的扔，烧

的烧，但她还是愿意穿一身旧式的布衣衫，虽然早已和褪色的青春一样被洗得发白了。她穿着布衣衫腌虾油，积柴火，搪炉子，做煤球，经历了辛亥革命、国民革命、土地革命、抗日战争和解放战争，她一直努力地适应这个新的世界。到了晚年，全国推广普通话，她也认真对待，不过老是把"小"念成"首"。寒烟细，古寺清，近黄昏礼佛人静。有一天，报纸突然一改竖排而为横排，颠覆了中国人几千年来的阅读习惯，她觉得自己也开始看得吃力了。1956年，中国自主制造的解放牌汽车开出了工厂。打小，她坐过人力车、黄包车，出嫁还坐了轿子。20世纪50年代初，小儿子陈绛接她去上海小住了一年，坐过洋汽车，她想着什么时候也坐一下国产的车。鸿雁于征，草木落黄。时间打乱了她从容的步调，1956年秋，69岁的吴泰走在夫君前面。历尽风霜而后凋零，这一朵半野轩清幽的菊花，陈懋丰是否为她吟诗作赋？我们已不得而知。

大梦山的变迁

萨本敦

祖茔山变成动物的家园

1954年，我7岁，第一次听说大梦山。因为要建福州动物园了，山上的萨家祖坟必须全部迁移，大人们在商议着该怎么办。

萨氏从元朝著名诗人萨都剌（天赐）始得姓。萨都剌的祖父萨拉布哈、父亲傲拉齐均为武将，为元帝国开疆拓土，功勋卓著。后来萨都剌二弟萨野芝（天与）的儿子、元进士萨仲礼到福建为官，成了入闽始祖。入闽第三世萨琦在明宣德五年（1430）也考中进士，官拜翰林院庶吉士、礼部右侍郎、通议大夫。他卒于任上，明天顺皇帝赐葬大梦山并建祠堂，从此大梦山归萨家所有。大梦山又称廉山，也称萨家山。

明、清以迄民国，萨氏祖先也多葬于大梦山，从家谱所载的大梦山图中可见有200多座祖先坟茔。春秋两季，萨氏子孙都会集中在大梦山麓的祠堂祭祀。赐茔"有池有园，前路后岗，左邻唐公祠，抵荷亭，右至墨池，各为界"。宗祠左有奎光阁、贻香亭、面壁轩、听涛精舍，右有福德祠，其风光旖旎，早被视为西湖景区的一部分，此在《西湖志》中有详载。只可惜抗日战争中祠堂及亭台楼阁等附属建筑毁于火，只留下大片墓葬。

前几年我才知道200多座坟墓是由政府统一迁葬后贤山的。当时幼小的我并不关心祖坟如何，只欣喜动物园建成了，且不管明朝皇帝赐予萨家的大梦山变成了动物的家园。

孩子百无禁忌，有时会嚷着去动物园看猴子，大伯公训斥道："祖宗的墓地成猴山了，还去那边看什么！"但是学校组织我们到动物园活动，大伯

公管不着。

久而久之，家长也调整好心态，有时也会带孩子们去动物园了。记得有一次妈妈、大姑带着我和妹妹去西湖游玩，也到动物园里转了转。刚好是周末，动物园里孩子很多。我们登上园里小山，山顶有座小亭，是全园最高处，其实也不过离山下30多米。我在小亭周边空地上跑着，竟到了陡坡边上，不小心踩空一脚，险些落下山去，幸有茅草挡着。此时妈妈和偶遇的表舅正在聊天，表舅见我失足，赶前几步把我拉住。我并不觉得有什么危险，妈妈和大姑却大惊失色，连忙牵着我和妹妹下山，急匆匆叫来一辆人力车拉我们回家，似乎未进家门都不算脱离险境。

此后好几次听妈妈不无夸张地对别人说，那天我差一点跌落"万丈深坑"，能够躲过此劫实乃万幸。妈妈晚年时，还对我提起此事，可见她对我那次遇险刻骨铭心。

转眼到了1966年夏天，我已是高三的学生，"文化大革命"狂风暴雨席卷全国，我们班级也不知怎么的被带到西门一带"破四旧"。记得西门十字路口一角是救火会，救火会的木栏杆门漆成红色，能看见有几排水枪插在小院的架子上。

救火会是关帝庙改建的，这里所谓"四旧"的东西很多，好几块巨大的匾额堆放着。看到一横匾红底墨字，楷书丰腴雄浑，猛然瞥见落款竟然是祖父的，接着又看见那位训斥孩子别去动物园的伯祖父题写的横匾，吓得我转身就走，生怕被同学发现。忽听身后有同学用斧头把木匾劈烂，我虽然有点心痛，但也有点窃喜，似在庆幸有人帮我销毁罪证。

事后我想，西门救火会中的横匾，未必全是原先关帝庙的，总不会这座关帝庙的匾全请萨家人题吧？也许是萨氏宗祠的。这里距大梦山一箭之地，大梦山除了有萨氏先人坟茔，还有一座大祠堂，只不过后来毁于火，这批匾额或是失火时被抢救下来存放到救火会。可惜当时我根本没看清匾额的文字，现在已无从判断它们的来历。

说起祠堂失火，有人说是因为当年国民党宪兵利用萨氏宗祠关押所谓犯人并严刑拷打，惨叫之声使附近百姓无法忍受，于是他们放火烧毁萨氏宗祠，迫使宪兵们迁走。此说是否可信我颇怀疑，掘墓毁祠在中国人眼中是该千刀万剐的，难道附近居民只因耳不忍闻就一把火烧了与己无冤无仇的萨氏祠堂？祠堂失火真相若翻阅当年的报纸或有答案。

重新打造古典园林

斗转星移，2009年福州市政府将动物园迁走，围墙拆除，大梦山又成为西湖景区的一部分，被打造成风光旖旎的古典园林。

2011年秋，族兄本永来，说是要将他的父亲百篆叔的诗文付梓，嘱我为之序。文集包括《止止楼诗抄》《春晖寸草记》《诗词赏析》三部分。我在记述百篆叔之母频年事略的《春晖寸草记》中，看到这样一段文字："余家宗祠及先茔在西湖旁之大梦山。日寇祸闽日，毁于火，至是政府扩建公园，征及祠茔之地，母闻之谓余曰：'祠墓旧地乃封建王朝所赐，追原古始，固人民之所有也，今以人民所有，充为公园公囿，与众同乐，与吾族何复失乎？惟孝子屺云公之茔宜仍留此山。'余喜母意之达也。遂随思庵季叔，往拾屺云公暨祖妣之骨，并捡有明云间夏汝器墓志铭瘗于山杪南响，仍以原墓碑表其上。余茔均由政府迁瘗后贤山。既竣纪之以诗：'湖山自古原无主，还与人民乐且嬉。暂借一抔瘗敦孝，湖山长系后人思。''捡将遗骨寄山前，更掩铭碑伴昔贤。岂独微情思报本，为留正气照坤乾。'"

以上两首七绝，百篆叔同时收进《止止楼诗抄》中，题《迁明敦孝屺云公墓有感》，1954年作。诗有两注："甲午岁大梦山先世墓地征为公园，余与思庵叔同捡明敦孝屺云公遗骨暨夏汝器先生所撰墓志铭，迁瘗大梦山前崖，敬赋二绝句。""敦孝屺云公讳琅，乃礼部侍郎琦公父，明史有传。"

出版百篆叔诗文集，竟了解到大梦山前崖仍葬有入闽萨氏二世祖敦孝屺云公萨琅的遗骨，实乃意外的发现。很显然，1954年的迁坟乃家族大事，留下二世祖遗骨，其余由政府统一处理的决定不可能只是百篆叔之母的主张，一定是家族的一致意见。为什么入闽一世祖萨仲礼的遗骨不留？他是元代进士，乃始迁祖。为什么入闽三世祖萨琦的遗骨不留？他是明代进士、礼部侍郎，是官阶最高的萨家祖先。为什么一世祖、三世祖的遗骨交由公家处理，家族单葬二世祖这位布衣？从《闽书》《福建通志》等史书记载可知，二世屺云公萨琅至孝，人称敦孝先生，留下他的遗骨，或许可反映萨氏家

族置敦孝于功名之上的思想。

大梦山开辟为动物园，又由动物园改为公园，这两个来回虽说是按山形规划建设，但是与作为萨氏祖茔地时的地貌相比还是发生了不小的变化。尽管1935年《雁门萨氏家谱》中有专业人员绘制的《大梦山实地测量图》，标有比例尺、等高线以及每座祖茔名称，但由于缺少参照物，要认定祠堂和百甍叔深葬屺云公萨琅的前崖等准确位置确有困难。2012年10月的一天，有人在盘山路旁见有一石碑露出地面，细看是萨启功墓碑，此后又发现几座萨氏土墓，估计1954年迁坟时有所遗漏，于是以它们为参照物，比对《大梦山实地测量图》，得知如今开阔平坦的休闲广场右边为宗祠遗址，左边竹林上的陡壁便是敦孝屺云公遗骨所瘗的大梦山前崖。前崖下面，保留着动物园时为饲养老虎而开凿的三个洞穴。我欣慰屺云公每天都能俯瞰休闲广场上晨练的老人和奔跑嬉戏的儿童。

我仰头看，山上有座小亭，我小时候险些跌到山下的地方就在前崖的某一处。有人对我说，我不是因茅草挡住而脱险，而是萨氏先人的英灵将我托起。如今母亲已离我而去，也加入萨氏先人的队列，她一定明白，使她触目惊心的一幕到底为什么能够化险为夷。

一个又一个欣喜的发现

在探明敦孝屺云公萨琅遗骨所瘗的大梦山前崖大体位置后，和大梦山景区隔路相望的福建教育出版社的草坪上，又发现了一只墓前兽，专家判定为石虎。石虎雕琢精良，细眯着眼，憨厚可爱。出版社的朋友说，他们建楼时，这里不止一只的石兽，有的被工人推进土坑中填埋了，幸亏社长看到，留下一只摆在草坪上。

新开的梦山路将福建教育出版社从大梦山切出，它所在地本属于大梦山范围。这里出现的石虎，最大可能是萨氏先人的墓前兽。

好事连连，有一位摄影家把他在大梦山拍到的一幅摩崖石刻照片送给我们，细看乃"萨氏赐茔图铭"。原来在原动物园老虎洞上方杂草丛生的陡壁上，藏着大梦山唯一的摩崖石刻。这是一首诗："大梦之阳，墨池汤汤。林峦苍郁，烟霭相望。爰有钜族，于焉卜藏。联床垒笏，荐锡宠章。如带

如砺，山高水长。宜尔孙子，既寿永昌。"译成白话文大意如下："在大梦
山的南面，墨池的水波荡漾。山上树木葱茏，缭绕着吉霭祥云。于是萨氏
这个大家族，将这里作为墓场。他们世代当官，得到皇帝的赏赐和表彰。
这里的水像衣带，这里的山像磨盘。萨氏家族的子孙，长寿并且昌盛绵
长。"

"萨氏赐茔图铭"六字之下有"容镌"二字，说明是第九世萨容镌刻到
崖壁之上的；题刻落款是"澹轩林文拜题"，林文与萨琦同为明宣德五年
（1430）庚辰科进士，是探花。

林文任明朝礼部侍郎，他撰写的铭为什么到了清初才由第九世萨容将
它镌刻到崖壁上呢？读《宗祠碑记》，知道清康熙年间八世萨希亮、九世萨
容重修宗祠，估计是这次修缮时把《萨氏赐茔图铭》镌刻到宗祠后崖的。

查家谱得知在赐葬萨琦于大梦山后不过三代，萨氏家族就开始式微，
其间标志性的事件莫过于一部分大梦山祖茔地被不肖子孙盗卖。这段历史
在明隆庆元年（1567）六世萨鈚编修的《雁门萨氏族谱》有所披露。萨鈚，
字少园，是他第一次编修入闽萨氏族谱。在谱中他给后人立下了"修坟茔、
应户役、辑宗谱"三条，被称为《少园公戒谕》。谈到修坟茔，他叹道："嘉
靖末年，倭寇猖獗攻逼城池，附近居民乘机（把大梦山上树木）砍伐殆尽，
甚至族中不肖割圮盗鬻，而祖宗山林鞠为寒烟衰草，良可震悼。"

八世萨希亮和九世萨容父子于清康熙十五年（1676）修的《雁门萨氏族
谱》也提及盗卖祖茔地的事。这次是入闽萨氏第二次修谱。谱中有萨希亮
的《祖茔大梦山图记》和萨容的《西湖山记》。萨希亮写道：祖茔地"岁久弗
修，族中匪类盗鬻他姓，致使翁仲冠簪半湮没于荒烟蔓草，予用是震痛捐
资，鸠工力为修葺，稍复旧观"。萨容写道："伯叔祖辈曾以钦赐园池分为
四契，始质于叶，继贳于朱，复私割赐坟右半以与之"，"予承先志，倍力
赎辖，复为萨氏世业"。萨容文中还说："使非当时假手于朱，而为权贵所得，
70余年未必克保全璧以至于今。"

由此可见，入闽萨氏到萨希亮、萨容父子时，又有了振兴。是他们赎
回被盗卖的大梦山祖茔地，使易姓长达70多年的山地回归萨家。他们续修
了族谱，重修了宗祠。因祖茔地被盗卖外姓事件令他们有刻骨之痛，所以

才有将明朝探花林文所题《萨氏赐茔图铭》镌刻到宗祠后崖壁之举，目的是给此山打上印记，以期皇帝赐予的大梦山不再丧失。

《萨氏赐茔图铭》摩崖石刻的发现，对祠堂早已湮灭的入闽萨氏宗亲来说，有了精神上的慰藉；对大梦山景区来说，这幅300多年前的名家摩崖石刻，无疑成为极好的历史景观。

萨家山的终结

在福州清真寺可以看到明嘉靖二十八年（1549）立的石碑，碑文有入闽三世萨琦倡议重修清真寺的记述，可见萨琦信仰的是伊斯兰教；但据史书记载，萨琦"一变其色目之俗，丧葬用文公家礼，士论贤之"。又可知萨琦晚年思想有了变化，信奉儒学，改执文公家礼。

萨琦官至右侍郎，凡提及萨琦必说他的变俗，实际上他的习俗之变并没有得到整个家族的一致认可。在萨琦死去200多年后，九世萨容赎回被盗卖的大梦山地，重修了萨氏宗祠，却不再选择大梦山作为自己的归宿地，而购建文秀山寿坟就是一个印证。

萨容写有《文秀山寿坟记》："予先世色目人也，至钝菴公（即萨琦）丧葬嫁娶悉从文公家礼，士论韪之，戚属非之。然非之者未知周公、孔子之道，辄曰丧葬从先祖也，使无明见定识。际此变故仓卒、肝肠百裂之时，加以尊长严命，鲜有不随其俗者。予身历之，为终身之恨；若不早图，恐异日子若孙亦难以善其后，慰余心焉。因是延堪舆，陟崇岭，预为归宿计。及壬午蒲月，获北郊王墓文秀山。"

这段话大意为：我的祖先是色目人，从萨琦开始，丧葬嫁娶全都按照文公家礼执行，社会上士族评价这样做很好，亲戚们却认为这样做不对。然而说我们做错的人，并不了解周公、孔子之道，只会说丧葬要按先祖的规制，并没有说得通的道理。在家遇丧事，悲痛欲绝的时候，很少人不听命于家族中的长辈，于是也就按色目习俗办理了。我曾亲身经历这种情况，终身感到遗憾悔恨。如果现在我不早做准备，恐怕日后我的子孙无法按我的意愿处理我的丧事，安慰我的心灵。于是我翻山越岭，为自己寻找归宿的寿域，到了壬午年的农历五月，终于看中了文秀山。

从这篇文章看，武举人萨容是"文公家礼派"，与家族中某些"色目习俗派"格格不入。他以购建文秀山寿坟的行动，与这些坚持色目习俗的长辈抗争，大梦山毕竟是皇帝赐予祖先的，文秀山则是自己花钱买的，可以"我的地盘我做主"，不管"戚属非之"。对萨容来说，赎回大梦山，是道德的坚持；跳出大梦山，是信念的坚持。

一个民族离开本土，能够保留的东西很少。就以色目人来说，从北方大草原到南方大海边，环境使他们再也无法饮马奶、吃羊肉、穿皮衣、住毡房、骑骏马，衣食住行只能和所在地的人一样，这是为了生存必要的调整。这种调整不会被认为"背叛"。此时能体现迁徙民族自身特点的，唯有习俗。习俗主要靠节日和典礼来承载。如果将它也改了，等于把仅存的东西毁了，就会给人以"背叛"的感觉。

贵为帝师的萨琦放弃"色目习俗"，放弃了伊斯兰信仰，虽然"士论贤之"，但是200多年后还有尊长严命萨容必须"丧葬从先祖"，可见一个民族的习俗不是说改就可改的。

目前《雁门萨氏族谱》世系接续的全是八世祖萨希亮的后人，希亮有7子：容、宏、挨、碬、擂、宣、寓。其中擂、寓无嗣，有嗣的5子分为5支；第4支、第5支传至13世后无嗣，现在族谱的世系便形成至今保持的3支延脉的构架。因全是萨希亮后裔，自然都是"文公家礼派"。

八世之前，并非单传，然家谱对萨希亮这一支之外或"清房分"或叫他们"另立世系"，不再收他们入谱了。这些宗亲是否全部是坚持"色目习俗"和伊斯兰信仰的，我不敢保证，但是其中肯定有这种人。奇怪的是，这些宗亲也会繁衍传嗣的，即便他们不修族谱不立世系，均能理解，但怎么竟从人间蒸发，集体失踪了呢？

我怀疑他们外迁了。山东、四川、广东、广西、河南等地，也生活着一些萨姓的人，福建萨氏和他们有别的是：福建萨氏非常明确自己来自雁门，是色目人萨拉布哈—傲拉齐—萨都剌之弟野芝的后裔，而其他地方的萨氏却往往存在溯源困惑和争论；福建萨氏都不再信奉伊斯兰教，外省的萨氏无一例外都是伊斯兰教徒。我猜想，他们中间有的也许就来自明末清初的福建，是那些失踪的入闽萨氏宗亲。他们迁徙到省外，继续信奉伊斯兰教。在《两广萨氏宗谱》中，我读到一段注释，特别说明他们不是来自福建；这一注释反而告诉我们福建萨氏曾有人外迁，故才有此说。

　　虽然大梦山是祖宗的山，但是从萨容不葬大梦山改葬文秀山后，萨氏中有人也开始另葬他山了。其主要的原因是大梦山墓葬过多，"风水宝地"已难寻觅，执"文公家礼"的萨氏家族越来越走向兴盛，许多家庭有能力选择更好的寿域。萨家山的终结并不在把萨氏祖茔迁出大梦山，改建为动物园之时；当20世纪40年代的一把火使萨氏宗祠在烈火中坍塌时，萨家山就已名不副实了。如今，我跨过雄兵桥，绕过墨池，在大梦山下新修的游廊里听阵阵松涛，与其他游客一样心旷神怡，我欢呼大梦山作为人民公园的新生。

泛船浦"课黎"大屋

蔡　林

引子

　　"课黎"即为耕海获渔的水上居民,又称"疍民""渔家""蜒户",民间也称"郭倪"或"科题"等,清以降贬称其"曲蹄"。

　　各种称谓且不细说,看似方言谐音的"曲蹄"称呼,直觉是不正常的。虽有言其常年以船为家,腿脚变形,上岸不能平步,似乎有些道理,但其实这是牵强附会,腿内弯或外翻,陆居者也不少见。

　　近来查阅民国时期资料,《华报》1931年3月18日有一则相关的辨误文章。作者陈天尺曰:"天尺作客歇浦时,曾举以质诸严几道先生(严复)。"先生曰:"非'曲蹄',乃'课黎'也。"文中论述了"课黎"一词的由来:"宋元间别其族为蜑户。因其以水为家,以渔为田,官吏乃课其鱼税,命为'课黎'。黎之取义,为其面色黧黑,而又为剥夺公权之民族也。'课黎'二字习见于宋元明及清初公文间,民间苦于不知,辗转称号,遂误其音为'曲蹄'耳。"

　　这样说来,"课黎"即是"课税的黎民",在宋元明及清初公文中有记载,方言谐音"曲蹄"是误读。

一

　　闽江流经福州淮安分流,南派乌龙江,北派白龙江。白龙江南岸有个称为"泛船浦"的地段,明朝时期划为番船锚地。"泛船浦"为"番船浦"之谐音。这一带西起大岭东的舍人庙,东接菖蒲墩,岸线约2公里。随着滩

涂淤积，闽江下游的疍民在此泊船、聚集。

五口通商，泛船浦沿岸洋行林立，直面洋务。19世纪中叶，英国在泛船浦设立闽海关（洋关），不久闽江边海关楼前建成了第一个"海关埕"码头。

"海关埕"码头东边是一个很有实力的洋商的"义和埕"码头，紧挨着的宽大平坦向北坠入江水的石铺道头，称为"新街道头"。货船进出频繁，上下船的劳作夹杂在洗衣、挑水间，岸上木材加工小作坊在道头东边江面上留存着上游来的"柴排"，夏季总有泅入"柴排"的游泳者溺亡，少年居多。

忙碌的人们从道头带上来的闽江水水迹，湿漉漉地洒在长约200米的石板路上，延伸至南端，自西向东通往菖蒲墩的新民街。石板路两侧挤挤挨挨住着陆上居民与依托江海为生上岸陆居的"课黎"等。有富裕人家中西合璧的大屋，也有传统柴栏厝，更有卜岸船民落脚的干栏式吊脚楼、架船屋。虽繁杂，倒也丰富多彩、错落有致。

二

"疍民"这个群体的相关历史可以追溯到公元前110年，闽越国被汉武帝灭后，余部迁往江淮地区，闽被"尽虚其地"。遗民中不甘离去者，或隐入山林，为畲族；或泛舟水上，成疍民。厦门大学历史系傅衣凌教授在《福建畲姓考》中分析称："在福建特殊部族中，畲与蜑实推巨擘，此两族其先盖同出于越……以其有居山、居水之异，爰分为二，实则一也。"居水的"蜑"族群行踪遍及东南沿海，远至东南亚，甚至迁徙到南太平洋诸多岛屿上。

历经2000多年，在不同的历史时期，融入了百越遗族"蜑"世界的有起义兵败的吴越先民，有走投无路的戍边将士，也有落难后向往"往若飘风，去则难从"的汉族大姓，汉人带来的血脉和习俗弱化了闽越"蜑"族种群的特征。

宋元以降福建海上贸易发达，水上人家经济得以拓展，朝廷向"课黎"征收船家鱼税。至近现代，疍民在社会的帮助下上岸陆居，有了土地，进入农耕生活,他们多以农耕文化自认,寻找来自中原的祖先,延续了大族的族谱,融为汉民族大家庭中的一员。

泛船浦的唐姓大多自称祖上来自南屿尧沙。唐氏溯源可追至西周,年幼的周成王"言出必行"桐叶封弟,弟弟叔虞受封为唐姓一世祖。至唐末,河南光州固始县的唐绮随王审知兄弟入闽繁衍,后人多聚南屿尧沙。千余年来,入闽唐后裔几经迁徙。据唐氏族谱记载,清顺治十八年(1661),一支源自尧沙的唐氏落难,遁入水上,泊船闽江下游"远洋鼓山边",开创了福建水上人家中的唐氏家族。

"课黎"大屋的主人,正是闽江下游北岸"远洋鼓山边"水上"奉教唐"这一支的后裔。

同治五年(1866)教会派意大利传教士Gentili往台江和南台岛一带传教,他先在泛船浦对岸"台江鳌峰洲上搭建一间木屋,通过施舍义诊、泛舟讲道,吸引泊居于闽江两岸的水上渔民、船民信教"(《仓山宗教文化萃编》,福州仓山区政协委员会编)。除了以医疗、教育吸引疍民信教外,Gentili还亲随疍民船,用带着洋腔的闽东方言解说信条。这些洋腔方言让闽江下游疍民产生不少联想,以身边熟悉的人和事来理解高鼻深目人口中吐出的语音。意大利文Gentili在福州语中传成了Hendili,"很得理"——"宏治李",依照的是洋人姓氏在后的习惯,"宏治李"变成李宏治。

自此,福州疍民中天主教信徒人数迅速增长。1868年李宏治获得教会的拨款,在闽江下游"滩涂淤泥之地"的泛船浦,建起可容纳大约500人祈祷的木构泛船浦教堂与神父楼。

1866年的某天,"课黎"大屋的太祖爷爷唐春莲接受了神父李宏治亲手用闽江水做的洗礼,取圣名"伯多禄",意为"坚如磐石"的人。五口通商,福州茶港兴盛,泛船浦直面洋务。这位"坚如磐石"的父亲不甘于祖辈历尽困苦的水上生活。为了改变命运,他带着唯一的儿子唐天德来到南岸的泛船浦,凭着勇气和祖祖辈辈用生命和热血换来的航行经验,加入为洋行打工的行列。

此时的泛船浦时过境迁,闽江水从上游裹挟来的泥沙在下游淤积。明朝划出的番船锚地"泛船浦"已无法泊大船,"外国轮船只能停泊在离福州

16公里外的闽江下游的马尾港"（卢公明《中国人的社会生活》），这为闽江下游的水上人家带来了机遇，他们"善于行舟"的优势得以发挥。

翻开关于福州过江大桥的老照片，桥下江面上，挤挤挨挨的疍民船在晨曦中随波漂荡。他们在等候着召唤，把泛船浦沿江码头货物运往16公里外的闽江口，供给等候在那里的远洋轮船；再等候着，将到港的大轮船上的货物化整为零地运回泛船浦码头仓库。

当年，福州是世界最大茶港，疍民成了不可或缺的劳动力。这一长期处于社会最底层的群体，适逢西方传教士的宗教渗透，漂泊不定的生活似乎有了精神寄托，接受了天主信仰的教化，竭尽全力地为东西方商贸服务。由此，他们之间部分人获得洋人的青睐，成为搭上洋行商务快车崛起的浮江讨生活的一代。

唐天德出生在清同治八年（1869），他随父来到泛船浦时，正值海关楼前的海关埕建起第一个机动船码头不久。紧挨着海关埕东边的义和埕，属于一个有实力的洋商，沿江建了多座仓库和配套建筑，当地人称之为"义和仓"。

唐天德自幼聪明，在教会里学了简单的英语口语，十二三岁跟着父亲学习洋人轮船上的标识。成年后，凭着血液里征服浪涛的勇气和熟悉的航路，在水上运输繁荣之时，供职义和洋行，成为开轮机的"大车"（相当于轮机长）。当时洋行根据疍民群体的技能、语言等特殊性，认可父传子家族式培训，唐天德经过考试获得从业证书。唐天德的二儿子唐木银与四子唐木财少年时代就是随父学开轮机，子承父业进入了义和洋行。唐木财的孙子唐庆平说他爷爷是开机动缉私船的轮机，虽然不甚理解义和洋行为何有缉私权，但是月俸大洋8元，这在当时已是非常体面的职业了，至今家人仍引以为豪。

三

一张摄于20世纪20年代中期的唐氏家族合影上，有祖孙三代26人，中间端坐着老太爷唐天德和太奶奶江木香。这是一个上岸陆居的"课黎"家族，确切地说，他们摆脱了疍民子女成家分船居住、成婚后基本不侍奉父母的习俗，如汉人般聚族而居。

从照片上不难看出义和洋行的"高薪酬"，让老太爷得以维持如此兴盛的一大家子。由于信奉天主教一夫一妻的信条，家族关系在照片上很好辨认。孩子们按男左女右分立，老太爷的左手边一溜的七个儿子，从大到小排列（这家共有八子二女，老三木俤英年早逝，两女已出嫁），对应的家眷分立在老爷老太的右边，排列整齐一一对应。

照片背景是一栋外廊式建筑，建在离地面约50厘米的台基上。四面为红砖砌成的三大拱两小拱交替的外廊，拱线和腰线装饰造型简约却不失精细。这是模仿西方建筑改良而成的具有时代特色的建筑。仔细辨认即可发现，这是一栋穿"洋衣"的柴栏厝。聪明的本地工匠在熟悉的柴栏厝建造基础上，将西方建筑的时尚表现在外观上，并注重运用砖的规整性砌出连续图案的装饰细部，砖木的结合成就了这栋中西合璧大厝。

老四唐木财的孙子唐庆平很认真地画了这栋"课黎"大屋的平面图。中轴对称趋正方形朝东的大厝，长超16米，宽约14米，楼高8米，如洋楼般的四坡屋顶。东面迎着泛船浦教堂的十字西出的部分。20世纪20年代，大屋依着当年李宏治主教建成的泛船浦木构教堂西边而建。1933年老木构教堂被拔地而起的哥特式教堂取代，唐氏大厝被遮障在教堂十字之下，不过，大厝在新民街一带依然有很高的知名度。

透过正中敞开的外廊，可见中间的"六离门"。这是中式柴栏厝特有的矮门，虽然闽剧《六离门》赋予"六离门"忠君的寓意，但实际上这是顺应福州气候的一种建筑结构，在南方很多地区都可见。半截的"六离门"有利于通风，上部的菱形花窗和人的视线等高，便于厅内的人观察外面的动静；而外边的人由于视线和光线的原因则看不清屋内。这扇"六离门"用材考究、工艺精细。唐庆平说，对称的两边门高大，门所依附的两大柱，可媲美福州传统"三落透后"大厝构件。

"六离门"后的"厅中"是家人活动、聚聊、议事的地方。厅与过厅两侧各设两个卧室，过厅设上二楼的木梯。同样拱形外廊式的砖柱立于楼梯间和天井之中，安装着高大的拱形木门。穿过拱木门来到采光天井，天井两侧披榭是两大厨房兼餐厅，全家每天吃饭的人口多时超过30个，除家人

外还有从孤儿院认领的孤儿四五人，分桌用餐。买菜做饭是各房轮值，遇到大节日，老太爷亲自出马采购。唐庆平的姐姐唐碧回忆小时候陪爷爷唐木财去买菜，那个菜篮子巨大无比，需两个劳力跟抬。

上二楼，三面宽约1米的"走马"（走廊）绕着天井。"走马"也是柴栏厝标配，可采光、可晾晒。正中连着一厅，左右各五卧，穿厅设一卧，除楼梯间外都是卧室。

这样看来也是够挤的，各房之间竟然相安无事。靠什么维系这多"房头"和谐的关系？一是传统的儒家思想确立的老太爷威严，二是日诵的"不骂天不骂地"等宗教信条下的信徒隐忍，中西文化交织成泛船浦一带的人文精神。

四

照片上亮眼的要数唐家人的着装。老太爷穿戴传统，长衫马褂瓜皮小帽。他的左边，一排男人着极富特色的黑衣，这叫"企领文装"，是介于汉装和中山装之间的过渡款；头戴的礼帽也有名堂，看似雷同，却有如黑帮教父的霍姆堡毡帽，还有平檐、鸭舌等东南亚风格帽饰。这该是当时当地最时尚的行头了。

老太太和右边的成年女子身着一袭黑衣（或许为色度极为饱和的深蓝、大红等色，黑白照片效果如是）。20世纪二三十年代的中国，服装五花八门，有西服、粗布大衫、旗袍、学生装，以及欧洲风格的裙子。而这群女子与同时代城里女人着装有明显差别。虽然她们都上了岸过着陆上人家的生活，发型也不像传统疍民女梳"田螺髻"，未婚女子留"齐眉"，不留侧眉，然而，她们一律着黑色的大腿"拢裤"，这是福州疍民妇女的着装特征。

照片前排一位约莫5岁的小女孩，穿着面料考究、眼下看来依然时尚的童装裙。她是老三唐木俤的女儿，此时唐木俤已不在人世。唐木俤的孙子唐庆光说他的爷爷自幼聪明勇敢，考取了马尾港引水员，月薪13块大洋，是家族中收入最高的。

闽江水道处处暗礁，流网漫缠，又受潮汐影响，这片水域的水深、水流，外轮船员不熟悉，因而，本地的引水员对于闽江口航道的引导极为重要。

然而，引水员工作也危机四伏。年轻的老三唐木俤虽身体健壮，机敏过人，却也逃不了英年早逝的命运。1921年，因所引航的轮船螺旋桨被流网缠绕，他潜入排除，再没上来，时年23岁，留下寡母和年幼的孤女。好在聚族生活，女儿成年招婿，延续了老三唐木俤的香火。

奶奶心疼失去父亲的小孙女，把她带在身边。女孩原本是坐着，正要站起来的瞬间，被奶奶拉住了，一只腿伸出了裙裾，这般可爱定格了近百年。

全家福合影背景的外廊上陈列着水仙花和金橘盆栽，按福州习俗看正处于春节期间。可以想象当年这家人是如何充满仪式感地穿上中西合璧的服饰，在中西合璧的建筑前，用洋人能"摄走魂魄"的照相机，拍下中国传统节日全家福的珍贵瞬间。

五

老四唐木财是唐庆平和唐碧的爷爷，曾随父唐天德和二哥在义和洋行做"大车"，唐碧说亲眼见过爷爷的外文上岗证书，它和这张全家福照片等资料一并压在五斗柜镜框后面。

姐弟俩还看过爷爷的洋文彩色圣经故事书，书上留着划痕笔迹。"文革"中姐弟俩眼睁睁地看着这些资料书籍被点燃在烧桶里，直至旺火熄灭。这张全家福照久久攥在爷爷手里，最终又回到五斗橱镜框后面。

唐庆平和爷爷唐木财相处时间最长，曾听爷爷说他年轻时习洋文，学跳舞，还到洋人开办的舞会上跳过交谊舞。哦，这群"课黎"蓝领是否穿着"企领文装"跳交谊舞呢？在姐弟俩轻松谈笑中，深感时间的磨砺，发生在大屋里的人和事，哪怕是刻骨铭心的历史大事也犹如闽江浪花，瞬间跳跃后沉落东逝。

站在错位的海关巷与南江滨交界的滨江堤岸上回望，新民街那一带洋厝、棚屋、船居合着海关埕、义和埕、新街道头，均成为南江滨大道的一部分。堤岸下消失的"义和仓"处，几株大榕树愈发茂盛，那曾是孩子们夏季捉迷藏和爬上岸换泳装的地方。江心水中石围堰依旧，那是记忆的坐标。曾记得趴在小舅或表兄的背上，推着木盆游向江中石坝，在航标灯下的石缝中掏出大把的蚬子，满载而归。

　　如今，宽敞的南江滨大道东西延伸。泛船浦教堂矗立于道旁，挺拔的钟楼依然引人注目，神父楼转身东移了几十米。同样引人注目的是城市建设者的智慧。在加快城市建设的同时保留老建筑，使之成为一个地界的定位标识，也成了这一带人的乡愁所依。"课黎"大屋里的唐氏子孙与街坊们乔迁到泛船浦教堂以东不远的社区，周末礼拜堂里依然可见他们虔诚的背影……

后　记

　　在广大读者的关爱中，《闽都文化》改版后已走过11年。每期刊物编辑部均精心策划，期待将最好的作品奉献给读者。在《闽都文化》刊物设置的诸多栏目中，"闽都世家"以其丰赡的史料、生动的故事、鲜明的特色，深受读者关注。大家望族聚居的三坊七巷，走出一大批影响中国近现代的杰出人物，因而被誉为"半部中国近现代史"。而福州近郊，一个个星罗棋布的乡镇，也都闪耀着众多家族的熠熠风采。

　　为此，我们从这一栏目中遴选出37篇佳作，汇编成册。本书中有尚干林家、宫巷沈家、黄巷葛家、闽江口董家、东牙巷萨家、城门梁厝……腾蛟起凤，俊采星驰。其家风、家训、家规，传承了中华传统文化的优秀精神。也有曾经称雄商界的尤家、张家、刘家，他们的传奇故事在坊间流传，也为闽都文化增添了不少鲜活的内容。

　　囿于编者学识以及篇幅所限，还有不少家族和佳篇未能入选本卷。遗珠之憾，或不能免，还请读者谅解。

　　闽都文化，源远流长，根深叶茂，风采无限。随着刊物的长卷不断延展，今后，我们还将陆续编辑《闽都文化》精选本，以飨读者。